LA
CONSTITUTION
CANADIENNE

LA
CONSTITUTION
CANADIENNE

Yan Campagnolo
Adam Dodek

Préface de Son Excellence le très honorable David Johnston,
ancien gouverneur général du Canada

Préface du très honorable Richard Wagner,
juge en chef de la Cour suprême du Canada

DUNDURN
TORONTO

Photographie sur la couverture: istock.com/carlosbezz
Imprimeur : Webcom, une division de Marquis Book Printing Inc.

Catalogage avant publication de Bibliothèque et Archives Canada

Catalogage avant publication de Bibliothèque et Archives Canada
Titre: La Constitution canadienne / Yan Campagnolo, Adam Dodek ; préface de son Excellence le très honorable David Johnston, ancien gouverneur-général du Canada ; préface du très honorable Richard Wagner, juge en chef de la Cour suprême du Canada.
Noms: Campagnolo, Yan, auteur. | Dodek, Adam, auteur. | Johnston, David, 1941- préfacier. | Wagner, Richard, 1957- préfacier
Description: Comprend des références bibliographiques et un index.
Identifiants: Canadiana (livre imprimé) 20190124229 | Canadiana (livre numérique) 20190125667 | ISBN 9781459744424 (couverture souple) | ISBN 9781459744431 (PDF) | ISBN 9781459744448 (EPUB)
Vedettes-matière: RVM: Droit constitutionnel—Canada. | RVM: Histoire constitutionnelle—Canada. | RVM: Canada. Cour suprême.
Classification: LCC KE4199 .C36 2019 | LCC KF4482 .C36 2019 kfmod | CDD 342.7102/9—dc23

1 2 3 4 5   23   22   21   20   19

Nous remercions le **Conseil des arts du Canada** de son soutien. L'an dernier, le Conseil a investi 153 millions de dollars pour mettre de l'art dans la vie des Canadiennes et des Canadiens de tout le pays. Nous remercions le **Conseil des Arts de l'Ontario** de l'aide accordée à notre programme de publication. Nous reconnaissons aussi l'aide financière du **gouvernement de l'Ontario** par l'entremise du crédit d'impôt pour l'édition de livres et **Ontario Créatif** pour nos activités d'édition, ainsi que l'aide financière du **gouvernement du Canada**.

SUR LA TOILE

Dundurn
3 Church Street, Suite 500
Toronto, Ontario, Canada
M5E 1M2

Table des matières

Préface

Son Excellence le très honorable David Johnston,
ancien gouverneur général du Canada

À titre de gouverneur général du Canada, j'ai sans cesse souligné l'importance de la primauté du droit, que je conçois comme la poursuite constante et assidue de la justice. Loi suprême de notre pays, la Constitution canadienne énonce les principes fondamentaux de notre démocratie. Elle consacre le fédéralisme comme notre système de gouvernement, crée les tribunaux responsables de l'administration de la justice, protège les droits de la personne grâce à la *Charte canadienne des droits et libertés*[1], et reconnaît et confirme les droits ancestraux ou issus de traités des peuples autochtones.

En somme, la Constitution constitue une expression vivante de qui nous sommes et de nos valeurs. Lorsque vient le temps d'étudier et d'interpréter cette loi d'une importance capitale, nous avons tous beaucoup à apprendre. Lorsque je prononçais, à titre de jeune doyen d'une faculté de droit, des allocutions de bienvenue pour les nouveaux étudiants, je demandais souvent : « Le droit est-il juste ? » Pour répondre à cette question, il faut à la fois connaître le droit et avoir le sens de la justice. J'encourageais les étudiants à se demander si le droit sur lequel ils travaillaient était juste. Et, sinon, je leur demandais : « Qu'allez-vous faire pour corriger la situation ? » J'avais aussi l'habitude de rappeler à ces nouveaux étudiants en droit que, sous peu, chacun d'entre eux allait prêter le serment d'améliorer l'administration de la justice.

Il est tellement important que nous connaissions l'histoire de notre Constitution, ses raisons d'être, la logique de sa structure, l'évolution de son interprétation, et comment elle peut et pourra continuer à nous servir aujourd'hui et à l'avenir. Il s'agit d'un défi pour tous ceux et celles qui étudient et pratiquent le droit au Canada et pour tous les Canadiens et Canadiennes dont les vies sont si profondément façonnées par notre Constitution. En effet, la *Loi constitutionnelle de 1867*[2] — l'un des documents les plus importants de ce que nous appelons maintenant la Constitution canadienne — partage son anniversaire avec le Canada lui-même, une illustration, s'il en fut une, de l'importance fondamentale de la Constitution pour notre pays.

À titre d'étudiant en droit puis de professeur en cette matière, à titre de gouverneur général et encore aujourd'hui, j'ai eu et j'ai toujours une profonde admiration pour le rôle que joue la Constitution canadienne pour asseoir la primauté du droit au Canada. Je suis donc ravi de la publication du présent ouvrage dont la lecture contribue considérablement à notre compréhension de ce document clé pour notre pays.

Son Excellence le très honorable David Johnston

Préface

Le très honorable Richard Wagner,
juge en chef de la Cour suprême du Canada

Qu'est-ce qu'une constitution ? À quoi une constitution sert-elle ? Et qu'a de particulier la Constitution canadienne ? Voilà des questions essentielles, auxquelles cet ouvrage unique des professeurs Yan Campagnolo et Adam Dodek se propose de répondre.

On parle souvent d'une constitution comme d'un objet. Parfois, il s'agit d'un texte fondateur, ou d'un groupe de textes. Ce que l'on a en revanche toujours à l'esprit, c'est un ensemble structuré de règles et de principes fondamentaux, destinés à régir l'exercice des pouvoirs constitutionnels dans l'ensemble du pays et à aménager la relation entre l'État et ses citoyens. Au Canada, c'est naturellement vers la *Loi constitutionnelle de 1982*[1] et les règles auxquelles elle réfère que l'on se tourne.

Considérée sous cet angle légaliste, la constitution-objet opère comme loi suprême d'un État. Elle encadre l'exercice des pouvoirs exécutif, législatif et judiciaire et, le cas échéant, attribue à chaque ordre de gouvernement, fédéral et provincial, sa sphère de compétence propre. Parce qu'un pouvoir gouvernemental ne saurait être exercé légalement que s'il est conforme à la constitution étatique, cette dernière se trouve à consacrer le principe de la primauté du droit, marque non équivoque de civilisation.

Mais une constitution a ceci de particulier qu'elle ne se réduit pas à un objet statique, ni même à une simple loi, aussi suprême soit-elle. Elle opère aussi comme puissant symbole des valeurs les plus chères d'une société. Riche de sens, parfois multiples, une constitution-symbole qui fonctionne comme il se doit aura nécessairement un effet profondément normatif, agissant comme gage de la sécurité juridique et, corollairement, de la paix sociale. Cet effet, en quelque sorte magique, découle en partie des images qu'évoque toute constitution. Au Canada, ces images sont puisées à même l'art et la nature. En clair, on conçoit la Constitution canadienne à la fois comme un ouvrage architectural, possédant son style distinctif, et comme un arbre vivant, destiné à croître et à s'adapter à son environnement.

Portail d'entrée de l'édifice constitutionnel canadien, le préambule du texte fondateur du pays, la *Loi constitutionnelle de 1867*[2], témoigne de l'appartenance de la Constitution du Canada à l'architecture constitutionnelle du Royaume-Uni. Les emprunts à la tradition du Parlement de Westminster sont importants, notamment lorsque l'on évoque son système démocratique d'édiction des lois — un Parlement bicaméral chapeauté par un gouverneur général, représentant officiel du souverain au Canada. L'ouvrage constitutionnel canadien est toutefois loin d'être une simple copie de l'original britannique — ses architectes, les pères fondateurs du Canada, ont posé des bases qui s'alignaient avec la réalité multiculturelle de la société de l'époque. C'est bien une fédération qui a été mise sur pied lors de l'union des quatre provinces originales — un système qui partage les pouvoirs législatifs entre un gouvernement central et plusieurs gouvernements provinciaux. Et une place importante y a été ménagée pour les minorités, au moyen de garanties, dès la Confédération, de droits linguistiques, religieux et scolaires.

Même si les meilleurs ouvrages architecturaux sont conçus pour résister au passage du temps, ils ne sont pas statiques. L'édifice constitutionnel canadien a fait l'objet de rénovations structurelles. D'abord, depuis l'abolition, en 1949, des appels au Comité judiciaire du Conseil privé de Londres, la Cour suprême du Canada, de par sa situation au sommet du système judiciaire canadien en tant qu'instance de dernier ressort, constitue désormais la clé de voûte du système judiciaire du Canada. Gardienne ultime et indépendante de la Constitution, et elle-même jouissant d'un statut constitutionnel, elle assure, au fil des arrêts, le développement d'un système juridique cohérent et unifié. Ensuite, dans la foulée du rapatriement de 1982, le Canada coupe les dernières attaches qui le relient au Parlement britannique, par la mise en œuvre de la *Loi constitutionnelle de 1982*, laquelle permet désormais au constituant de modifier la Constitution de son propre chef, sans avoir à transiger avec la mère patrie. Le rapatriement est aussi l'occasion de l'adoption de la *Charte canadienne des droits de la personne*[3], et de la reconnaissance formelle des droits des peuples autochtones, jusque-là absents de la configuration constitutionnelle canadienne.

Malgré sa force explicative séduisante, la métaphore de la constitution-architecture présente des limites lorsqu'il s'agit de comprendre comment une constitution peut parfois s'adapter aux réalités nouvelles. Par l'adoption de la *Loi constitutionnelle de 1982*, le Canada est passé d'un système de démocratie parlementaire à un système de démocratie constitutionnelle. Ce changement structurel a obligé les tribunaux à jouer un rôle de premier plan dans la délimitation de certaines normes constitutionnelles, notamment des droits fondamentaux aux contours flous. D'où l'importance de l'un des principes cardinaux de l'interprétation constitutionnelle : notre Constitution est conçue comme un arbre vivant qui s'épanouit à l'intérieur de ses limites naturelles. Grâce à une interprétation progressiste, elle peut s'adapter et répondre aux réalités de la vie moderne. De la même façon que l'édifice constitutionnel est l'objet de rénovations, l'arbre croît et ses racines s'enfoncent plus profondément dans un terreau fertile.

La fertilité du terreau canadien ne fait aucun doute. Aujourd'hui, on reconnaît l'arbre constitutionnel canadien à ses fruits, notamment : une pratique du fédéralisme qui cherche à remplacer la confrontation par la coopération; une conception robuste et évolutive des droits fondamentaux qui a mené à la reconnaissance de protections accrues pour les membres les plus vulnérables de la société; et une interprétation des droits des peuples autochtones axée sur le besoin urgent de réconciliation.

Les architectes de la Constitution canadienne ont jeté les bases d'une œuvre dont les Canadiens et les Canadiennes de tous horizons, quels que soient leur héritage culturel, leur communauté ou leur langue, peuvent être fiers. Chacun reconnaît dans la Constitution les valeurs qui transcendent ses intérêts individuels, qui l'unissent aux autres, et qui assurent le bien-vivre ensemble. D'une certaine manière, la Constitution opère la transformation des intérêts individuels en valeurs collectives, les projetant dans un médium différent, proprement juridique.

Constater que les métaphores se situent au cœur de notre compréhension de la Constitution révèle toute l'importance de ce symbole de notre identité collective. Dans le présent ouvrage, les professeurs Campagnolo et Dodek offrent des clés de lecture de l'œuvre constitutionnelle canadienne, toujours inachevée, sans cesse réinterprétée. De cette manière, ils contribuent à la perpétuer dans le temps. Chacun, en tant que citoyen, se doit d'y porter attention.

Le très honorable Richard Wagner, C.P.

Introduction

Genèse, structure et remerciements

Cet ouvrage est une version française revue et augmentée du livre *The Canadian Constitution*[1] qui figure sur la liste des 100 meilleurs livres de politique publique du journal « *The Hill Times* » de 2013 et 2016. Il s'agit d'un guide introductif à la Constitution canadienne — rédigé en termes simples, fluides et accessibles — destiné à toute personne ayant un intérêt pour les affaires publiques nationales. Nous avons pris la décision de corédiger une version française du livre *The Canadian Constitution* dans le but de permettre à tous les Canadiens et Canadiennes de comprendre le contenu de leur Constitution dans la langue officielle de leur choix. Nous en avons profité pour approfondir substantiellement le contenu de la version anglaise du livre afin d'offrir un ouvrage qui soit aussi complet que possible tout en demeurant concis. C'est dans cet esprit que nous présentons, en cinq chapitres, les éléments fondamentaux de la Constitution canadienne. La recherche a été finalisée en date du 23 décembre 2018.

Le premier chapitre présente un survol de l'histoire de la Constitution canadienne depuis l'entrée en vigueur de la *Loi constitutionnelle de 1867*[2]. Il explique le cheminement du Canada vers l'indépendance sur la scène internationale en examinant les événements qui ont mené à l'adoption du *Statut de Westminster de 1931*[3], au rapatriement de la Constitution et à l'enchâssement de la *Charte canadienne des droits et libertés*[4] en 1982, ainsi qu'aux tentatives de réformes infructueuses subséquentes (en particulier, les Accords du lac Meech et de Charlottetown). De plus, il offre un compte rendu et une analyse des négociations et des crises constitutionnelles importantes, telles que l'affaire King-Byng de 1926 et le débat entourant la prorogation du Parlement de 2008. L'annexe du premier chapitre dresse également, de manière chronologique, une liste des événements importants de l'histoire canadienne depuis l'arrivée du navigateur français Jacques Cartier en 1534 jusqu'au 150e anniversaire de la fédération canadienne en 2017.

Le deuxième chapitre contient une version annotée de la *Loi constitutionnelle de 1867* et de la *Loi constitutionnelle de 1982*[5]. Nos commentaires sur chacune des dispositions de ces lois visent à donner aux lecteurs une compréhension à la fois riche et profonde du contenu de la Constitution canadienne et des liens entre ses diverses parties. Les commentaires permettent également de présenter les principes qui sous-tendent les dispositions de ces lois, en plus des conventions constitutionnelles et des décisions judiciaires qui modifient ou clarifient leur sens, selon le cas. Ce chapitre comble un vide dans la littérature puisqu'il s'agit d'un des seuls textes qui commentent, article par article, les lois constitutionnelles à la lumière des principes, des conventions et de la jurisprudence.

Le troisième chapitre traite du rôle de la Cour suprême du Canada en tant qu'arbitre ultime ou « gardienne » de la Constitution canadienne. Il explique les événements historiques ayant mené à la création de la Cour en 1875 et à l'abolition complète des appels au Comité judiciaire du Conseil privé de Londres en 1949. Il examine le fonctionnement quotidien de la Cour en portant une attention particulière à sa compétence de rendre des avis consultatifs à la demande du gouverneur général en conseil. L'annexe du troisième chapitre contient également une liste complète des juges de la Cour depuis sa création avec quelques commentaires sur leur cheminement et leur contribution au droit.

Le quatrième chapitre présente ce qui constitue, à notre avis, les décisions les plus importantes de la Cour suprême du Canada en matière constitutionnelle. Les décisions que nous avons choisies sont celles ayant eu une incidence significative (qu'elle soit positive ou négative) sur le peuple canadien et sur les institutions étatiques canadiennes.

Enfin, le cinquième chapitre offre aux lecteurs quelques faits et anecdotes inédits et amusants au sujet de la Constitution canadienne et des institutions étatiques canadiennes, en particulier de la Cour suprême du Canada.

Nous tenons à remercier toutes les personnes sans qui la rédaction de ce livre n'aurait pas été possible. Nous souhaitons exprimer notre profonde reconnaissance à l'ancien gouverneur général, David Johnston, et au juge en chef de la Cour suprême du Canada, Richard Wagner, deux valeureux « gardiens » de la Constitution canadienne, d'avoir rédigé les préfaces de ce livre. De plus, nous tenons à souligner l'enthousiasme et l'excellence du travail effectué par nos assistantes de recherche, Véronique Newman et Christina Houle, au cours de l'été 2018. Nous tenons à souligner la contribution inestimable de nos collègues, les professeurs Yves Le Bouthillier et Peter Oliver, et de l'ensemble des étudiants qui ont lu et commenté le manuscrit à l'automne 2018[6]. Nous tenons également à souligner la contribution de Valérie Leclercq et de Marie-Christine Payette qui ont méticuleusement révisé le manuscrit. Nous souhaitons communiquer notre gratitude au personnel de la maison d'édition Dundurn pour son appui et son professionnalisme dans le processus de publication de ce livre. Enfin, nous sommes immensément redevables à nos familles — nos parents, conjoints et enfants — pour leur patience, leur soutien et leur affection indéfectibles.

Nous dédions ce livre à nos étudiants de l'Université d'Ottawa, en particulier ceux des cours « CML 1704 Législation », « CML 1104 Public Law », « CML 2313 Constitutional Law II » et « CML 3152 Supreme Court of Canada Seminar ». Ce livre est le produit de notre enseignement et de notre interaction avec nos étudiants.

Ottawa
Yan Campagnolo, SJD
Adam Dodek, MB

1

Une brève histoire de la Constitution canadienne

QU'EST-CE QUE LA CONSTITUTION DU CANADA ?

L'État canadien existe, dans sa forme contemporaine, depuis le 1ᵉʳ juillet 1867. Il faut néanmoins souligner que le territoire sur lequel se trouve le Canada était occupé, depuis des milliers d'années, par divers peuples autochtones possédant leurs propres structures juridiques[1]. Chaque société possède une « constitution », soit un ensemble de règles fondamentales qui régit son fonctionnement et les rapports entre les individus et l'État. Une constitution établit qui peut exercer le pouvoir législatif (le pouvoir de faire des lois), le pouvoir exécutif (le pouvoir de mettre en œuvre les lois) et le pouvoir judiciaire (le pouvoir d'interpréter et d'appliquer les lois). Elle dispose, en principe, d'une valeur supra-législative, en ce sens qu'elle se situe au sommet de la pyramide des normes et a priorité sur les lois ordinaires.

La majorité des États dispose d'un document unique contenant l'intégralité de leur constitution. Cela est le cas, par exemple, des États-Unis, mais aussi de la France, de l'Allemagne et de l'Afrique du Sud. Le Canada fait partie d'un petit groupe d'États dont la constitution se retrouve dans plusieurs documents[2]. Le paragraphe 52(2) de la *Loi constitutionnelle de 1982*[3] dispose que la « Constitution du Canada » comprend ce que l'on appelle désormais la *Loi constitutionnelle de 1867*[4], la *Loi constitutionnelle de 1982* et 23 autres lois et décrets-en-conseil émis par le gouvernement britannique ou par le gouvernement canadien (collectivement les « lois constitutionnelles »). Il est toutefois important de souligner que la liste figurant dans la *Loi constitutionnelle de 1982* n'est pas exhaustive. En effet, la « Constitution du Canada » comprend également d'autres textes fondamentaux, tant historiques que contemporains[5]. La structure disparate de la Constitution canadienne a pour effet de rendre son contenu difficilement accessible aux non-juristes.

De plus, certaines parties de la Constitution canadienne ne sont pas écrites, en ce sens qu'elles ne figurent dans aucun texte législatif ou règlementaire. C'est le cas notamment des « conventions constitutionnelles »[6]. Les conventions sont des règles politiques bien établies qui régissent l'exercice des pouvoirs conférés par la Constitution. Par exemple, il existe une convention selon laquelle le premier ministre du Canada doit détenir un siège à la Chambre des communes pour gouverner, bien que le texte de la Constitution n'impose pas cette obligation. De plus, certains « principes constitutionnels non écrits » sous-tendent le fonctionnement du système de gouvernement canadien et guident l'interprétation des dispositions écrites de la Constitution, sans être formellement inscrits dans le texte de la Constitution (par exemple, la primauté du droit et le constitutionnalisme, la démocratie, le fédéralisme, la protection des minorités, la séparation des pouvoirs et l'indépendance judiciaire)[7].

Cela dit, lorsque l'on parle de la « Constitution canadienne », on fait habituellement référence au contenu de *la Loi constitutionnelle de 1867* et de la *Loi constitutionnelle de 1982*. Le présent ouvrage met tout particulièrement l'accent sur ces deux textes fondamentaux[8]. Quels sont les événements qui ont donné naissance à ces lois et façonné leur contenu ?

LA CONFÉDÉRATION

En septembre 1864, dans le but d'accroître l'indépendance et la prospérité économique des colonies britanniques en Amérique du Nord, des représentants de la province du Canada (à l'époque formée du Canada-Ouest et du Canada-Est; aujourd'hui l'Ontario et le Québec), du Nouveau-Brunswick, de la Nouvelle-Écosse et de l'Île-du-Prince-Édouard se sont réunis à Charlottetown pour discuter de la possibilité de s'unir en créant une nouvelle fédération. Une fédération est une structure politique dans laquelle le pouvoir est partagé entre deux niveaux de gouvernement : un gouvernement central ou national (le fédéral) et des gouvernements décentralisés ou régionaux (les provinces). Ce partage des compétences est généralement enchâssé dans la constitution. À l'époque, les peuples autochtones ont été complètement exclus du processus, et ce, malgré les importantes promesses faites par le gouvernement britannique dans la *Proclamation royale de 1763*[9].

Les délégués, que l'on connaît maintenant comme les « Pères de la Confédération », se sont entendus sur le principe d'une fédération et ont accepté de se rencontrer le mois suivant à Québec pour régler les détails de l'entente. Terre-Neuve a envoyé deux observateurs sans toutefois participer directement à la conférence. En octobre 1864, les délégués ont rédigé les 72 résolutions formant la base de la future fédération. Les assemblées législatives du Canada (Ontario et Québec), du Nouveau-Brunswick et de la Nouvelle-Écosse ont approuvé les résolutions. À ce moment-là, l'Île-du-Prince-Édouard et Terre-Neuve ont décidé de rester à l'écart puisque la majorité de leurs populations respectives n'était pas favorable à l'union. Le processus s'est poursuivi à Londres en 1866, où le ministère des Affaires coloniales a rédigé un projet de loi, sur la base des Résolutions de Québec, qui a été adopté par le Parlement britannique.

La loi ayant créé le Canada en tant qu'État s'intitulait l'*Acte de l'Amérique du Nord britannique de 1867*[10]. Elle était également connue sous l'abréviation « *AANB de 1867* ». En 1982, elle fut renommée « *Loi constitutionnelle de 1867* ». L'*Acte de l'Amérique du Nord britannique de 1867* fut adopté par le Parlement britannique parce que le Canada était toujours, à l'époque, une colonie. Le terme « Confédération » est communément utilisé pour faire référence au processus ayant mené à la création de la fédération canadienne[11]. Le nom officiel du Canada en 1867 était « le Dominion du Canada »; les colonies britanniques comme le Canada, l'Australie, l'Afrique du Sud, la Nouvelle-Zélande et Terre-Neuve étaient considérées comme des entités semi-autonomes. Ces dernières n'étaient plus des colonies entièrement gouvernées par Londres, mais elles n'étaient pas encore complètement indépendantes[12]. Ainsi, lorsque le Canada fut fondé en 1867, il n'y avait pas de citoyenneté canadienne[13] et le Royaume-Uni était toujours responsable des relations internationales

Rex Woods, *Les Pères de la Confédération*.

entre le Canada et les autres États. L'*Acte de l'Amérique du Nord britannique de 1867* n'établissait pas de « Cour suprême du Canada » puisque les appels étaient toujours entendus et décidés à Londres par le Comité judiciaire du Conseil privé.

De nouvelles provinces et de nouveaux territoires se sont progressivement joints à la fédération canadienne : le Manitoba (1870), les Territoires du Nord-Ouest (1870), la Colombie-Britannique (1871) et l'Île-du-Prince-Édouard (1873). Le territoire du Yukon a été créé à partir des Territoires du Nord-Ouest en 1898 de même que les provinces de la Saskatchewan et de l'Alberta en 1905. Terre-Neuve s'est finalement jointe à la fédération en 1949 et la province fut renommée « Terre-Neuve-et-Labrador » en 2001. Enfin, une superficie fut retranchée des Territoires du Nord-Ouest dans le but de créer le territoire du Nunavut en 1999.

LES 50 PREMIÈRES ANNÉES DE LA CONFÉDÉRATION

Les deux thèmes dominants de l'histoire constitutionnelle canadienne au cours des 50 premières années suivant la naissance de la fédération étaient : (1) le partage des compétences entre le Parlement fédéral et les législatures provinciales; et (2) le cheminement du Canada en vue de devenir un État complètement indépendant du Royaume-Uni sur la scène internationale.

Un ouvrage intitulé *Constitutional Issues in Canada 1900-1931*, publié en 1933, illustre bien les questions qui se posaient alors. Plusieurs de ces questions demeurent pertinentes de nos jours. Le livre contient des chapitres sur : les règles constitutionnelles non écrites, la réforme constitutionnelle, le gouverneur général du Canada, le Cabinet, la Chambre des communes, le Sénat, la fonction publique, les partis politiques et les relations entre le fédéral et les provinces[14]. Il traite également de sujets particuliers comme l'indépendance judiciaire et la réforme du Sénat.

L'AFFAIRE KING-BYNG

En 1926, le Canada fut plongé dans une crise constitutionnelle en raison d'un conflit survenu entre le premier ministre et chef du Parti libéral, William Lyon Mackenzie King, et le gouverneur général, Julian Byng. Le général Byng était un héros de la Première Guerre mondiale (1914-1918). Il avait dirigé le corps d'armée canadien, le premier contingent canadien à combattre dans un grand bataillon. La bravoure et le sacrifice des soldats canadiens durant la Première Guerre mondiale ont contribué au développement de l'identité canadienne et permis au Canada de gagner le respect des dirigeants du Royaume-Uni et des autres nations. L'un des triomphes les plus importants et sanglants du Canada est la bataille de la crête de Vimy qui a eu lieu en France en avril 1917[15]. Le général Byng était à la tête des troupes victorieuses. Après la guerre, il fut nommé gouverneur général du Canada par le roi George V. De 1867 à 1952, les gouverneurs généraux étaient tous d'origine britannique; il s'agissait, dans la plupart des cas, d'anciens diplomates, de politiciens ou d'officiers militaires. Ces derniers étaient nommés sur la recommandation du gouvernement britannique, parfois en consultation avec le gouvernement canadien (comme ce fut le cas pour le général Byng) et parfois sans consultation. Bien qu'il ne fût pas originaire du Canada, le général Byng était néanmoins perçu comme un véritable héros « canadien ».

En 1926, le premier ministre libéral Mackenzie King dirigeait un gouvernement minoritaire alors dans une position précaire. Le premier ministre risquait en effet de perdre la confiance de la Chambre des communes, ce qui aurait entraîné la chute de son gouvernement[16]. Dans ce contexte, le premier ministre a demandé au gouverneur général de dissoudre la Chambre des communes, ce qui aurait eu pour effet de

Le gouverneur général vicomte Byng de Vimy.

déclencher une élection générale. Par convention, le gouverneur général doit, en principe, suivre l'avis du premier ministre. Cependant, dans ce cas, le gouverneur général a refusé de suivre l'avis du premier ministre puisqu'une élection avait eu lieu moins d'un an auparavant et que le chef de l'opposition, le conservateur Arthur Meighen, était potentiellement en mesure de former un gouvernement. Devant le refus du gouverneur

Le premier ministre William Lyon Mackenzie King.

resign

général, le premier ministre a démissionné. Le gouverneur général a donc invité Arthur Meighen à former un nouveau gouvernement. Toutefois, trois jours après sa nomination, ce dernier perdit un vote de confiance à la Chambre des communes et fut ultimement contraint de demander au gouverneur général de dissoudre la Chambre. Au cours de la campagne électorale qui a suivi, le chef du Parti libéral a fait de l'indépendance canadienne et du rôle du gouverneur général des questions centrales. Ce n'était ni la première ni la dernière fois que la Constitution était l'enjeu principal d'une campagne électorale au Canada. William Lyon Mackenzie King a remporté l'élection et Julian Byng a quitté le Canada, sa réputation ternie par les événements. Il est intéressant de noter que, par la suite, la plupart des experts constitutionnels ont reconnu que le gouverneur général avait pris la bonne décision dans les circonstances[17].

LA MARCHE VERS L'INDÉPENDANCE

Peu de temps après, le Parlement britannique a adopté le *Statut de Westminster de 1931*[18]. L'adoption du *Statut de Westminster de 1931* a mis fin à l'interdiction de modifier ou d'abroger des lois impériales britanniques, sauf pour certains documents de nature constitutionnelle (voir l'article 2). De plus, en vertu du *Statut de Westminster de 1931*, le Parlement britannique s'engageait à ne plus adopter de lois s'appliquant aux dominions, dont le Canada, sauf à la demande et avec le consentement de ces derniers (voir l'article 4). Le *Statut de Westminster de 1931* constituait une étape importante dans le cheminement du Canada vers l'indépendance sur la scène internationale et ce document fait maintenant partie de la « Constitution du Canada »[19]. Il a ouvert la voie pour que le Canada puisse éventuellement modifier sa propre Constitution dans la mesure où ses leaders étaient en mesure de se mettre d'accord sur le processus à suivre pour y arriver. Il faudra attendre encore cinq décennies avant que le fédéral et les provinces parviennent à une entente à ce sujet[20].

Bien que le *Statut de Westminster de 1931* ait permis au Canada de couper, dans une certaine mesure, le cordon ombilical le liant au Royaume-Uni, le changement s'est fait de manière progressive. Par exemple, depuis la naissance de la fédération, l'instance de dernier ressort pour le Canada était le Comité judiciaire du Conseil privé, un tribunal composé de juges anglais, situé à Londres, qui entendait les appels des colonies et des dominions de l'Empire britannique. Le recours au Comité judiciaire du Conseil privé a finalement été aboli en 1933, en matière criminelle, et en 1949, en matière civile. Et ce n'est qu'en 1959 que le Comité judiciaire du Conseil privé a rendu sa dernière décision pour le Canada[21].

LA QUÊTE POUR LE RAPATRIEMENT DE LA CONSTITUTION CANADIENNE

Après la Seconde Guerre mondiale, beaucoup de temps et d'énergie furent investis dans la quête pour le rapatriement de la Constitution canadienne et la recherche d'une procédure interne pour la modifier, sans qu'il soit nécessaire de s'adresser au Parlement britannique. Le terme « rapatriement » est unique au Canada. Il fait référence au processus par lequel les Canadiens et Canadiennes cherchaient à s'approprier leur Constitution, c'est-à-dire le processus visant à transformer l'*Acte de l'Amérique du Nord britannique de 1867* (une loi britannique) en une loi constitutionnelle entièrement canadienne. Il s'agissait de la dernière étape à franchir pour que le Canada devienne un État complètement indépendant sur la scène internationale.

En 1960, le Parlement fédéral a adopté la *Déclaration canadienne des droits*[22]. La *Déclaration* est une loi ordinaire qui encadre uniquement les actions des institutions gouvernementales fédérales. Elle protège notamment la liberté d'expression, la liberté de religion et le droit à l'égalité des individus. La *Déclaration*, adoptée à l'initiative du premier ministre conservateur John Diefenbaker, fut bien accueillie par les groupes de défense des droits de la personne. Les juges lui ont toutefois donné une interprétation restrictive[23], ce qui a eu pour conséquence de renforcer l'argument favorisant l'adoption d'une véritable charte des droits ayant une portée supra-législative et s'appliquant tant au niveau fédéral que provincial. Ainsi, huit ans après l'adoption de la *Déclaration*, le ministre de la Justice libéral, Pierre Elliott Trudeau, a publié une ébauche de charte canadienne des droits et libertés visant à mettre en œuvre ce projet[24].

À la suite de son accession au poste de premier ministre en 1968, Pierre Elliott Trudeau a vigoureusement tenté de réformer la Constitution canadienne. Une entente fut conclue à Victoria en 1971 entre le premier ministre Trudeau et les premiers ministres provinciaux. La Charte de Victoria contenait notamment une charte des droits et libertés ainsi qu'une procédure de modification constitutionnelle interne. Toutefois, l'entente s'est rapidement désintégrée après la volte-face du premier ministre du Québec, Robert Bourassa, en raison de la vive opposition à la Charte de Victoria dans la province de Québec.

Le premier ministre Pierre Elliott Trudeau.

Le premier ministre René Lévesque.

En 1976, la population du Québec a élu le Parti québécois pour former un gouvernement. Le Parti québécois est un parti souverainiste qui cherche à obtenir l'indépendance du Québec du reste du Canada. En 1980, le Parti québécois a tenu un premier référendum dans le cadre duquel il demandait à la population le mandat d'entrer en négociation avec le Canada afin d'obtenir une forme d'indépendance pour le Québec, appelée « souveraineté-association ». Le charismatique premier ministre du Québec, René Lévesque, était à la tête du camp du « oui » et le tout aussi charismatique premier ministre du Canada, Pierre Elliott Trudeau, était à la tête du camp du « non ». Le premier ministre Trudeau a promis aux Québécois qu'il travaillerait pour un « fédéralisme renouvelé » si ces derniers votaient contre la « souveraineté-association ». En fin de compte, le camp du « non » a gagné avec presque 60 % du vote contre 40 % pour le « oui ». Ce résultat a donné lieu à une période renouvelée de négociations constitutionnelles.

Le gouvernement fédéral a pris l'initiative du processus de réforme constitutionnelle. Plusieurs provinces se sont opposées aux propositions avancées par le premier ministre Trudeau. Les premiers ministres se sont rencontrés dans le cadre de nombreuses conférences constitutionnelles

[annotation manuscrite: to bring back / to one's county]

afin d'arriver à une entente sur le rapatriement de la Constitution canadienne. La proposition du premier ministre Trudeau pour réformer la Constitution contenait trois éléments : (1) le rapatriement de la Constitution canadienne; (2) une procédure de modification constitutionnelle interne; et (3) une charte des droits et libertés. Ce troisième élément, l'idée d'une charte des droits enchâssée dans la Constitution canadienne, a capturé les cœurs et les esprits de plusieurs Canadiens et Canadiennes. Il fut nommé l'« ensemble pour le peuple » (en anglais, « people's package »).

LE RAPATRIEMENT ET L'« ENSEMBLE POUR LE PEUPLE »

Compte tenu de l'opposition de la plupart des premiers ministres provinciaux, le premier ministre Trudeau a décidé de procéder unilatéralement. Le gouvernement fédéral a publié une ébauche de résolution pour la Chambre des communes et le Sénat contenant les trois éléments de la proposition constitutionnelle fédérale. En octobre 1980, le Comité mixte spécial du Sénat et de la Chambre des communes sur la Constitution du Canada fut créé et le gouvernement fédéral lui soumit l'ébauche de résolution aux fins d'études et de débats. En principe, les membres de la Chambre des communes et du Sénat travaillent séparément; toutefois, de temps à autre, le Parlement crée des comités mixtes de ses deux chambres pour étudier des questions importantes. Il est arrivé par le passé qu'un comité étudie des propositions constitutionnelles, mais le travail de ce comité à l'automne 1980 et l'hiver 1981 avait quelque chose de particulier.

Le Comité mixte a travaillé à un rythme effréné sur une période de moins de quatre mois, de novembre 1980 (début des audiences) à février 1981 (dépôt du rapport). Le Comité a entendu près d'une centaine de groupes au cours de cette période et a reçu plusieurs centaines de soumissions écrites. Les audiences furent télédiffusées et décortiquées par les médias. Elles ont galvanisé l'appui du public canadien pour le processus de réforme constitutionnelle. De nombreux groupes de citoyens ont comparu devant le Comité mixte[25]. Pour la première fois, ils participaient activement au processus de réforme constitutionnelle; ils n'étaient plus de simples observateurs.

La reine Elizabeth II signe la Proclamation de la Constitution à Ottawa par une journée pluvieuse le 17 avril 1982. Des gouttes de pluie tachent la Proclamation.

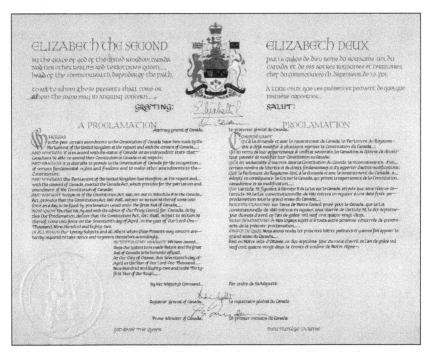

La Proclamation est le document officiel qui a mis en vigueur, d'un point de vue juridique, la *Loi constitutionnelle de 1982*. Elle fut signée par la reine Elizabeth II (« Elizabeth R »), Jean Chrétien (procureur général du Canada), André Ouellet (registraire général du Canada) et Pierre Elliott Trudeau (premier ministre du Canada).

Le processus, qui a abouti à l'adoption de la *Loi constitutionnelle de 1982*, constituait un exercice unique de participation citoyenne au processus de réforme constitutionnelle. Avant novembre 1980, ce type de réforme avait toujours été l'apanage exclusif des élites politiques et gouvernementales. Les citoyens et les groupes de citoyens ne jouaient pas un rôle actif dans le processus; ils recevaient plutôt passivement les détails des diverses propositions débattues par leurs représentants fédéraux et provinciaux. Certains groupes de citoyens ont contribué à l'adoption de la *Déclaration canadienne des droits* en attirant l'attention du public sur les questions relatives aux droits de la personne et en convainquant les élus d'inclure l'adoption d'une telle déclaration à leur agenda politique. Toutefois, l'élaboration de la *Déclaration canadienne des droits*, une loi fédérale, s'est faite en suivant le processus législatif ordinaire. En comparaison, le processus d'élaboration de la *Charte* n'avait rien d'ordinaire. En invitant la société civile à participer au processus, le gouvernement fédéral a créé un précédent dont il sera difficile de s'écarter dans le futur.

Pendant ce temps, les premiers ministres provinciaux ont continué de s'opposer aux tentatives de réforme constitutionnelle du gouvernement fédéral. Par l'intermédiaire de la procédure de renvoi, certaines provinces ont demandé à leurs cours d'appel de déterminer si le gouvernement fédéral pouvait procéder au rapatriement et à la modification de la Constitution canadienne sans leur consentement. Les avis des cours d'appel provinciales ont subséquemment fait l'objet d'un appel devant la Cour suprême du Canada. Les audiences ont eu lieu au printemps 1981. L'avis de la Cour suprême, connu sous le nom de *Renvoi relatif au rapatriement*[26], fut rendu quelques mois plus tard. Dans le *Renvoi*, la Cour suprême a affirmé que le gouvernement fédéral avait, d'un point de vue juridique, le pouvoir de procéder unilatéralement au rapatriement; toutefois, d'un point de vue politique, la Cour a reconnu l'existence d'une convention constitutionnelle qui exigeait un degré appréciable de consentement provincial avant d'aller de l'avant avec une réforme d'une telle importance[27]. La décision de la Cour suprême a eu pour effet d'obliger le gouvernement fédéral et les provinces à reprendre les négociations. En novembre 1981, à Ottawa, une entente a été conclue entre le premier ministre du Canada et l'ensemble des premiers ministres provinciaux, à l'exception du premier ministre du Québec, René Lévesque. L'exclusion du Québec fut, et demeure toujours, politiquement controversée. D'un point de vue juridique et conventionnel, le consentement du Québec n'était pas requis (tel que l'a par la suite confirmé la Cour suprême[28]) et la *Loi constitutionnelle de 1982* s'applique clairement à toutes les provinces, dont le Québec.

Les réformes constitutionnelles canadiennes souhaitées furent communiquées au Parlement britannique aux fins de l'adoption de la *Loi de 1982 sur le Canada*[29]. Étant donné que la Constitution canadienne comprenait un ensemble de lois adoptées par le Parlement britannique, une loi définitive émanant de cet organe législatif était requise pour libérer juridiquement le Canada du Royaume-Uni. En avril 1982, la reine Elizabeth II est venue au Canada et, par un matin pluvieux à Ottawa, a signé la proclamation officielle ayant pour effet d'officialiser la nouvelle Constitution. Le 17 avril 1982, la *Loi constitutionnelle de 1982* entrait finalement en vigueur et l'*Acte de l'Amérique du Nord britannique de 1867* fut renommé « *Loi constitutionnelle de 1867* ». Les 34 premiers articles de la *Loi constitutionnelle de 1982* constituent la *Charte canadienne des droits et libertés*; les autres dispositions traitent notamment des droits des peuples autochtones, de la procédure de modification constitutionnelle et de la suprématie de la Constitution.

LES NOUVELLES TENTATIVES DE MODIFICATIONS CONSTITUTIONNELLES

En 1984, Brian Mulroney, le chef du Parti progressiste-conservateur, est devenu premier ministre du Canada en promettant notamment de convaincre le Québec de signer la Constitution dans « l'honneur et l'enthousiasme ». En effet, le Québec ne faisait pas partie de l'entente politique ayant mené au rapatriement de la Constitution. Au cours d'une rencontre au lac Meech dans le parc de la Gatineau en juin 1987, les premiers ministres ont conclu l'Accord du lac Meech. Cet Accord visait cinq points principaux : (1) la reconnaissance du Québec en tant que « société distincte » et la reconnaissance de la dualité linguistique du Canada; (2) l'octroi d'un droit de veto constitutionnel au Québec et aux autres provinces; (3) l'accroissement des pouvoirs des provinces en matière d'immigration; (4) l'élargissement et l'encadrement du droit à une compensation financière raisonnable pour les provinces choisissant de ne pas participer à de futurs programmes fédéraux dans leurs champs exclusifs de

compétences; et (5) la participation des provinces au processus de nomination des sénateurs et des juges de la Cour suprême du Canada[30]. En vertu de
la nouvelle procédure interne de modification constitutionnelle qui se trouve
à la Partie V de la *Loi constitutionnelle de 1982*, la Chambre des communes,
le Sénat et les assemblées législatives provinciales avaient trois ans pour
approuver la modification proposée. A priori, il semblait que l'Accord serait
adopté et la Constitution modifiée. Toutefois, en raison de plusieurs facteurs,
en juin 1990, l'Accord est devenu périmé puisqu'il n'avait pas été adopté par
toutes les assemblées législatives dans le délai requis. En effet, les assemblées
législatives du Manitoba et de Terre-Neuve ne l'ont jamais endossé[31].

L'échec de l'Accord du lac Meech n'a pas arrêté le premier ministre
Mulroney; il a accru ses efforts de réforme constitutionnelle en nommant l'ancien premier ministre du Canada, Joe Clark, comme ministre
des Affaires constitutionnelles. Une autre ronde de négociations eut lieu
à Charlottetown, aboutissant finalement à l'Accord de Charlottetown. Ce
dernier renfermait un ensemble beaucoup plus large de réformes constitutionnelles que celles proposées dans l'Accord du lac Meech. Il traitait
notamment du partage des compétences entre le Parlement fédéral et
les législatures provinciales, du pouvoir fédéral de dépenser, de la Cour
suprême du Canada, du Sénat, de la Chambre des communes et des peuples
autochtones[32]. L'Accord de Charlottetown devait être présenté à la population canadienne pour lui donner l'occasion de se prononcer « pour »
ou « contre » dans le cadre de référendums à l'échelle nationale[33]. Le
26 octobre 1992, les Canadiens et Canadiennes ont été appelés à se prono n-
cer sur l'Accord de Charlottetown; 54 % de la population a voté « contre »
tandis que 46 % a voté « pour ». L'Accord a véritablement divisé le pays :
les électeurs du Nouveau-Brunswick, de Terre-Neuve, des Territoires du
Nord-Ouest, de l'Ontario et de l'Île-du-Prince-Édouard l'ont appuyé, alors
que les électeurs des autres provinces et territoires s'y sont opposés.

LE SECOND RÉFÉRENDUM DU QUÉBEC

Les échecs des Accords du lac Meech et de Charlottetown ont étouffé le
désir de modifier la Constitution de façon importante. Cette expérience a
renforcé la position des souverainistes au Québec où le Parti québécois a
repris le pouvoir. Un second référendum sur la souveraineté a eu lieu en
octobre 1995. Cette fois, le camp du « non » a gagné par la plus petite des

majorités (54 288 votes), soit 50,58 % contre 49,42 %. À la suite du référendum, le gouvernement fédéral a demandé à la Cour suprême du Canada si le Québec pouvait, en vertu de la Constitution canadienne ou du droit international, se séparer unilatéralement du reste du Canada. Dans l'un de ses avis les plus importants, rendu dans le cadre du *Renvoi relatif à la sécession du Québec*[34], la Cour suprême a affirmé que le Québec ne dispose pas d'un droit de se séparer unilatéralement du Canada. Le Québec pourrait toutefois négocier une modification constitutionnelle pour atteindre ce résultat. En effet, si une majorité claire des électeurs québécois donnait un tel mandat à son gouvernement en réponse à une question claire dans le cadre d'un référendum, les membres de la fédération canadienne auraient l'obligation de négocier de bonne foi, avec le gouvernement québécois, les termes d'une modification constitutionnelle visant la séparation du Québec.

LA CRISE DE 2008

En décembre 2008, le pays fut bouleversé par ce que certains ont décrit comme une « crise constitutionnelle » en raison d'une demande de prorogation du Parlement adressée par le premier ministre conservateur Stephen Harper à la gouverneure générale Michaëlle Jean. « Prorogation » est un terme constitutionnel technique dont la majorité des Canadiens et Canadiennes n'avaient jamais entendu parler avant ce moment. Une prorogation marque la fin officielle d'une session parlementaire. En vertu de la Constitution, les législatures ont une durée maximale de cinq ans mais, en général, elles durent environ quatre ans. Il est utile de diviser une législature en plusieurs sessions, un peu comme les sessions universitaires pour les cours qui durent une année. Le problème avec la demande du premier ministre Harper en 2008 était que le Parlement venait tout juste de débuter ses travaux; il n'avait siégé que pendant 13 jours à la suite des élections d'octobre 2008. Le premier ministre Harper voulait proroger les travaux de la Chambre des communes afin d'éviter un vote de non-confiance contre son gouvernement. De plus, les partis d'opposition — c'est-à-dire le Parti libéral et le Nouveau Parti démocratique, avec l'appui du Bloc québécois — avaient formé une coalition dans le but de remplacer le gouvernement conservateur.

Il y a eu un grand débat d'un bout à l'autre du pays sur ce que la gouverneure générale devrait faire en réponse à la demande du premier

Une caricature du Toronto Star relativement à la prorogation de décembre 2008.

ministre. Par le passé, aucun gouverneur général du Canada n'avait refusé de proroger le Parlement à la demande du premier ministre; toutefois, en contrepartie, aucun premier ministre n'avait demandé une prorogation afin d'éviter une défaite imminente en Chambre. Le matin du 4 décembre 2008, les médias attendaient à l'extérieur de la résidence de la gouverneure générale, Rideau Hall, pendant que le premier ministre discutait avec la gouverneure générale, lors d'une rencontre qui a duré plus de deux heures[35]. En fin de compte, la gouverneure générale a accepté la demande du premier ministre; le Parlement a été prorogé et la crise constitutionnelle évitée.

to discontinue a session

LA RÉFORME DU SÉNAT

Plus récemment, l'avis consultatif de la Cour suprême du Canada dans le *Renvoi relatif à la réforme du Sénat*[36] a également fait couler beaucoup d'encre. En 2013, le gouvernement conservateur du premier ministre

Harper a demandé à la Cour suprême si certaines modifications au Sénat pouvaient être apportées unilatéralement par le Parlement fédéral en vertu de l'article 44 de la *Loi constitutionnelle de 1982*. Le gouvernement conservateur envisageait une réforme visant à conférer une légitimité démocratique aux sénateurs et à limiter la durée de leur mandat. Il cherchait, en outre, à savoir quel degré de consentement était nécessaire afin d'abolir le Sénat, comme le réclamait le Nouveau Parti démocratique. La réforme, ou l'abolition complète, du Sénat était une question d'un grand intérêt pour plusieurs Canadiens et Canadiennes. Dans son avis, la Cour suprême a affirmé que l'abolition du Sénat nécessitait l'appui unanime de la Chambre des communes, du Sénat et de toutes les assemblées législatives provinciales conformément à l'alinéa 41e) de la *Loi constitutionnelle de 1982*. De plus, elle a précisé que le consentement de sept provinces représentant au moins 50 % de la population était requis pour que le Parlement fédéral puisse mettre en place des élections consultatives pour la nomination des sénateurs et modifier la durée de leur mandat aux termes du paragraphe 38(1) et de l'alinéa 42(1)b) de la *Loi constitutionnelle de 1982*. L'avis de la Cour suprême a pour effet de rendre toute réforme importante du Sénat virtuellement impossible à réaliser dans le contexte politique actuel.

Ces événements ont suscité chez les Canadiens et Canadiennes un grand intérêt pour leur système de gouvernement et son fonctionnement. Ce livre a pour but de les aider à mieux comprendre et apprécier leur Constitution.

ANNEXE – DATES IMPORTANTES

Date	Événement
1534	Le navigateur français Jacques Cartier plante une croix à Gaspé et revendique le territoire au nom du roi de France. Le territoire était alors occupé, et ce, depuis plusieurs milliers d'années, par les peuples autochtones.
1608	Samuel de Champlain fonde la ville de Québec.
1670	Le roi anglais, Charles II, accorde une charte garantissant à la Compagnie de la Baie d'Hudson le monopole du commerce avec les Autochtones sur la région des rivières et fleuves se déversant dans la baie d'Hudson, nommée la Terre de Rupert.
1713	Par les traités d'Utrecht, la Grande-Bretagne obtient de la France les territoires de Terre-Neuve, de la Baie d'Hudson et une partie de l'Acadie; la France conserve toutefois la Nouvelle-France.
1755	Début de la déportation des Acadiens par la Grande-Bretagne qui se poursuivra jusqu'en 1763.
1759	Lors de la bataille des plaines d'Abraham, qui se déroule pendant la guerre de Sept Ans, l'armée britannique défait l'armée française et prend la ville de Québec.
1763	Le traité de Paris de 1763 met fin à la guerre de Sept Ans. La France cède ses colonies de l'Amérique du Nord à la Grande-Bretagne; elle récupère toutefois l'archipel de Saint-Pierre-et-Miquelon.
1763	Le roi anglais, George III, émet la *Proclamation royale de 1763*[37]. Cette dernière reconnaît les droits des peuples autochtones et instaure le droit anglais (la common law), tant en matière de droit privé que de droit public, ainsi que le système judiciaire anglais, dans les anciennes colonies françaises, dont le territoire du Québec.

Date	Événement
1774	Le Parlement britannique adopte l'*Acte de Québec de 1774*[38] qui garantit aux personnes habitant sur le territoire du Québec le droit de pratiquer la religion catholique librement et qui rétablit le droit français en matière de droit privé tout en maintenant le droit anglais en matière de droit public, dont le droit criminel.
1776	Arrivée des premiers Loyalistes (des colons américains fidèles à la Couronne britannique) en raison de la révolution et de la guerre d'indépendance des États-Unis (1775-1783).
1791	Le Parlement britannique adopte l'*Acte constitutionnel de 1791*[39] qui divise le territoire du Québec en deux parties : le Bas-Canada, majoritairement francophone; et le Haut-Canada, majoritairement anglophone.
1839	À la suite de rébellions dans le Bas-Canada et le Haut-Canada, le gouverneur général, lord Durham, recommande au gouvernement britannique l'octroi d'une forme de gouvernement responsable aux colonies de l'Amérique du Nord et l'assimilation des Canadiens français par l'union du Bas-Canada et du Haut-Canada.
1840	Le Parlement britannique adopte l'*Acte d'union de 1840*[40] qui unit le Bas-Canada et le Haut-Canada au sein d'une même entité : « La province du Canada », elle-même divisée en deux parties, le Canada-Est et le Canada-Ouest.
1848	La Nouvelle-Écosse devient la première colonie britannique à avoir un « gouvernement responsable ». Quelques mois plus tard, la province du Canada obtient également un « gouvernement responsable ».
1864	Les conférences de Charlottetown et de Québec ont lieu en octobre et en septembre. Elles permettent d'établir les fondements du projet d'union fédérale.
1865	Le Parlement britannique adopte la *Loi sur la validité des lois coloniales de 1865*[41] qui dispose que les lois impériales priment sur les lois coloniales en cas de conflit.

Date	Événement
1866	Lors d'une conférence à Londres, les résolutions rédigées par les Pères de la Confédération sont transformées en projet de loi devant être soumis au Parlement britannique.
1867	À la suite de son adoption par le Parlement britannique, l'*Acte de l'Amérique du Nord britannique de 1867*[42] entre en vigueur le 1er juillet 1867. La province du Canada (divisée en deux provinces : l'Ontario et le Québec), la Nouvelle-Écosse et le Nouveau-Brunswick forment le nouveau « Dominion du Canada ». Ce moment marque la naissance de la fédération canadienne.
1870	Les Territoires du Nord-Ouest et le Manitoba se joignent au Canada à titre de territoire et de province, respectivement.
1871	Début de la signature des traités numérotés entre le gouvernement du Canada et les peuples autochtones. En échange de la cession de leurs territoires traditionnels, le gouvernement s'engage à indemniser les peuples autochtones et à leur conférer certains droits. Onze traités sont signés de 1871 à 1921. Ces traités controversés ont eu un impact socioéconomique et juridique significatif sur les peuples autochtones du Canada.
1871	La Colombie-Britannique se joint au Canada, à titre de province.
1873	L'Île-du-Prince-Édouard se joint au Canada, à titre de province.
1875	Le Parlement fédéral crée la Cour suprême du Canada.
1883	Établissement des premiers pensionnats résidentiels indiens par le gouvernement du Canada. Il s'agissait d'écoles religieuses chrétiennes financées par l'État et créées dans le but d'assimiler les enfants autochtones. Plusieurs enfants ont été victimes d'abus physiques et psychologiques dans les pensionnats indiens. Au total, on estime que 150 000 enfants autochtones ont fréquenté ces écoles de 1883 à 1996.

Date	Événement
1898	Le territoire du Yukon est créées à partir des Territoires du Nord-Ouest.
1905	Les provinces de la Saskatchewan et de l'Alberta sont créé à partir des Territoires du Nord-Ouest.
1914	Le Royaume-Uni entre en guerre contre l'Allemagne dans ce qui sera la Première Guerre mondiale. Par le fait même, l'Empire britannique, dont le Canada et Terre-Neuve, entre automatiquement en guerre.
juin 1926	Le gouverneur général du Canada, Julian Byng, refuse la demande de dissolution du premier ministre libéral William Lyon Mackenzie King. Cet incident et les conséquences qui en découlent sont connus sous le nom de l'affaire King-Byng.
novembre 1926	Par la Déclaration de Balfour de 1926, une déclaration politique, le Royaume-Uni reconnaît l'entière souveraineté des dominions, dont le Canada, de l'Empire britannique et fonde le Commonwealth (une association d'États souverains unis sous la Couronne britannique). De plus, la Déclaration établit que les gouverneurs généraux des dominions sont des représentants de la Couronne plutôt que du gouvernement britannique, mettant ainsi fin à l'ingérence de ce dernier dans la gouvernance des dominions.
1930	Le Comité judiciaire du Conseil privé rend sa décision dans l'affaire « Personnes »[43], confirmant que les femmes sont des « personnes ayant les qualifications voulues » pour être nommées au Sénat au sens de l'article 24 de la *Loi constitutionnelle de 1867*[44].

Date	Événement
1931	Le Parlement britannique adopte le *Statut de Westminster de 1931*[45] pour donner une assise juridique à la Déclaration de Balfour de 1926. Le *Statut de Westminster de 1931* dispose que les lois impériales, à l'exception de certaines lois de nature constitutionnelle, ne priment plus sur les lois coloniales (abrogeant, dans cette optique, la *Loi sur la validité des lois coloniales de 1865*). En outre, il met fin au pouvoir du Parlement britannique d'adopter des lois pour les dominions à moins que ces derniers en fassent explicitement la demande. Le *Statut de Westminster de 1931* préserve néanmoins le pouvoir du Parlement britannique de modifier certaines lois canadiennes, dont l'*Acte de l'Amérique du Nord britannique de 1867*, puisque le gouvernement fédéral et les gouvernements provinciaux ne peuvent s'entendre sur une procédure interne de modification constitutionnelle.
1933	Abolition des appels des décisions judiciaires canadiennes en matière criminelle au Comité judiciaire du Conseil privé de Londres.
1939	Le Canada déclare la guerre à l'Allemagne sept jours après le Royaume-Uni et la France dans ce qui sera la Seconde Guerre mondiale. Il s'agit d'un geste symbolisant la nouvelle indépendance canadienne.
1947	Le 1er janvier, la *Loi sur la citoyenneté canadienne*[46] crée le statut juridique de « Canadien ». Le 3 janvier, le premier ministre libéral William Lyon Mackenzie King devient le premier citoyen canadien.
avril 1949	Terre-Neuve se joint au Canada, à titre de province.
décembre 1949	Abolition des appels des décisions judiciaires canadiennes en matière civile au Comité judiciaire du Conseil privé de Londres. La Cour suprême du Canada devient alors le plus haut tribunal canadien.

Date	Événement
1959	Le Comité judiciaire du Conseil privé rend sa dernière décision en appel d'un litige en provenance du Canada[47].
1960	Le Parlement du Canada adopte la *Déclaration canadienne des droits*[48]. Cette dernière s'applique uniquement aux lois qui relèvent des champs de compétence fédérale, adoptées par le Parlement du Canada, par opposition aux lois qui relèvent des champs de compétence provinciale, adoptées par les législatures provinciales.
1964-1965	Élaboration de la formule Fulton-Favreau pour la modification de la Constitution du Canada. La formule requiert le consentement unanime du Parlement fédéral et de toutes les législatures provinciales pour les changements les plus importants à la Constitution canadienne. Toutes les provinces l'acceptent à l'exception du Québec. La dissidence du Québec fait échec au rapatriement de la Constitution canadienne.
1971	Le premier ministre du Canada et les premiers ministres provinciaux s'entendent, en principe, sur l'adoption de la Charte de Victoria, mais cette proposition de réforme constitutionnelle s'avérera finalement infructueuse à la suite du retrait du Québec. La Charte de Victoria contenait notamment une charte des droits et libertés et une procédure de modification constitutionnelle qui aurait donné un droit de veto au fédéral, à l'Ontario et au Québec.
1976	Le Parti québécois, un parti souverainiste voulant l'indépendance du Québec, remporte les élections provinciales au Québec; René Lévesque devient le premier ministre du Québec.
1980	Le Québec tient un premier référendum sur la souveraineté-association : 59,56 % des Québécois votent contre le projet souverainiste.

Date	Événement
1980-1981	Tenue des audiences du Comité mixte spécial du Sénat et de la Chambre des communes sur la Constitution du Canada. Le mandat du Comité consiste à étudier les résolutions relatives au rapatriement de la Constitution canadienne.
1981	La Cour suprême du Canada rend son avis consultatif dans le *Renvoi relatif au rapatriement*[49], confirmant que le gouvernement fédéral ne peut, en vertu des conventions constitutionnelles, procéder légitimement au rapatriement de la Constitution sans un degré appréciable de consentement provincial.
mars 1982	Le Parlement britannique adopte la *Loi sur le Canada de 1982*[50] qui a pour effet de rapatrier la Constitution canadienne et d'y ajouter la *Loi constitutionnelle de 1982*[51], laquelle comprend la *Charte canadienne des droits et libertés*[52] ainsi qu'une procédure de modification constitutionnelle. À partir de ce moment, le Canada devient un État véritablement indépendant d'un point de vue constitutionnel.
avril 1982	La *Loi constitutionnelle de 1982* et la *Charte canadienne des droits et libertés* entrent en vigueur le 17 avril 1982 (à l'exception de l'article 15 de la *Charte* qui protège le droit à l'égalité).
décembre 1982	La Cour suprême du Canada rend son avis dans le *Renvoi sur l'opposition du Québec à une résolution pour modifier la Constitution*[53], confirmant que le Québec ne disposait pas d'un droit de veto qui lui aurait permis de bloquer le rapatriement de la Constitution canadienne.
1985	L'article 15 de la *Charte canadienne des droits et libertés*, qui garantit le droit à l'égalité, entre en vigueur le 17 avril 1985.

Date	Événement
1987	Le premier ministre du Canada et les premiers ministres provinciaux s'entendent sur une proposition de réforme constitutionnelle connue sous le nom d'« Accord du lac Meech », visant à convaincre le gouvernement du Québec d'approuver symboliquement la *Loi constitutionnelle de 1982*.
1990	L'Accord du lac Meech expire sans être adopté puisque les assemblées législatives du Manitoba et de Terre-Neuve ne l'ont pas ratifié.
août 1992	Le premier ministre du Canada et les premiers ministres provinciaux s'entendent sur une vaste proposition de réforme constitutionnelle, connue sous le nom d'« Accord de Charlottetown ».
octobre 1992	L'Accord de Charlottetown est rejeté par 54,3 % de la population dans le cadre de référendums tenus dans l'ensemble du Canada.
1993	Le Nouveau-Brunswick enchâsse dans la Constitution canadienne l'égalité des communautés linguistiques française et anglaise de la province[54]. Il s'agit de la seule province officiellement bilingue au Canada.
1995	Le Québec tient un second référendum sur la souveraineté. Une très faible majorité des Québécois, 50,58 %, vote contre le projet souverainiste.
1998	La Cour suprême du Canada rend son avis consultatif dans le *Renvoi relatif à la sécession du Québec*[55], confirmant que les modalités de la sécession du Québec du Canada devraient être négociées entre les membres de la fédération si une majorité claire de la population québécoise votait en faveur de cette option lors d'un référendum en réponse à une question claire.
1999	Les Territoires du Nord-Ouest sont scindés en deux afin de permettre la création d'un nouveau territoire : le Nunavut.

Date	Événement
juin 2008	Suivant l'approbation de la Convention de règlement relative aux pensionnats indiens, qui établissait un fond d'indemnisation de 1,9 milliard de dollars pour les victimes des pensionnats indiens, le premier ministre conservateur Stephen Harper présente les excuses officielles du gouvernement du Canada aux peuples autochtones pour les mauvais traitements subis dans ces pensionnats.
décembre 2008	Le premier ministre conservateur Stephen Harper demande à la gouverneure générale Michaëlle Jean de proroger le Parlement afin d'éviter un vote de non-confiance à la Chambre des communes. La gouverneure générale accepte la demande du premier ministre.
mars 2014	La Cour suprême du Canada rend son avis consultatif dans le *Renvoi relatif à la Loi sur la Cour suprême, art. 5 et 6*[56], confirmant que le Parlement fédéral ne peut modifier, de manière unilatérale, ni les conditions de nomination des juges du Québec ni les caractéristiques essentielles de la Cour.
avril 2014	La Cour suprême du Canada rend son avis consultatif dans le *Renvoi relatif à la réforme du Sénat*[57], confirmant que le Parlement fédéral ne peut réformer le mode de nomination des sénateurs et la durée de leur mandat de manière unilatérale. De plus, la Cour affirme que l'abolition du Sénat ne pourrait se faire qu'avec le consentement unanime de la Chambre des communes, du Sénat et de toutes les assemblées législatives provinciales.
2015	La Commission de vérité et réconciliation du Canada présente ses conclusions et 94 « appels à l'action » pour corriger les conséquences des pensionnats fédéraux et faire avancer le processus de réconciliation au Canada. Le premier ministre libéral Justin Trudeau s'engage à mettre en œuvre les « appels à l'action » de la Commission.
2017	150ᵉ anniversaire de l'adoption de la *Loi constitutionnelle de 1867* et de la naissance de la fédération canadienne.

2

Les lois constitutionnelles
de 1867 et 1982

Ce chapitre reproduit le texte intégral des lois constitutionnelles de 1867 et 1982, avec des commentaires visant à expliquer le sens de leurs dispositions. Les commentaires sont nécessaires puisque, malheureusement, la Constitution canadienne ne se lit pas aisément; cela vaut autant pour la population, en général, que pour les experts. Contrairement à la Constitution des États-Unis, la Constitution canadienne n'est pas contenue dans un seul et unique document intitulé « La Constitution du Canada ». Elle comprend plutôt plusieurs documents. Pour compliquer davantage les choses, bien souvent, les dispositions de la Constitution canadienne ont un sens différent de ce que leur texte semble suggérer. Il en est ainsi parce que la Constitution canadienne comprend également des règles politiques complémentaires qui ne sont pas formellement écrites dans les lois constitutionnelles[1]. Ces règles obligatoires, qui régissent la manière dont les pouvoirs conférés par la Constitution canadienne doivent être exercés, sont connues sous le nom de « conventions constitutionnelles »[2].

Avant de procéder à l'étude des lois constitutionnelles de 1867 et de 1982, il est utile de présenter les caractéristiques essentielles de l'État canadien. Le Canada est une monarchie constitutionnelle, ce qui signifie que le chef de l'État est un souverain (un roi ou une reine choisi sur la base de règles héréditaires de succession au trône), dont les pouvoirs sont encadrés par la Constitution. En pratique, le rôle du souverain (qui est représenté au niveau fédéral par un gouverneur général et dans les provinces par des lieutenants-gouverneurs) est surtout symbolique : il incarne la continuité et la légitimité de l'État. Le chef du gouvernement est le premier ministre. Ce dernier est généralement le chef du parti politique ayant obtenu le plus grand nombre de sièges à l'assemblée législative à la suite d'une élection générale. En vertu de la convention sur la confiance, le premier ministre et ses ministres doivent maintenir l'appui de l'assemblée législative afin de pouvoir légitimement gouverner au nom du souverain.

De plus, le Canada est une fédération dans laquelle le pouvoir d'adopter des lois fait l'objet d'un partage entre le Parlement du Canada, qui a compétence sur l'ensemble du territoire, et les législatures provinciales, qui ont compétence seulement sur une partie du territoire. Le Parlement du Canada est une institution bicamérale en ce sens qu'il comprend deux chambres : la Chambre des communes et le Sénat. La première se compose de députés élus et la seconde de sénateurs nommés. En comparaison, les législatures provinciales sont unicamérales, c'est-à-dire qu'elles comprennent une seule chambre, l'assemblée législative, dont les membres sont élus. Tant au niveau fédéral que provincial, un projet de loi doit recevoir la sanction royale (du gouverneur général ou du lieutenant-gouverneur, selon le cas) pour devenir officiellement une loi.

Les principaux devis architecturaux du système politique canadien se retrouvent dans les lois constitutionnelles de 1867 et de 1982. Ce chapitre contient le texte intégral de ces lois dans leur forme actuelle. Il reproduit les dispositions des lois en utilisant la consolidation du ministère de la Justice du Canada[3], conformément au *Décret sur la reproduction de la législation fédérale et des décisions des tribunaux de constitution fédérale*[4]. Nous tenons à remercier le ministère de la Justice et toutes les personnes ayant travaillé sur cette consolidation, en maintenant les lois à jour et en rendant cette consolidation disponible pour l'ensemble de la population canadienne.

LOI CONSTITUTIONNELLE DE 1867

Commentaire

La *Loi constitutionnelle de 1867*[5] définit le fonctionnement du Canada, en particulier le rôle de la monarchie, le fédéralisme, la Chambre des communes, le Sénat, le système judiciaire et le système de taxation. Néanmoins, comme nous le verrons, certains sujets importants ne sont pas régis par cette dernière, tels que la procédure de modification constitutionnelle, le mode de nomination du gouverneur général du Canada, le système de gouvernement responsable (incluant le rôle du premier ministre et celui du Cabinet), l'établissement de la Cour suprême du Canada et la protection des droits fondamentaux. Comme la *Loi constitutionnelle de 1867* est une loi ayant à l'origine été adoptée par le Parlement du Royaume-Uni en anglais, la version française n'a pas valeur officielle. En effet, depuis le rapatriement de la Constitution, le Parlement fédéral et les législatures provinciales ne se sont pas entendus sur l'adoption d'une version française officielle de cette loi, tel que le requiert l'article 55 de la *Loi constitutionnelle de 1982*[6]. Le préambule de la *Loi constitutionnelle de 1867* se lit comme suit :

Loi concernant l'Union et le gouvernement du Canada, de la Nouvelle-Écosse et du Nouveau-Brunswick, ainsi que les objets qui s'y rattachent (*29 mars 1867*)

Considérant que les provinces du Canada, de la Nouvelle-Écosse et du Nouveau-Brunswick ont exprimé le désir de contracter une Union Fédérale pour ne former qu'une seule et même Puissance (*Dominion*) sous la couronne du Royaume-Uni de la Grande-Bretagne et d'Irlande, avec une constitution reposant sur les mêmes principes que celle du Royaume-Uni :

Considérant de plus qu'une telle union aurait l'effet de développer la prospérité des provinces et de favoriser les intérêts de l'Empire Britannique :

Considérant de plus qu'il est opportun, concurremment avec l'établissement de l'union par autorité du parlement, non seulement de décréter la constitution du pouvoir législatif de la Puissance, mais aussi de définir la nature de son gouvernement exécutif :

Considérant de plus qu'il est nécessaire de pourvoir à l'admission éventuelle d'autres parties de l'Amérique du Nord britannique dans l'union :

Commentaire

Le préambule de la *Loi constitutionnelle de 1867* exprime l'objectif premier des Pères de la Confédération : l'union de trois colonies (le Canada, la Nouvelle-Écosse et le Nouveau-Brunswick) au sein d'une fédération appelée « Dominion du Canada » sous la Couronne britannique. L'union des colonies britanniques de l'Amérique du Nord avait notamment pour but de contrer la menace d'annexion par les États-Unis et d'accroître la prospérité économique des colonies, dont le maintien était devenu dispendieux pour le Royaume-Uni[7]. De plus, les francophones de ce qui était alors le « Canada-Est » souhaitaient obtenir leur propre assemblée législative[8].

John A. Macdonald eut préféré que la nouvelle fédération porte le nom de « Royaume du Canada », mais le gouvernement britannique s'y opposa au motif qu'un tel nom aurait pu offenser nos puissants voisins américains[9]. Au lieu, le terme « Dominion » fut choisi. Ce terme est issu du verset 72:8 du livre des Psaumes de la Bible (« Il dominera d'une mer à l'autre, Et du fleuve aux extrémités de la terre »). La devise nationale du Canada devint donc « *A Mari Usque Ad Mare* » (en français, « de la mer jusqu'à la mer » ou « d'un océan à l'autre »). Le préambule exprime aussi le souhait que d'autres colonies britanniques de l'Amérique du Nord se joignent éventuellement au Canada.

Le préambule de la *Loi constitutionnelle de 1867* reflète le lien étroit du Canada avec le Royaume-Uni. Il souligne que le Canada dispose d'une Constitution « reposant sur les mêmes principes que celle du Royaume-Uni ». Ce faisant, il importe au Canada les pratiques parlementaires britanniques en vigueur à l'époque, en particulier celles visant à mettre en œuvre le système de gouvernement responsable, un système dans lequel le gouvernement doit maintenir la confiance de la Chambre des communes (dont les membres sont élus démocratiquement) pour demeurer au pouvoir[10].

En principe, les préambules ne sont pas juridiquement contraignants ; ils peuvent toutefois guider l'interprétation des dispositions de la loi. En 1997, Antonio Lamer, qui était alors juge en chef de la Cour suprême du Canada, a décrit le préambule de la *Loi constitutionnelle de 1867* comme le « portail de l'édifice constitutionnel »[11]. Sur la base du préambule, les tribunaux canadiens ont reconnu et incorporé au droit constitutionnel canadien plusieurs règles constitutionnelles britanniques, dont les conventions constitutionnelles, les privilèges parlementaires et l'indépendance judiciaire.

I. PRÉLIMINAIRES

Titre abrégé

1. Titre abrégé : *Loi constitutionnelle de 1867.*

Commentaire

Lors de son adoption par le Parlement britannique, la *Loi constitutionnelle de 1867* s'intitulait « *Acte de l'Amérique du Nord britannique de 1867* »[12]. En 1982, le Parlement britannique a adopté la *Loi de 1982 sur le Canada*[13], qui a eu pour effet de rapatrier la Constitution canadienne, c'est-à-dire de faire de l'*Acte de l'Amérique du Nord britannique de 1867* une loi totalement canadienne. De plus, la *Loi de 1982 sur le Canada* a mis fin à l'autorité du Parlement britannique de légiférer pour le Canada. Son dernier acte officiel, avant d'abandonner ce pouvoir, fut l'adoption de la *Loi constitutionnelle de 1982*, qui comprend la *Charte canadienne des droits et libertés*[14]. L'annexe à la *Loi constitutionnelle de 1982*, intitulée « Actualisation de la Constitution », a modifié le nom de certaines lois, dont l'*Acte de l'Amérique du Nord britannique de 1867*, qui fut renommé « *Loi constitutionnelle de 1867* ».

2. Abrogé.

II. UNION

Établissement de l'union

3. Il sera loisible à la Reine, de l'avis du Très-Honorable Conseil Privé de Sa Majesté, de déclarer par proclamation qu'à compter du jour y désigné, — mais pas plus tard que six mois après la passation de la présente loi, — les provinces du Canada, de la Nouvelle-Écosse et du Nouveau-Brunswick ne formeront qu'une seule et même Puissance sous le nom de Canada; et dès ce jour, ces trois provinces ne formeront, en conséquence, qu'une seule et même Puissance sous ce nom.

Commentaire

La *Loi constitutionnelle de 1867* a reçu la sanction royale de la reine Victoria le 29 mars 1867. Le 1er juillet 1867 fut choisi comme date de sa proclamation, c'est-à-dire de son entrée en vigueur. Ce jour fut baptisé le « jour du Dominion » (en référence au « Dominion du Canada »). Il fut renommé le « jour du Canada » par le Parlement fédéral en 1982[15].

Interprétation des dispositions subséquentes de la loi

4.   À moins que le contraire n'y apparaisse explicitement ou implicitement, le nom de Canada signifiera le Canada tel que constitué sous la présente loi.

Commentaire

L'article 4 précise que le terme « Canada » fait maintenant référence à la nouvelle entité ou « Dominion » créée sous cette loi et non à l'ancienne « Province du Canada » (composée du « Canada-Est » et du « Canada-Ouest ») qui existait avant 1867.

Quatre provinces

5.   Le Canada sera divisé en quatre provinces, dénommées : Ontario, Québec, Nouvelle Écosse et Nouveau-Brunswick.

Commentaire

L'Ontario, le Québec, la Nouvelle-Écosse et le Nouveau-Brunswick sont les quatre provinces fondatrices du Canada. La fédération canadienne comprend maintenant dix provinces avec l'ajout du Manitoba (1870), de la Colombie-Britannique (1871), de l'Île-du-Prince-Édouard (1873), de la Saskatchewan (1905), de l'Alberta (1905) et de Terre-Neuve (1949). De plus, elle comprend trois territoires : les Territoires du Nord-Ouest (1870), le Yukon (1898) et le Nunavut (1999).

Provinces d'Ontario et Québec

6.   Les parties de la province du Canada (telle qu'existant à la passation de la présente loi) qui constituaient autrefois les provinces respectives

du Haut et du Bas-Canada, seront censées séparées et formeront deux provinces distinctes. La partie qui constituait autrefois la province du Haut-Canada formera la province d'Ontario; et la partie qui constituait la province du Bas-Canada formera la province de Québec.

Commentaire

De 1791 à 1841, la province de l'Ontario était connue sous le nom de « Haut-Canada » et la province de Québec sous le nom de « Bas-Canada ». Les termes « Haut » et « Bas » faisaient référence à l'emplacement du territoire par rapport à la source du fleuve Saint-Laurent. Le Haut-Canada était plus près, alors que le Bas-Canada était plus éloigné, de la source du fleuve Saint-Laurent. Les termes « Haut-Canada » et « Bas-Canada » ont respectivement été remplacés par « Canada-Ouest » et « Canada-Est » à la suite de l'adoption de l'*Acte d'Union de 1840*[16].

Provinces de la Nouvelle-Écosse et du Nouveau-Brunswick

7.   Les provinces de la Nouvelle-Écosse et du Nouveau-Brunswick auront les mêmes délimitations qui leur étaient assignées à l'époque de la passation de la présente loi.

Commentaire

Les frontières de la Nouvelle-Écosse et du Nouveau-Brunswick sont demeurées inchangées à la suite de l'entrée en vigueur de la *Loi constitutionnelle de 1867*.

Recensement décennal

8.   Dans le recensement général de la population du Canada qui, en vertu de la présente loi, devra se faire en mil huit cent soixante et onze, et tous les dix ans ensuite, il sera fait une énumération distincte des populations respectives des quatre provinces.

Commentaire

La tenue d'un recensement tous les dix ans est primordiale pour (1) une redistribution équitable des sièges à la Chambre des communes et (2) une répartition des dépenses gouvernementales, en fonction de la population de chaque province et territoire. Le paragraphe 91(6) attribue au Parlement fédéral le pouvoir de faire des lois sur « [l]e recensement et les statistiques ». Les recensements ont maintenant lieu tous les cinq ans[17].

III. POUVOIR EXÉCUTIF

La Reine est investie du pouvoir exécutif

9. À la Reine continueront d'être et sont par la présente attribués le gouvernement et le pouvoir exécutifs du Canada.

Commentaire

Le Canada est une monarchie constitutionnelle, ce qui signifie que la Constitution attribue des pouvoirs au souverain et encadre leur exercice. L'article 9 confère, d'un point de vue juridique, tous les pouvoirs exécutifs au souverain – le Roi ou la Reine, selon le cas[18] – qui est représenté au Canada par le gouverneur général. Toutefois, par convention, d'un point de vue pratique, le pouvoir exécutif est exercé au nom du souverain par d'autres personnes, c'est-à-dire le premier ministre et les ministres. L'article 9 a pour effet de conférer à l'exécutif canadien l'ensemble des privilèges et des prérogatives de la Couronne, qui sont reconnus par la common law[19].

Application des dispositions relatives au gouverneur-général

10. Les dispositions de la présente loi relatives au gouverneur-général s'étendent et s'appliquent au gouverneur-général du Canada, ou à tout autre Chef Exécutif ou Administrateur pour le temps d'alors, administrant le gouvernement du Canada au nom de la Reine, quel que soit le titre sous lequel il puisse être désigné.

Commentaire

La Reine dispose, en vertu des prérogatives de la Couronne, du pouvoir de nommer le gouverneur général du Canada. De plus, en 1947, par l'entremise des *Lettres patentes constituant la charge de Gouverneur général du Canada*[20] (ci-après « *Lettres patentes de 1947* »), la Reine a délégué au gouverneur général l'exercice de ses pouvoirs sur le Canada. L'article VIII des *Lettres patentes de 1947* prévoit également que le juge en chef du Canada ou, s'il n'est pas disponible, le juge le plus ancien de la Cour suprême du Canada, peut agir en tant qu'« administrateur », en cas de décès, d'incapacité, de renvoi ou d'absence du gouverneur général. Les juges de la Cour suprême sont parfois réticents à exercer la fonction d'« administrateur » lorsque le gouverneur général se trouve, par exemple, en voyage à l'extérieur d'Ottawa. En effet, ce faisant, les juges peuvent ainsi être appelés à donner la sanction royale à un projet de loi dont la constitutionnalité pourrait, par la suite, être contestée devant la Cour suprême[21].

Constitution du conseil privé

11.   Il y aura, pour aider et aviser, dans l'administration du gouvernement du Canada, un conseil dénommé le Conseil Privé de la Reine pour le Canada; les personnes qui formeront partie de ce conseil seront, de temps à autre, choisies et mandées par le Gouverneur-Général et assermentées comme Conseillers Privés; les membres de ce conseil pourront, de temps à autre, être révoqués par le gouverneur-général.

Commentaire

Le Conseil privé de la Reine pour le Canada est une institution dont le mandat consiste à conseiller le gouverneur général dans l'exercice des pouvoirs que lui confère la Constitution canadienne. Les membres du Conseil privé sont nommés par le gouverneur général conformément à la recommandation du premier ministre du Canada. Les personnes ainsi nommées deviennent membres à vie du Conseil privé et ont le droit d'utiliser le titre « honorable » et d'inscrire les lettres « C.P. » (« conseiller privé ») après leur nom. Toute personne nommée « ministre » au Cabinet fédéral est aussi nommée membre du Conseil privé. Cependant, par convention, seuls les ministres en fonction peuvent légitimement conseiller le gouverneur général. Le Conseil privé ne doit toutefois pas être confondu avec le Cabinet : le premier est une institution juridique dont l'existence découle de la loi tandis que le second est une institution politique dont l'existence découle des conventions.

Pouvoirs conférés au gouverneur-général, en conseil ou seul

12. Tous les pouvoirs, attributions et fonctions qui, — par une loi du parlement de la Grande-Bretagne, ou du parlement du Royaume-Uni de la Grande-Bretagne et d'Irlande, ou de la législature du Haut-Canada, du Bas-Canada, du Canada, de la Nouvelle-Écosse ou du Nouveau-Brunswick, lors de l'union, — sont conférés aux gouverneurs ou lieutenants-gouverneurs respectifs de ces provinces ou peuvent être par eux exercés, de l'avis ou de l'avis et du consentement des conseils exécutifs de ces provinces, ou avec la coopération de ces conseils, ou d'aucun nombre de membres de ces conseils, ou par ces gouverneurs ou lieutenants-gouverneurs individuellement, seront, — en tant qu'ils continueront d'exister et qu'ils pourront être exercés, après l'union, relativement au gouvernement du Canada, — conférés au gouverneur-général et pourront être par lui exercés, de l'avis ou de l'avis et du consentement ou avec la coopération du Conseil Privé de la Reine pour le Canada ou d'aucun de ses membres, ou par le gouverneur-général individuellement, selon le cas; mais ils pourront, néanmoins (sauf ceux existant en vertu de lois de la Grande-Bretagne ou du parlement du Royaume-Uni de la Grande-Bretagne et d'Irlande), être révoqués ou modifiés par le parlement du Canada.

Commentaire

L'article 12 vise à assurer la continuité et le transfert des pouvoirs juridiques qui existaient avant l'entrée en vigueur de la *Loi constitutionnelle de 1867*.

Application des dispositions relatives au gouverneur-général en conseil

13. Les dispositions de la présente loi relatives au gouverneur-général en conseil seront interprétées de manière à s'appliquer au gouverneur-général agissant de l'avis du Conseil Privé de la Reine pour le Canada.

Commentaire

Le terme « gouverneur général en conseil » désigne le gouverneur général agissant sur la recommandation du Conseil privé de la

Reine pour le Canada. Seuls les ministres en fonction (c'est-à-dire les membres du Cabinet) peuvent faire des recommandations au gouverneur général. Le premier ministre choisit les membres du Cabinet et forme ce que l'on appelle un « ministère » ou une « administration ». Ce ministère dure tant et aussi longtemps que le premier ministre demeure en fonction; il prend fin lorsque le premier ministre démissionne, meurt ou est démis de ses fonctions.

Bien que certaines dispositions constitutionnelles confèrent directement au « gouverneur général » le pouvoir de démettre un lieutenant-gouverneur de ses fonctions (voir l'article 59) et de nommer les juges des cours supérieures (voir l'article 96), en pratique, ces pouvoirs sont exercés par le « gouverneur général en conseil »[22].

Le gouverneur-général autorisé à s'adjoindre des députés

14. Il sera loisible à la Reine, si Sa Majesté le juge à propos, d'autoriser le gouverneur-général à nommer, de temps à autre, une ou plusieurs personnes, conjointement ou séparément, pour agir comme son ou ses députés dans aucune partie ou parties du Canada, pour, en cette capacité, exercer, durant le plaisir du gouverneur-général, les pouvoirs, attributions et fonctions du gouverneur-général, que le gouverneur-général jugera à propos ou nécessaire de lui ou leur assigner, sujet aux restrictions ou instructions formulées ou communiquées par la Reine; mais la nomination de tel député ou députés ne pourra empêcher le gouverneur-général lui-même d'exercer les pouvoirs, attributions ou fonctions qui lui sont conférés.

Commentaire

L'article VII des *Lettres patentes de 1947* autorise le gouverneur général à nommer des personnes pouvant agir comme « suppléants » ou « députés ».

Commandement des armées

15. À la Reine continuera d'être et est par la présente attribué le commandement en chef des milices de terre et de mer et de toutes les forces militaires et navales en Canada.

Commentaire

La Reine est officiellement le commandant en chef des Forces armées canadiennes. En vertu de l'article I des *Lettres patentes de 1947*, elle a cependant désigné le gouverneur général comme commandant en chef du Canada. En pratique, cela signifie que c'est l'exécutif fédéral (le premier ministre et le Cabinet) et non le Parlement qui a le pouvoir de déterminer si les Forces armées canadiennes doivent être déployées[23].

Siège du gouvernement du Canada

16. Jusqu'à ce qu'il plaise à la Reine d'en ordonner autrement, Ottawa sera le siège du gouvernement du Canada.

Commentaire

Cette disposition désigne la ville d'Ottawa – située sur le territoire ancestral non cédé de la nation algonquine – comme capitale du Canada. À la suite de l'adoption de l'*Acte d'Union de 1840*, le siège du gouvernement de la Province du Canada fut situé successivement à Kingston, Montréal, Toronto et Québec. En 1857, après des années de débats parlementaires, le choix de la capitale fut remis entre les mains de la reine Victoria. Des mémoires détaillant les avantages de ces quatre villes et d'Ottawa furent envoyés à Sa Majesté. Sur la recommandation du gouvernement britannique, la Reine a finalement choisi la ville d'Ottawa, et ce, pour plusieurs raisons. D'abord, Ottawa avait un avantage défensif en raison de son éloignement de la frontière des États-Unis à un moment où subsistait une crainte d'invasion américaine. Ensuite, Ottawa était une ville plus neutre et centrale, située à la frontière du Canada-Est et du Canada-Ouest. Enfin, Ottawa possédait une dualité linguistique francophone et anglophone. Pour plusieurs, Ottawa était le meilleur « second choix ». Toutefois, à l'époque, le choix de la Reine fut très controversé : l'Assemblée législative de la Province du Canada l'a rejeté dans un premier temps pour finalement l'accepter en 1859. Ottawa est ainsi devenue la capitale de la Province du Canada en 1865 et, en 1867, elle a été proclamée capitale du Canada[24].

IV. POUVOIR LÉGISLATIF

Constitution du parlement du Canada

17. Il y aura, pour le Canada, un parlement qui sera composé de la Reine, d'une chambre haute appelée le Sénat, et de la Chambre des Communes.

Commentaire

L'article 17 identifie les trois composantes du Parlement du Canada :
la Reine (représentée par le gouverneur général), le Sénat et la
Chambre des communes.

Privilèges, etc., des chambres

18. Les privilèges, immunités et pouvoirs que posséderont et exerceront le Sénat et la Chambre des Communes et les membres de ces corps respectifs, seront ceux prescrits de temps à autre par loi du Parlement du Canada; mais de manière à ce qu'aucune loi du Parlement du Canada définissant tels privilèges, immunités et pouvoirs ne donnera aucuns privilèges, immunités ou pouvoirs excédant ceux qui, lors de la passation de la présente loi, sont possédés et exercés par la Chambre des Communes du Parlement du Royaume-Uni de la Grande-Bretagne et d'Irlande et par les membres de cette Chambre.

Commentaire

Les privilèges parlementaires constituent un ensemble de privilèges,
immunités et pouvoirs que le Parlement britannique a acquis au
cours de plusieurs centaines d'années à la suite de luttes contre la
monarchie. Ils confèrent au pouvoir législatif l'autonomie nécessaire
à la réalisation de ses fonctions constitutionnelles à l'abri de
toute ingérence des pouvoirs exécutif et judiciaire. Les privilèges
parlementaires ont été importés au Canada par l'entremise du
préambule en vertu duquel le Canada possède une Constitution
« reposant sur les mêmes principes que celle du Royaume-Uni »[25].
Les privilèges parlementaires comprennent notamment le droit des
députés de s'exprimer librement lors des débats parlementaires, sans

crainte de poursuites pour diffamation, ainsi que le contrôle interne de la procédure parlementaire.

L'article 18 précise que le Parlement du Canada peut codifier les privilèges parlementaires dans la mesure où ces derniers n'excèdent pas les privilèges que possède la Chambre des communes du Parlement britannique[26]. Certains privilèges ont ainsi été codifiés dans la *Loi sur le Parlement du Canada*[27], bien que la plupart demeurent régis par la common law.

Première session du parlement

19. Le parlement du Canada sera convoqué dans un délai de pas plus de six mois après l'union.

Commentaire

La première session du Parlement a débuté le 6 novembre 1867, à l'intérieur du délai de six mois suivant l'entrée en vigueur de la *Loi constitutionnelle de 1867* (le 1er juillet 1867). L'article 19 est donc désormais « périmé » d'un point de vue constitutionnel puisque l'événement auquel il fait référence a eu lieu.

20. Abrogé.

LE SÉNAT

Nombre de sénateurs

21. Sujet aux dispositions de la présente loi, le Sénat se composera de cent cinq membres, qui seront appelés sénateurs.

Commentaire

Le Sénat est la « Chambre haute » du Parlement; il a été conçu pour porter un « second regard attentif » à la législation adoptée par les représentants élus de la Chambre des communes[28]. En 1867, au moment de sa création, le Sénat comptait 72 sénateurs, nommés par le gouverneur général sur l'avis du premier ministre. L'article 21 a depuis été modifié pour permettre aux nouvelles provinces et aux nouveaux territoires de bénéficier d'une représentation au sein du Sénat. L'institution compte maintenant 105 sénateurs.

Représentation des provinces au Sénat

22. En ce qui concerne la composition du Sénat, le Canada sera censé comprendre quatre divisions :

1. Ontario;
2. Québec;
3. les provinces Maritimes — la Nouvelle-Écosse et le Nouveau-Brunswick — ainsi que l'Île-du-Prince-Édouard;
4. les provinces de l'Ouest : le Manitoba, la Colombie-Britannique, la Saskatchewan et l'Alberta;

les quatre divisions doivent (subordonnément aux révisions de la présente loi) être également représentées dans le Sénat, ainsi qu'il suit : — Ontario par vingt-quatre sénateurs; Québec par vingt-quatre sénateurs; les Provinces maritimes et l'Île-du-Prince-Édouard par vingt-quatre sénateurs, dont dix représentent la Nouvelle-Écosse, dix le Nouveau-Brunswick, et quatre l'Île-du-Prince-Édouard; les Provinces de l'Ouest par vingt-quatre sénateurs, dont six représentent le Manitoba, six la Colombie-Britannique, six la Saskatchewan et six l'Alberta; la province de Terre-Neuve aura droit d'être représentée au Sénat par six sénateurs; le territoire du Yukon, les territoires du Nord-Ouest et le territoire du Nunavut ont le droit d'être représentés au Sénat par un sénateur chacun.

En ce qui concerne la province de Québec, chacun des vingt-quatre sénateurs la représentant, sera nommé pour l'un des vingt-quatre collèges électoraux du Bas-Canada énumérés dans la cédule A, annexée au chapitre premier des statuts refondus du Canada.

Commentaire

La représentation des provinces et territoires au Sénat se fonde sur le principe de l'égalité régionale, à la différence de la Chambre des communes dont la représentation est (sous réserve de certaines exceptions) proportionnelle à la population de chaque province et territoire. Afin de mettre en œuvre le principe de l'égalité régionale, l'article 22 établit quatre divisions : l'Ontario, le Québec, les provinces des Maritimes et les provinces de l'Ouest. Chaque division est représentée par 24 sénateurs. Dans les provinces des Maritimes, les sièges se répartissent comme suit : dix pour la Nouvelle-Écosse, dix pour le Nouveau-Brunswick et quatre pour l'Île-du-Prince-Édouard. Pour leur part, les provinces de l'Ouest (le Manitoba, la Colombie-Britannique, la Saskatchewan et l'Alberta) sont représentées par six sénateurs chacune. En plus des 96 sièges alloués à ces quatre divisions, Terre-Neuve a obtenu six sénateurs lorsqu'elle s'est jointe à la fédération en 1949. Enfin, chacun des trois territoires est représenté par un sénateur, ce qui porte le total à 105 sénateurs.

Le principe de l'égalité régionale a donné lieu à une inégalité de la représentation au niveau provincial. Par exemple, la Colombie-Britannique, qui avait une population de 4 800 000 en 2017, a moins de sénateurs que la Nouvelle-Écosse (dont la population était de 954 000) et le Nouveau-Brunswick (dont la population était de 760 000) ; en fait, elle possède le même nombre de sénateurs que Terre-Neuve (dont la population était de 529 000)[29]. Ces inégalités ont alimenté plusieurs propositions de réforme au cours des dernières décennies.

L'article 22 a également eu une influence sur le nombre de députés représentant chacune des provinces à la Chambre des communes. En effet, l'article 51A dispose qu'une province doit être représentée par un nombre de députés au moins égal à son nombre de sénateurs. Les articles 22 et 51A ont donc permis à l'Île-du-Prince-Édouard de conserver quatre sièges à la Chambre des communes, et ce, bien que le poids relatif de sa population, par rapport à celle des autres provinces, ait chuté depuis 1873.

Qualités exigées des sénateurs

23. Les qualifications d'un sénateur seront comme suit :
(1) Il devra être âgé de trente ans révolus;

Commentaire

Dans les années 1860, l'âge de 30 ans représentait plus de la moitié de la vie d'une personne puisque l'espérance de vie était inférieure à 50 ans[30]. Néanmoins, l'âge moyen des sénateurs nommés entre 1867 et 1994 était supérieur à 50 ans[31]. La plus jeune personne nommée au Sénat du Canada est William Miller de la Nouvelle-Écosse, qui avait 32 ans au moment de sa nomination[32]. L'article 3 de la Constitution des États-Unis dispose également qu'une personne doit avoir au moins 30 ans pour devenir sénateur dans ce pays.

(2)   Il devra être sujet-né de la Reine, ou sujet de la Reine naturalisé par loi du parlement de la Grande-Bretagne, ou du parlement du Royaume-Uni de la Grande-Bretagne et d'Irlande, ou de la législature de l'une des provinces du Haut-Canada, du Bas-Canada, du Canada, de la Nouvelle-Écosse, ou du Nouveau-Brunswick, avant l'union, ou du parlement du Canada, après l'union;

Commentaire

Le paragraphe 23(2) exige que les sénateurs soient « sujets de la Reine » par naissance ou naturalisation. Cela inclut non seulement les citoyens canadiens, mais également les citoyens britanniques. A priori, la portée de ce critère peut surprendre; toutefois, il est important de garder à l'esprit que la citoyenneté canadienne n'existe que depuis 1947[33]. De plus, de nos jours, malgré le libellé du paragraphe 23(2), le premier ministre ne recommanderait pas au gouverneur général la nomination au Sénat d'une personne qui ne possède pas la citoyenneté canadienne.

(3)   Il devra posséder, pour son propre usage et bénéfice, comme propriétaire en droit ou en équité, des terres ou tenements tenus en franc et commun socage, — ou être en bonne saisine ou possession, pour son propre usage et bénéfice, de terres ou tenements tenus en franc-alleu ou en roture dans la province pour laquelle il est nommé, de la valeur de quatre mille piastres en sus de toutes rentes, dettes, charges, hypothèques et redevances qui peuvent être attachées, dues et payables sur ces immeubles ou auxquelles ils peuvent être affectés;

Commentaire

Le paragraphe 23(3) impose une exigence de propriété : il requiert que chaque sénateur soit propriétaire d'une terre ayant une valeur nette de 4 000 $ dans la province pour laquelle il est nommé. Ce critère avait pour but d'assurer que la composition du Sénat canadien soit analogue à la composition de la Chambre des lords du Parlement britannique, dont les membres étaient des aristocrates titulaires de terres. À l'époque, on considérait que le fait d'être propriétaire, en particulier de biens immobiliers, conférait un bon jugement en matière politique et qu'un certain niveau de richesse contribuait à assurer l'indépendance des sénateurs[34]. On estime que 4 000 $ en 1867 représenterait plus de 100 000 $ en 2018 compte tenu de l'inflation. Le paragraphe 23(2) n'a toutefois pas été modifié pour tenir compte de l'inflation. L'exigence de propriété avait créé une difficulté lorsque le premier ministre libéral Jean Chrétien a recommandé la nomination au Sénat de Peggy Butts, une religieuse qui avait fait vœu de pauvreté. Pour qu'elle puisse être nommée au Sénat, son ordre religieux lui a transféré une petite parcelle de terre. Le paragraphe 23(3) pourrait être aboli unilatéralement par le Parlement fédéral pour l'ensemble des provinces et territoires, à l'exception du Québec en raison du paragraphe 23(6)[35].

(4)   Ses propriétés mobilières et immobilières devront valoir, somme toute, quatre mille piastres, en sus de toutes ses dettes et obligations;

Commentaire

Le paragraphe 23(4) exige que chaque sénateur dispose d'un actif net d'au moins 4 000 $ (ce qui représenterait plus de 100 000 $ en 2018). Cela implique qu'un sénateur ne peut avoir un passif supérieur à ses actifs. Le paragraphe 23(4) pourrait être aboli unilatéralement par le Parlement fédéral pour l'ensemble des provinces et territoires[36].

(5)   Il devra être domicilié dans la province pour laquelle il est nommé;

Commentaire

Le Sénat n'a jamais défini ce que signifie être « domicilié » dans la province pour laquelle le sénateur est nommé, et ce, malgré de récentes controverses à ce sujet[37]. Cela dit, selon l'usage ordinaire des mots, le fait d'être « domicilié » dans une province signifie généralement avoir son principal établissement dans cette province et y demeurer de façon habituelle. Cependant, le fait pour une personne d'être appelée à occuper une fonction publique (par exemple, la fonction de « sénateur ») à un autre endroit (par exemple, la ville d'Ottawa) n'a pas pour conséquence de changer son domicile, à moins qu'elle ne manifeste l'intention contraire. Le domicile est essentiellement une question de fait.

(6)   En ce qui concerne la province de Québec, il devra être domicilié ou posséder sa qualification foncière dans le collège électoral dont la représentation lui est assignée.

Commentaire

Le paragraphe 23(6) requiert qu'une personne nommée au Sénat pour représenter le Québec soit (1) propriétaire d'une terre ou (2) domiciliée dans le collège électoral pour lequel elle a été nommée. Le Québec contient 24 collèges électoraux ayant été établis pour protéger les droits de la minorité anglophone dans cette province[38].

Nomination des sénateurs

24.   Le gouverneur-général mandera de temps à autre au Sénat, au nom de la Reine et par instrument sous le grand sceau du Canada, des personnes ayant les qualifications voulues; et, sujettes aux dispositions de la présente loi, les personnes ainsi mandées deviendront et seront membres du Sénat et sénateurs.

Commentaire

Les sénateurs sont nommés par le gouverneur général conformément à la recommandation du premier ministre[39]. En pratique, c'est donc le premier ministre qui choisit qui deviendra sénateur[40]. Avant la décision du Comité judiciaire du Conseil privé dans l'affaire « Personnes »[41], les « femmes » n'étaient pas considérées comme des « personnes ayant les qualifications voulues » pour être nommées au Sénat au sens de l'article 24. La situation a considérablement évolué depuis. En effet, à ce jour, 45 % des sénateurs en fonction sont des femmes.

25.   Abrogé.

Nombre de sénateurs augmenté en certains cas

26. Si en aucun temps, sur la recommandation du gouverneur-général, la Reine juge à propos d'ordonner que quatre ou huit membres soient ajoutés au Sénat, le gouverneur-général pourra, par mandat adressé à quatre ou huit personnes (selon le cas) ayant les qualifications voulues, représentant également les quatre divisions du Canada, les ajouter au Sénat.

Commentaire

L'article 26 vise à permettre au premier ministre, par l'intermédiaire du gouverneur général, de recommander à la Reine de nommer des sénateurs additionnels pour sortir d'une impasse au Sénat. Les circonstances permettant au premier ministre de présenter une telle recommandation ne sont pas limitées. Cependant, dans le cas où les partis d'opposition ont une forte majorité au Sénat, quatre ou huit sénateurs de plus ne seraient pas nécessairement suffisants pour sortir de l'impasse. L'article 26 a été utilisé à une seule occasion jusqu'à présent : en 1990, le premier ministre progressiste-conservateur Brian Mulroney a recommandé la nomination de huit sénateurs additionnels pour faciliter l'adoption de la controversée taxe sur les produits et services (TPS), à laquelle les sénateurs libéraux, alors majoritaires au Sénat, s'opposaient[42].

Réduction du Sénat au nombre régulier

27. Dans le cas où le nombre des sénateurs serait ainsi en aucun temps augmenté, le gouverneur-général ne mandera aucune personne au Sénat, sauf sur pareil ordre de la Reine donné à la suite de la même recommandation, tant que la représentation de chacune des quatre divisions du Canada ne sera pas revenue au nombre fixe de vingt-quatre sénateurs.

Commentaire

L'article 27 prévoit un processus d'attrition des sénateurs additionnels nommés en vertu de l'article 26 jusqu'au retour de l'allocation normale de 24 sénateurs pour chacune des quatre divisions.

Maximum du nombre des sénateurs

28.   Le nombre des sénateurs ne devra en aucun temps excéder cent treize.

Commentaire

L'article 28 fixe le nombre de sénateurs à un maximum de 113, soit les 105 sénateurs qui siègent normalement au Sénat ainsi que les huit sénateurs additionnels pouvant être nommés en vertu de l'article 26.

Sénateurs nommés à vie

29.   (1) Sous réserve du paragraphe (2), un sénateur occupe sa place au Sénat sa vie durant, sauf les dispositions de la présente loi.

Retraite à l'âge de soixante-quinze ans

(2) Un sénateur qui est nommé au Sénat après l'entrée en vigueur du présent paragraphe occupe sa place au Sénat, sous réserve de la présente loi, jusqu'à ce qu'il atteigne l'âge de soixante-quinze ans.

Commentaire

Jusqu'en 1965, les sénateurs étaient nommés à vie. Depuis cette date, ils doivent obligatoirement prendre leur retraite du Sénat à l'âge de 75 ans[43].

Les sénateurs peuvent se démettre de leurs fonctions

30.   Un sénateur pourra, par écrit revêtu de son seing et adressé au gouverneur-général, se démettre de ses fonctions au Sénat, après quoi son siège deviendra vacant.

Cas dans lesquels les sièges des sénateurs deviendront vacants

31.   Le siège d'un sénateur deviendra vacant dans chacun des cas suivants :

Commentaire

À l'exception du manquement identifié au premier paragraphe (c'est-à-dire l'absence d'un sénateur), aucun sénateur n'a perdu son poste aux termes de l'article 31. Certains sénateurs ont toutefois démissionné avant que leur siège ne soit déclaré vacant (tel fut le cas, par exemple, des sénateurs Raymond Lavigne et Don Meredith). Les divers manquements identifiés aux paragraphes 2 à 5 de cet article n'ont pas encore été interprétés et appliqués par le Sénat, ni par les tribunaux.

(1)   Si, durant deux sessions consécutives du parlement, il manque d'assister aux séances du Sénat;

Commentaire

Les élections générales donnent naissance à de nouvelles « législatures ». Par exemple, le 19 octobre 2015, les Canadiens et Canadiennes ont élu les membres de la 42e législature du Canada. Chaque législature est divisée en « sessions ». Chaque session débute par un discours du Trône (qui annonce les priorités et le programme législatif du gouvernement) et se termine par une prorogation ou une dissolution (lorsqu'il s'agit de la dernière session d'une législature avant une élection générale). Chaque session dure généralement un certain nombre de mois ou d'années. Le paragraphe 31(1) dispose qu'un sénateur perd son poste s'il néglige de se présenter à au moins une séance lors de deux sessions parlementaires consécutives. De toute évidence, il ne s'agit pas d'un seuil d'assiduité très élevé. Le paragraphe 31(1) a notamment été invoqué contre le sénateur Edward Kenny de la Nouvelle-Écosse en 1876[44] et aurait été invoqué pour la dernière fois en 1915 lorsque les sièges des sénateurs James E. Robertson et W.J. Macdonald ont été déclarés vacants en raison de leur manque d'assiduité[45].

(2)   S'il prête un serment, ou souscrit une déclaration ou reconnaissance d'allégeance, obéissance ou attachement à une puissance étrangère, ou s'il accomplit un acte qui le rend sujet ou citoyen, ou lui confère les droits et les privilèges d'un sujet ou citoyen d'une puissance étrangère;

Commentaire

Un sénateur ne peut prêter allégeance ou devenir citoyen d'un État étranger à la suite de sa nomination au Sénat. Le paragraphe 23(2) de la *Loi constitutionnelle de 1867* dispose qu'un sénateur doit être un « sujet de la Reine ». En revanche, il n'interdit pas qu'une personne puisse également être citoyenne d'un État étranger au moment de sa nomination au Sénat. En effet, quatre des sénateurs en fonction en 2018 possédaient la double citoyenneté au moment de leur nomination et l'ont conservée par la suite[46]. Le paragraphe 31(2) pourrait donc donner lieu à un résultat incohérent : une personne possédant la double citoyenneté pourrait être nommée au Sénat; toutefois, une personne qui obtiendrait la double citoyenneté après sa nomination au Sénat perdrait son poste de sénateur.

(3)   S'il est déclaré en état de banqueroute ou de faillite, ou s'il a recours au bénéfice d'aucune loi concernant les faillis, ou s'il se rend coupable de concussion;

(4)   S'il est atteint de trahison ou convaincu de félonie, ou d'aucun crime infamant;

Commentaire

Le *Code criminel*[47] n'utilise plus les termes « félonie » et « crime infamant ». Selon un expert, « [i]l existe donc une incertitude quant aux infractions criminelles visées par ces expressions »[48]. Il appartient ultimement au Sénat, en vertu de l'article 33, de déterminer ce qui pourrait constituer une « félonie » ou un « crime infamant ».

Aux termes de l'article 750 du *Code criminel*, un sénateur qui est déclaré coupable d'un acte criminel, et qui est condamné à une peine d'emprisonnement de deux ans et plus, perd automatiquement son siège au Sénat. Le *Règlement du Sénat* régit le statut d'un sénateur à partir du moment où sont déposées des accusations de nature criminelle contre ce dernier jusqu'à la conclusion du processus judiciaire[49].

(5)   S'il cesse de posséder la qualification reposant sur la propriété ou le domicile; mais un sénateur ne sera pas réputé avoir perdu la qualification reposant sur le domicile par le seul fait de sa résidence au siège du gouvernement du Canada pendant qu'il occupe sous ce gouvernement une charge qui y exige sa présence.

Commentaire

Les sénateurs doivent respecter, de manière continue, les exigences de propriété et de domicile. Cependant, ils ne perdent pas leur poste simplement parce qu'ils résident à Ottawa lorsqu'ils siègent au Sénat. De plus, lorsqu'un sénateur est nommé « ministre », il est normal qu'il réside à Ottawa afin de participer aux réunions du Cabinet et de gérer son ministère. Cela dit, la nomination de sénateurs au Cabinet est plus rare de nos jours qu'elle ne l'était au début de la fédération canadienne. Le dernier exemple remonte à 2006 lorsque le premier ministre conservateur Stephen Harper a nommé Michael Fortier comme sénateur et ministre des Travaux publics. En 2008, lors du déclenchement de l'élection générale, le ministre Fortier a démissionné de son poste de sénateur pour se présenter comme candidat du Parti conservateur du Canada à la Chambre des communes. Il n'a pas été élu comme député et n'a pas été renommé au Sénat.

Nomination en cas de vacance

32. Quand un siège deviendra vacant au Sénat par démission, décès ou toute autre cause, le gouverneur-général remplira la vacance en adressant un mandat à quelque personne capable et ayant les qualifications voulues.

Commentaire

En juillet 2015, à la suite de plusieurs scandales impliquant des sénateurs, le premier ministre conservateur Stephen Harper a déclaré un moratoire sur les nominations au Sénat. Il a précisé qu'il ne recommanderait plus personne pour accéder à cette fonction tant et aussi longtemps que le Sénat n'aurait pas fait l'objet d'une réforme visant notamment à conférer une certaine légitimité démocratique aux sénateurs. À ce moment-là, il y avait 22 postes à combler sur un total de 105. Un avocat de Vancouver, Aniz Alani, a alors intenté un recours judiciaire pour forcer le premier ministre à recommander la nomination de sénateurs au gouverneur général conformément à l'article 32. Me Alani cherchait à obtenir une déclaration que le premier ministre avait une obligation constitutionnelle de recommander la nomination de sénateurs. La question n'a toutefois pas été résolue. En effet, après l'élection du gouvernement libéral en octobre 2015 et la nomination de nouveaux sénateurs, le recours a été radié puisque la question en litige était devenue purement hypothétique[50].

Il semble clair, cependant, que l'abolition indirecte du Sénat, en ne nommant pas de nouveaux sénateurs et en laissant tomber leur nombre à zéro, serait inconstitutionnelle. Il en est ainsi puisque l'abolition du Sénat requiert le consentement unanime de la Chambre des communes, du Sénat et des assemblées législatives provinciales[51].

Questions quant aux qualifications et vacances, etc.

33. S'il s'élève quelque question au sujet des qualifications d'un séna-teur ou d'une vacance dans le Sénat, cette question sera entendue et décidée par le Sénat.

Commentaire

Le Sénat a l'autorité de déterminer les questions relatives à la qualification (article 23) et à la disqualification (article 30) de ses membres. Toutefois, le Sénat n'a jamais exercé ce pouvoir ou pris des mesures pour interpréter ces dispositions.

Orateur du Sénat

34. Le gouverneur-général pourra, de temps à autre, par instrument sous le grand sceau du Canada, nommer un sénateur comme ora-teur du Sénat, et le révoquer et en nommer un autre à sa place.

Commentaire

Le président (l'orateur) du Sénat est nommé par le gouverneur général conformément à la recommandation du premier ministre[52]. En comparaison, le président (l'orateur) de la Chambre des communes est directement élu par les députés dans le cadre d'un vote à bulletin secret (voir l'article 44). Il revient au président du Sénat d'assurer, de manière impartiale, le respect des règles qui permettent le bon fonctionnement de cette institution.

Quorum du Sénat

35. Jusqu'à ce que le parlement du Canada en ordonne autrement, la présence d'au moins quinze sénateurs, y compris l'orateur, sera nécessaire pour constituer une assemblée du Sénat dans l'exercice de ses fonctions.

Commentaire

Le terme « quorum » désigne le nombre minimum de personnes dont la présence est requise pour la conduite des affaires officielles. L'article 35 fixe le quorum à 15 sénateurs. Le *Règlement du Sénat*[53] reprend cette exigence.

Votation dans le Sénat

36. Les questions soulevées dans le Sénat seront décidées à la majorité des voix, et dans tous les cas, l'orateur aura voix délibérative; quand les voix seront également partagées, la décision sera considérée comme rendue dans la négative.

Commentaire

Le président (l'orateur) du Sénat a le droit de voter sur toute initiative proposée. En comparaison, le président (l'orateur) de la Chambre des communes peut seulement voter lorsque le nombre de voix « pour » et « contre » l'initiative proposée est égal (voir l'article 49). Lorsqu'il y a égalité des voix « pour » et « contre » une initiative, cette dernière est jugée « défaite ».

LA CHAMBRE DES COMMUNES

Constitution de la Chambre des Communes

37. La Chambre des Communes sera, sujette aux dispositions de la présente loi, composée de trois cent huit membres, dont cent six représenteront Ontario, soixante-quinze Québec, onze la Nouvelle-Écosse, dix le Nouveau-Brunswick, quatorze le Manitoba, trente-six la Colombie-Britannique, quatre l'Île-du-Prince-Édouard, vingt-huit l'Alberta, quatorze la Saskatchewan, sept Terre-Neuve, un le territoire du Yukon, un les territoires du Nord-Ouest et un le territoire du Nunavut.

Commentaire

La Chambre des communes est la « Chambre basse » du Parlement. Selon le principe de la représentation proportionnelle, chaque province et territoire est représenté à la Chambre des communes par un nombre de députés relatif à son poids démographique au sein du Canada. Le principe de la représentation proportionnelle ne doit pas être confondu avec le mode de scrutin proportionnel qui vise à répartir les sièges à la Chambre des communes entre les partis politiques en fonction de leurs parts respectives du vote populaire. Le mode de scrutin uninominal à un tour (en anglais, « first past the post »), qui permet à un parti d'obtenir une majorité des sièges à la Chambre des communes sans nécessairement avoir obtenu une majorité du vote populaire, est toujours en vigueur.

En 1867, la Chambre des communes était composée de 181 députés, mais ce nombre a progressivement augmenté avec les années compte tenu de l'accroissement de la population canadienne. Lors de la dernière élection générale, tenue le 19 octobre 2015, la Chambre des communes était composée de 338 députés répartis de la manière suivante : 121 pour l'Ontario, 78 pour le Québec, 42 pour la Colombie-Britannique, 34 pour l'Alberta, 14 pour le Manitoba, 14 pour la Saskatchewan, 11 pour la Nouvelle-Écosse, 10 pour le Nouveau-Brunswick, 7 pour Terre-Neuve-et-Labrador, 4 pour l'Île-du-Prince-Édouard, 1 pour le Yukon, 1 pour les Territoires du Nord-Ouest et 1 pour le Nunavut[54]. Notez que le libellé de l'article 37 n'a pas été modifié pour refléter le nombre de députés siégeant à la Chambre des communes depuis l'élection de 2015.

Convocation de la Chambre des Communes

38.   Le gouverneur-général convoquera, de temps à autre, la Chambre des Communes au nom de la Reine, par instrument sous le grand sceau du Canada.

Commentaire

La « convocation » est l'acte officiel qui annonce le début d'une nouvelle législature, ou d'une nouvelle session parlementaire, à la suite d'une prorogation. Le gouverneur général convoque le Parlement à la recommandation du premier ministre.

Exclusion des sénateurs de la Chambre des Communes

39.   Un sénateur ne pourra ni être élu, ni siéger, ni voter comme membre de la Chambre des Communes.

Commentaire

Il y a plusieurs exemples de sénateurs ayant démissionné de leur poste au Sénat pour se présenter comme candidats à la Chambre des communes lors d'une élection générale, dont le sénateur progressiste-conservateur Robert de Cotret en 1980, le sénateur libéral Bernie Boudreau en 1999, le sénateur conservateur Michael Fortier en 2008 et les sénateurs conservateurs Larry Smith et Fabian Manning en 2011. Ils furent tous défaits. Seuls Larry Smith et Fabian Manning ont été de nouveau nommés au Sénat à la suite de leur défaite électorale.

Districts électoraux des quatre provinces

40.   Jusqu'à ce que le parlement du Canada en ordonne autrement, les provinces d'Ontario, de Québec, de la Nouvelle-Écosse et du Nouveau-Brunswick seront, — en ce qui concerne l'élection des membres de la Chambre des Communes, — divisées en districts électoraux comme suit :

1. Ontario

La province d'Ontario sera partagée en comtés, divisions de comtés (*Ridings*), cités, parties de cités et villes tels qu'énumérés dans la première annexe de la présente loi; chacune de ces divisions formera un district électoral, et chaque district désigné dans cette annexe aura droit d'élire un membre.

2. Québec

La province de Québec sera partagée en soixante-cinq districts électoraux, comprenant les soixante-cinq divisions électorales en lesquelles le Bas-Canada est actuellement divisé en vertu du chapitre deuxième des Statuts Refondus du Canada, du chapitre soixante-quinze des Statuts Refondus pour le Bas-Canada, et de l'acte de la province du Canada de la vingt-troisième année du règne de Sa Majesté la Reine, chapitre premier, ou de toute autre loi les amendant et en force à l'époque de l'union, de telle manière que chaque division électorale constitue, pour les fins de la présente loi, un district électoral ayant droit d'élire un membre.

3. Nouvelle-Écosse

Chacun des dix-huit comtés de la Nouvelle-Écosse formera un district électoral. Le comté d'Halifax aura droit d'élire deux membres, et chacun des autres comtés, un membre.

4. Nouveau-Brunswick

Chacun des quatorze comtés dont se compose le Nouveau-Brunswick, y compris la cité et le comté de St. Jean, formera un district électoral. La cité de St. Jean constituera également un district électoral par elle-même. Chacun de ces quinze districts électoraux aura droit d'élire un membre.

Commentaire

L'article 40 est « périmé » d'un point de vue constitutionnel depuis que le Parlement a adopté la *Loi sur la révision des limites des circonscriptions électorales*[55].

Continuation des lois actuelles d'élection

41. Jusqu'à ce que le parlement du Canada en ordonne autrement, — toutes les lois en force dans les diverses provinces, à l'époque de l'union, concernant les questions suivantes ou aucune d'elles, savoir : — l'éligibilité ou l'inéligibilité des candidats ou des membres de la chambre d'assemblée ou assemblée législative dans les diverses provinces, — les votants aux élections de ces membres, — les serments exigés des votants, — les officiers-rapporteurs, leurs pouvoirs et leurs devoirs, — le mode de procéder aux élections, — le temps que celles-ci peuvent durer, — la décision des élections contestées et les procédures y incidentes, — les vacations des sièges en parlement et l'exécution de nouveaux brefs dans les cas de vacations occasionnées par d'autres causes que la dissolution, — s'appliqueront respectivement aux élections des membres envoyés à la Chambre des Communes par ces diverses provinces.

Mais, jusqu'à ce que le parlement du Canada en ordonne autrement, à chaque élection d'un membre de la Chambre des Communes pour le district d'Algoma, outre les personnes ayant droit de vote en vertu de la loi de la province du Canada, tout sujet anglais du sexe masculin, âgé de vingt-et-un ans ou plus et tenant feu et lieu, aura droit de vote.

Commentaire

L'article 41 est « périmé » d'un point de vue constitutionnel. Le Parlement encadre désormais la tenue des élections par l'intermédiaire de la *Loi électorale du Canada*[56]. Les qualités requises pour devenir député et les situations dans lesquelles un député peut perdre son siège sont régies par la *Loi sur le Parlement du Canada*[57]. Le droit des citoyens canadiens de voter et le droit de se présenter comme candidat lors des élections fédérales sont protégés par l'article 3 de la *Charte*.

42. Abrogé.
43. Abrogé.

Orateur de la Chambre des Communes

44. La Chambre des Communes, à sa première réunion après une élection générale, procédera, avec toute la diligence possible, à l'élection de l'un de ses membres comme orateur.

Commentaire

Le président (l'orateur) de la Chambre des communes est élu directement par les députés dans le cadre d'un vote à bulletin secret. En comparaison, le président (l'orateur) du Sénat est nommé par le gouverneur général conformément à la recommandation du premier ministre (voir l'article 34). Il revient au président de la Chambre des communes d'assurer, de manière impartiale, le respect des règles qui permettent le bon fonctionnement de cette institution.

Quand la charge d'orateur deviendra vacante

45. Survenant une vacance dans la charge d'orateur, par décès, démission ou autre cause, la Chambre des Communes procédera, avec

toute la diligence possible, à l'élection d'un autre de ses membres comme orateur.

L'orateur exerce la présidence

46. L'orateur présidera à toutes les séances de la Chambre des Communes.

Pourvu au cas de l'absence de l'orateur

47. Jusqu'à ce que le parlement du Canada en ordonne autrement, — si l'orateur, pour une raison quelconque, quitte le fauteuil de la Chambre des Communes pendant quarante-huit heures consécutives, la chambre pourra élire un autre de ses membres pour agir comme orateur; le membre ainsi élu aura et exercera, durant l'absence de l'orateur, tous les pouvoirs, privilèges et attributions de ce dernier.

Commentaire

Cette question est maintenant régie par les articles 42 et 43 de la *Loi sur le Parlement du Canada*. Ces dispositions prévoient que le président des comités peut agir en remplacement du président (l'orateur) de la Chambre des communes lorsque ce dernier est absent. Si le président des comités est également absent, tout député peut agir en remplacement du président de la Chambre des communes.

Quorum de la Chambre des Communes

48. La présence d'au moins vingt membres de la Chambre des Communes sera nécessaire pour constituer une assemblée de la chambre dans l'exercice de ses pouvoirs; à cette fin, l'orateur sera compté comme un membre.

Commentaire

Le « quorum » est le nombre minimum de personnes dont la présence est requise pour la conduite des affaires officielles d'une institution. L'article 48 dispose que le quorum de la Chambre des communes est de vingt députés.

Votation dans la Chambre des Communes

49. Les questions soulevées dans la Chambre des Communes seront décidées à la majorité des voix, sauf celle de l'orateur, mais lorsque les voix seront également partagées, — et en ce cas seulement, — l'orateur pourra voter.

Commentaire

Le président (l'orateur) de la Chambre des communes peut uniquement voter lorsqu'il y a égalité des voix « pour » et « contre » une initiative. En comparaison, le président (l'orateur) du Sénat peut participer à tous les votes.

Durée de la Chambre des Communes

50. La durée de la Chambre des Communes ne sera que de cinq ans, à compter du jour du rapport des brefs d'élection, à moins qu'elle ne soit plus tôt dissoute par le gouverneur-général.

Commentaire

Une disposition analogue se retrouve au paragraphe 4(1) de la *Charte*; toutefois, le paragraphe 4(2) de la *Charte* autorise la prolongation du mandat de la Chambre des communes au-delà de cinq ans en situation « de guerre, d'invasion ou d'insurrection, réelles ou appréhendées » avec l'appui des deux tiers des députés.

De plus, l'article 56.1 de la *Loi électorale du Canada* dispose que les élections fédérales auront désormais lieu, à date fixe, tous les quatre ans[58]. Cette disposition n'empêche toutefois pas le gouverneur général de dissoudre la Chambre des communes à une date antérieure, tel que le prévoit l'article 50, ci-dessus. Ainsi, le 7 septembre 2008, le premier ministre conservateur Stephen Harper, qui était à la tête de son premier gouvernement minoritaire (2006-2008), a demandé au gouverneur général de dissoudre la Chambre, et ce, avant l'arrivée de la date fixée par l'article 56.1 (c'est-à-dire le 19 octobre 2009). Cette décision fut contestée, en vain, devant la Cour fédérale et la Cour d'appel fédérale par l'organisme non gouvernemental « Démocratie en surveillance »[59]. Par la suite, le 26 mars 2011, le gouverneur général fut de nouveau contraint de dissoudre la Chambre des communes avant l'arrivée de la date fixée par l'article 56.1 (c'est-à-dire le 15 octobre 2012) puisque le second gouvernement minoritaire du premier ministre Harper (2008-2011) avait perdu la confiance de la Chambre des communes. Cela dit, la date fixée par l'article 56.1 a jusqu'à maintenant été respectée en situation de gouvernement majoritaire. La dernière élection générale fédérale a eu lieu le 19 octobre 2015 et la prochaine devrait, en principe, se tenir le 21 octobre 2019.

Révisions électorales

51. (1) À l'issue de chaque recensement décennal, il est procédé à la révision du nombre de députés et de la représentation des provinces à la Chambre des communes selon les pouvoirs conférés et les modalités de temps ou autres fixées en tant que de besoin par le Parlement du Canada, compte tenu des règles suivantes :

Règles

1. Il est attribué à chaque province le nombre de députés résultant de la division du chiffre de sa population par le quotient électoral, le résultat final comportant une partie décimale étant arrondi à l'unité supérieure.

2. Le nombre de députés d'une province demeure inchangé par rapport à la représentation qu'elle avait à la date d'entrée en vigueur de la *Loi constitutionnelle de 1985 (représentation électorale)* si par application de la règle 1 et de l'article 51A il lui est attribué un nombre inférieur à cette représentation.

3. Après application des règles 1 et 2 et de l'article 51A, il est attribué, au besoin, à toute province qui remplit la condition énoncée à la règle 4 le nombre supplémentaire de députés nécessaire pour que, par suite de la révision, le résultat de la division du nombre de ses députés par le nombre total de députés des provinces se rapproche le plus possible du résultat de la division du chiffre de sa population par le chiffre de la population totale des provinces, sans toutefois lui être inférieur.

4. La règle 3 s'applique à la province si, par suite de la révision précédente, le résultat de la division du nombre de ses députés par le nombre total de députés des provinces est égal ou supérieur au résultat de la division du chiffre de sa population par le chiffre de la population totale des provinces, ces chiffres étant ceux de la population

au 1er juillet de l'année du recensement décennal qui a précédé cette révision selon les estimations établies pour celle-ci.

5.   Sauf indication contraire du contexte, dans les présentes règles, le chiffre de la population d'une province correspond à l'estimation du chiffre de sa population au 1er juillet de l'année du recensement décennal le plus récent.

6.   Dans les présentes règles, « quotient électoral » s'entend de ce qui suit :

a) 111 166, pour la révision à effectuer à l'issue du recensement décennal de 2011;

b) pour la révision à effectuer à l'issue de tout recensement décennal subséquent, le produit du quotient électoral appliqué lors de la révision précédente par la moyenne des résultats des divisions du chiffre de la population de chacune des provinces par le chiffre de sa population au 1er juillet de l'année du recensement décennal précédent, selon les estimations établies pour la révision précédente, ce produit étant arrondi à l'unité supérieure s'il comporte une partie décimale.

Estimations de la population

(1.1)   Pour l'application des règles du paragraphe (1) et selon les pouvoirs conférés et les modalités de temps ou autres fixées en tant que de besoin par le Parlement du Canada, il est procédé à une estimation du chiffre de la population du Canada et de chacune des provinces au 1er juillet 2001 et au 1er juillet 2011 et, au cours de chaque année de recensement décennal qui suit celui de 2011, à une estimation du chiffre de la population du Canada et de chacune des provinces au 1er juillet de l'année en cause.

Yukon, Territoires du Nord-Ouest et Nunavut

(2)   Le territoire du Yukon, les Territoires du Nord-Ouest et le Nunavut, dans les limites et selon la description qu'en donnent respectivement l'annexe du chapitre Y-2 des Lois révisées du Canada (1985), l'article 2 du chapitre N-27 des Lois révisées du Canada (1985), dans sa version modifiée par l'article 77 du chapitre 28 des Lois du Canada de 1993, ainsi que l'article 3 du chapitre 28 des Lois du Canada de 1993, ont droit à un député chacun.

Commentaire

L'article 51 est la disposition ayant été le plus souvent modifiée dans la *Loi constitutionnelle de 1867*. Il fut modifié à huit reprises depuis son adoption en 1867 afin de changer (1) la manière dont le nombre de sièges est calculé et (2) la manière dont les sièges sont répartis entre les provinces et territoires. Le Parlement fédéral dispose du pouvoir de modifier cette disposition unilatéralement en vertu de l'article 44 de la *Loi constitutionnelle de 1982*.

Constitution de la Chambre des Communes

51A. Nonobstant quoi que ce soit en la présente loi, une province doit toujours avoir droit à un nombre de membres dans la Chambre des Communes non inférieur au nombre de sénateurs représentant cette province.

Commentaire

L'article 51A fut ajouté en 1915[60]. Il protège les plus petites provinces, c'est-à-dire les provinces des Maritimes, en empêchant que leur nombre de sièges à la Chambre des communes ne soit réduit sur la base du principe de la représentation proportionnelle. Cette règle est connue sous le nom de « plancher du Sénat ». L'alinéa 41b) de la *Loi constitutionnelle de 1982* prévoit que cette disposition peut uniquement être modifiée avec l'accord unanime de la Chambre des communes, du Sénat et des assemblées législatives de toutes les provinces. Cette disposition permet, par exemple, à l'Île-du-Prince-Édouard de maintenir quatre sièges à la Chambre des communes parce qu'elle dispose de quatre sièges au Sénat. Sur la base de sa population, l'Île-du-Prince-Édouard aurait autrement le droit d'être représentée par un seul député à la Chambre des communes.

Augmentation du nombre des membres de la Chambre des Communes

52. Le nombre des membres de la Chambre des Communes pourra de temps à autre être augmenté par le parlement du Canada, pourvu que la proportion établie par la présente loi dans la représentation des provinces reste intacte.

Commentaire

L'article 52 dispose que le nombre de sièges à la Chambre des communes peut être augmenté dans la mesure où les nouveaux sièges sont répartis entre les provinces et les territoires en tenant compte de leur poids démographique respectif. Toute modification au principe de la représentation proportionnelle requiert le consentement de la Chambre des communes, du Sénat et des assemblées législatives des deux tiers des provinces, représentant au moins 50 % de la population de toutes les provinces (voir l'alinéa 42(1)a) de la *Loi constitutionnelle de 1982*).

LÉGISLATION FINANCIÈRE; SANCTION ROYALE

Bills pour lever des crédits et des impôts

53.   Tout bill ayant pour but l'appropriation d'une portion quelconque du revenu public, ou la création de taxes ou d'impôts, devra originer dans la Chambre des Communes.

Commentaire

L'article 53 prévoit que tout projet de loi ayant des répercussions financières (soit par l'appropriation de fonds publics ou par la création d'une taxe ou d'un impôt) doit, en premier lieu, être déposé à la Chambre des communes et non au Sénat. Cette règle tire son origine des pouvoirs historiques de la Chambre des communes quant à l'autorisation des dépenses publiques et l'imposition de taxes et d'impôts.

Recommandation des crédits

54.   Il ne sera pas loisible à la Chambre des Communes d'adopter aucune résolution, adresse ou bill pour l'appropriation d'une partie quelconque du revenu public, ou d'aucune taxe ou impôt, à un objet qui n'aura pas, au préalable, été recommandé à la chambre par un message du gouverneur-général durant la session pendant laquelle telle résolution, adresse ou bill est proposé.

Commentaire

L'article 54 requiert l'approbation préalable du gouverneur général avant que la Chambre des communes puisse adopter une mesure qui requiert la dépense de fonds publics ou la création d'une taxe ou d'un impôt. Par convention, le gouverneur général donne son approbation uniquement s'il reçoit une recommandation en ce sens du gouvernement. Cela signifie que tous les projets de loi de nature financière, incluant les projets de loi d'initiative parlementaire, doivent recevoir l'appui du gouvernement. L'article 90 de la *Loi constitutionnelle de 1867* confère un pouvoir analogue aux lieutenants-gouverneurs au niveau provincial.

Sanction royale aux bills, etc.

55. Lorsqu'un bill voté par les chambres du parlement sera présenté au gouverneur-général pour la sanction de la Reine, le gouverneur-général devra déclarer à sa discrétion, mais sujet aux dispositions de la présente loi et aux instructions de Sa Majesté, ou qu'il le sanctionne au nom de la Reine, ou qu'il refuse cette sanction, ou qu'il réserve le bill pour la signification du bon plaisir de la Reine.

Commentaire

Le gouverneur général a le pouvoir d'accorder la sanction royale aux projets de loi adoptés par la Chambre des communes et le Sénat. Il s'agit de la dernière étape pour qu'un projet de loi devienne officiellement une loi.

L'article 55 confère au gouverneur général la discrétion : (1) de consentir à un projet de loi au nom de la Reine; (2) de refuser de consentir à un projet de loi au nom de la Reine; (3) ou de réserver un projet de loi pour le consentement de la Reine en conseil (c'est-à-dire la Reine agissant sur l'avis du Conseil privé britannique). L'article 90 confère une discrétion analogue au lieutenant-gouverneur de chaque province (sauf que, dans ce cas, le pouvoir de réserve est exercé en faveur du gouverneur général en conseil plutôt que de la Reine en conseil).

Le gouverneur général n'a pas réservé un projet de loi pour le consentement de la Reine en conseil depuis 1878[61]. Par convention, le gouverneur général doit, en principe, donner la sanction royale aux projets de loi adoptés par la Chambre des communes et le Sénat[62]. De même, les lieutenants-gouverneurs doivent, en principe, donner la sanction royale aux projets de loi adoptés par les assemblées législatives provinciales. Aucun lieutenant-gouverneur n'a réservé de projet de loi pour le consentement du gouverneur général en conseil depuis 1961[63].

Désaveu, par ordonnance rendue en conseil, des lois sanctionnées par le gouverneur-général

56.   Lorsque le gouverneur-général aura donné sa sanction à un bill au nom de la Reine, il devra, à la première occasion favorable, transmettre une copie authentique de la loi à l'un des principaux secrétaires d'État de Sa Majesté; si la Reine en conseil, dans les deux ans après que le secrétaire d'État l'aura reçu, juge à propos de la désavouer, ce désaveu, — accompagné d'un certificat du secrétaire d'État, constatant le jour où il aura reçu la loi — étant signifié par le gouverneur-général, par discours ou message, à chacune des chambres du parlement, ou par proclamation, annulera la loi à compter du jour de telle signification.

Commentaire

Le pouvoir de la Reine en conseil de désavouer une loi du Parlement du Canada a été exercé à une reprise seulement, en 1873[64]. L'article 90 confère un pouvoir analogue au gouverneur général en conseil à l'égard des lois provinciales. Ce dernier a utilisé son pouvoir de désaveu pour la dernière fois en 1943[65]. Par convention, le pouvoir de désaveu est désormais tombé en désuétude et ne peut légitimement être exercé ni par la Reine en conseil, ni par le gouverneur général en conseil, selon le cas. De plus, l'exigence selon laquelle le gouverneur général doit transmettre une copie des lois canadiennes au gouvernement britannique a été abandonnée en 1942[66].

Signification du bon plaisir de la Reine quant aux bills réservés

57.   Un bill réservé à la signification du bon plaisir de la Reine n'aura ni force ni effet avant et à moins que dans les deux ans à compter du jour où il aura été présenté au gouverneur-général pour recevoir la sanction de la Reine, ce dernier ne signifie, par discours ou

message, à chacune des deux chambres du parlement, ou par proclamation, qu'il a reçu la sanction de la Reine en conseil.

Ces discours, messages ou proclamations, seront consignés dans les journaux de chaque chambre, et un double dûment certifié en sera délivré à l'officier qu'il appartient pour qu'il le dépose parmi les archives du Canada.

Commentaire

Par convention, le pouvoir de réserve, tout comme le pouvoir de désaveu prévu à l'article 56, ci-dessus, est désormais tombé en désuétude.

V. CONSTITUTIONS PROVINCIALES

POUVOIR EXÉCUTIF

Lieutenants-gouverneurs des provinces

58.   Il y aura, pour chaque province, un officier appelé lieutenant-gouverneur, lequel sera nommé par le gouverneur-général en conseil par instrument sous le grand sceau du Canada.

Commentaire

Les lieutenants-gouverneurs jouent le même rôle, au niveau provincial, que le gouverneur général, au niveau fédéral. Ils sont officiellement nommés par le gouverneur général en conseil. En pratique, toutefois, c'est le premier ministre du Canada qui choisit les lieutenants-gouverneurs[67].

Durée des fonctions des lieutenants-gouverneurs

59.   Le lieutenant-gouverneur restera en charge durant le bon plaisir du gouverneur-général; mais tout lieutenant-gouverneur nommé après le commencement de la première session du parlement du Canada, ne pourra être révoqué dans le cours des cinq ans qui suivront sa nomination, à moins qu'il n'y ait cause; et cette cause devra lui être communiquée par écrit dans le cours d'un mois après qu'aura été rendu l'ordre décrétant sa révocation, et l'être aussi par message au Sénat et

à la Chambre des Communes dans le cours d'une semaine après cette révocation si le parlement est alors en session, sinon, dans le délai d'une semaine après le commencement de la session suivante du parlement.

Commentaire

La *Loi constitutionnelle de 1867* ne prévoit pas de durée précise pour le terme des lieutenants-gouverneurs. Cependant, pour assurer une certaine stabilité, ces derniers ne peuvent être démis de leurs fonctions sans raison valable dans les cinq ans suivant leur nomination. Dans de tels cas, le Parlement doit être informé. Généralement, les lieutenants-gouverneurs demeurent en fonction pour une période de cinq à sept ans.

Un exemple récent de lieutenant-gouverneur ayant été démis de ses fonctions est celui de Lise Thibault, qui était lieutenante-gouverneure du Québec de 1997 à 2007. Cette dernière, qui avait fait des dépenses excessives dans le cadre de ses fonctions, a finalement plaidé coupable à des accusations d'abus de confiance et de fraude.

Salaires des lieutenants-gouverneurs

60. Les salaires des lieutenants-gouverneurs seront fixés et payés par le parlement du Canada.

Commentaire

Bien que les lieutenants-gouverneurs exercent leur fonction dans une province, leur rémunération est payée par le gouvernement fédéral[68].

Serments, etc., du lieutenant-gouverneur

61. Chaque lieutenant-gouverneur, avant d'entrer dans l'exercice de ses fonctions, prêtera et souscrira devant le gouverneur-général ou quelque personne à ce par lui autorisée, les serments d'allégeance et d'office prêtés par le gouverneur-général.

Commentaire

En 2018, le serment d'allégeance des lieutenants-gouverneurs se lisait comme suit : « Moi, […], je jure fidélité et sincère allégeance à Sa

Majesté la Reine Elizabeth Deux, Reine du Canada, à ses héritiers et successeurs. Ainsi Dieu me soit en aide » (voir également la cinquième annexe de la *Loi constitutionnelle de 1867*).

Pour sa part, le serment d'office contemporain des lieutenants-gouverneurs se lit comme suit : « Moi, […], je remplirai bien et fidèlement la charge et le mandat de lieutenant-gouverneur de la province de […] et j'y administrerai la justice avec exactitude et impartialité. Je remplirai bien et fidèlement la charge de gardien du grand sceau de la province de […], domaine de Sa Majesté, au meilleur de ma connaissance et de mon habileté. Ainsi Dieu me soit en aide ».

Application des dispositions relatives au lieutenant-gouverneur

62. Les dispositions de la présente loi relatives au lieutenant-gouverneur s'étendent et s'appliquent au lieutenant-gouverneur de chaque province ou à tout autre chef exécutif ou administrateur pour le temps d'alors administrant le gouvernement de la province, quel que soit le titre sous lequel il est désigné.

Commentaire

Avant la naissance de la fédération canadienne en 1867, des titres différents étaient utilisés dans les diverses colonies britanniques pour décrire la personne occupant la charge équivalente à celle de « lieutenant-gouverneur ». L'article 62 étend les dispositions applicables aux lieutenants-gouverneurs à ces personnes.

Conseils exécutifs d'Ontario et Québec

63. Le conseil exécutif d'Ontario et de Québec se composera des personnes que le lieutenant-gouverneur jugera, de temps à autre, à propos de nommer, et en premier lieu, des officiers suivants, savoir : le procureur-général, le secrétaire et registraire de la province, le trésorier de la province, le commissaire des terres de la couronne, et le commissaire d'agriculture et des travaux publics, et — dans la province de Québec — l'orateur du conseil législatif, et le solliciteur général.

Commentaire

L'article 63 établit la composition initiale des conseils exécutifs des provinces de l'Ontario et du Québec, qui correspondent au Conseil privé de la Reine pour le Canada au niveau fédéral. Comme désormais des lois provinciales régissent cette question, l'article 63 est périmé d'un point de vue constitutionnel[69].

Gouvernement exécutif de la Nouvelle-Écosse et du Nouveau-Brunswick

64. La constitution de l'autorité exécutive dans chacune des provinces du Nouveau-Brunswick et de la Nouvelle-Écosse continuera, sujette aux dispositions de la présente loi, d'être celle en existence lors de l'union, jusqu'à ce qu'elle soit modifiée sous l'autorité de la présente loi.

Commentaire

L'article 64 assure la continuité du gouvernement à la suite de l'entrée en vigueur de la *Loi constitutionnelle de 1867* dans les provinces de la Nouvelle-Écosse et du Nouveau-Brunswick. Une disposition similaire existe pour chaque province s'étant jointe à la fédération canadienne.

Pouvoirs conférés au lieutenant-gouverneur d'Ontario ou Québec, en conseil ou seul

65. Tous les pouvoirs, attributions et fonctions qui — par une loi du parlement de la Grande-Bretagne, ou du parlement du Royaume-Uni de la Grande-Bretagne et d'Irlande, ou de la législature du Haut-Canada, du Bas-Canada ou du Canada, avant ou lors de l'union — étaient conférés aux gouverneurs ou lieutenants-gouverneurs respectifs de ces provinces ou pouvaient être par eux exercés, de l'avis, ou de l'avis et du consentement des conseils exécutifs respectifs de ces provinces, ou avec la coopération de ces conseils ou d'aucun nombre de membres de ces conseils, ou par ces gouverneurs ou lieutenants-gouverneurs individuellement, seront — en tant qu'ils pourront être exercés après l'union, relativement au gouvernement d'Ontario et Québec respectivement — conférés au lieutenant-gouverneur d'Ontario et Québec, respectivement, et pourront être par lui exercés, de l'avis ou de l'avis et du consentement ou avec la coopération des conseils exécutifs respectifs

ou d'aucun de leurs membres, ou par le lieutenant-gouverneur individuellement, selon le cas; mais ils pourront, néanmoins (sauf ceux existant en vertu de lois de la Grande-Bretagne et d'Irlande), être révoqués ou modifiés par les législatures respectives d'Ontario et Québec.

Commentaire

L'article 65 habilite les lieutenants-gouverneurs de l'Ontario et du Québec à exercer tous les pouvoirs existant au moment de l'entrée en vigueur de la *Loi constitutionnelle de 1867*, sous réserve de toute modification apportée par leurs législatures respectives. Une législature provinciale ne peut toutefois modifier unilatéralement la charge de lieutenant-gouverneur. En effet, une telle modification requiert le consentement unanime de la Chambre des communes, du Sénat et des assemblées législatives de toutes les provinces en vertu de l'alinéa 41a) de la *Loi constitutionnelle de 1982*.

Application des dispositions relatives aux lieutenants-gouverneurs en conseil

66. Les dispositions de la présente loi relatives au lieutenant-gouverneur en conseil seront interprétées comme s'appliquant au lieutenant-gouverneur de la province agissant de l'avis de son conseil exécutif.

Commentaire

Le terme « lieutenant-gouverneur en conseil » désigne le lieutenant-gouverneur agissant conformément à l'avis du Conseil exécutif de la province, c'est-à-dire, par convention, du Cabinet (ou Conseil des ministres) provincial.

Administration en l'absence, etc., du lieutenant-gouverneur

67. Le gouverneur-général en conseil pourra, au besoin, nommer un administrateur qui remplira les fonctions de lieutenant-gouverneur durant l'absence, la maladie ou autre incapacité de ce dernier.

Commentaire

L'article 67 habilite le gouverneur général en conseil à nommer un « administrateur » pour remplacer un lieutenant-gouverneur en cas d'absence, de maladie ou d'incapacité. Le gouverneur général en conseil nomme généralement les juges en chef des provinces en tant qu'« administrateurs » de leurs provinces respectives. Si le juge en chef n'est pas disponible, le gouverneur général en conseil nomme habituellement un autre juge éminent à titre d'« administrateur ».

Sièges des gouvernements provinciaux

68.   Jusqu'à ce que le gouvernement exécutif d'une province en ordonne autrement, relativement à telle province, les sièges du gouvernement des provinces seront comme suit, savoir : pour Ontario, la cité de Toronto; pour Québec, la cité de Québec; pour la Nouvelle-Écosse, la cité d'Halifax; et pour le Nouveau-Brunswick, la cité de Fredericton.

Commentaire

L'article 68 identifie les capitales provinciales de l'Ontario, du Québec, de la Nouvelle-Écosse et du Nouveau-Brunswick. Les capitales des autres provinces sont identifiées dans les instruments juridiques (lois ou décrets) en vertu desquels elles se sont jointes à la fédération canadienne.

POUVOIR LÉGISLATIF

Commentaire

Les articles 69 à 87 régissent le fonctionnement des législatures provinciales. Ces dispositions font partie des Constitutions provinciales. Au fil du temps, les provinces les ont modifiées selon leurs besoins (d'abord, en vertu du paragraphe 92(1) de la *Loi constitutionnelle de 1867* et, ensuite, en vertu de l'article 45 de la *Loi constitutionnelle de 1982*). Les provinces ne peuvent toutefois pas modifier unilatéralement la charge de lieutenant-gouverneur (voir l'alinéa 41a) de la *Loi constitutionnelle de 1982*). Seule une petite partie des articles 69 à 87 demeure donc pertinente.

1. Ontario

Législature d'Ontario

69. Il y aura, pour Ontario, une législature composée du lieutenant-gouverneur et d'une seule chambre appelée l'assemblée législative d'Ontario.

Commentaire

L'article 69 décrit les deux composantes du pouvoir législatif ontarien : le lieutenant-gouverneur et l'Assemblée législative de l'Ontario[70].

Districts électoraux

70. L'assemblée législative d'Ontario sera composée de quatre-vingt-deux membres qui devront représenter les quatre-vingt-deux districts électoraux énumérés dans la première annexe de la présente loi.

Commentaire

L'article 70 est « périmé » d'un point de vue constitutionnel puisque l'Ontario a adopté une loi spécifique établissant les districts électoraux dans la province[71].

2. Québec

Législature de Québec

71. Il y aura, pour Québec, une législature composée du lieutenant-gouverneur et de deux chambres appelées le conseil législatif de Québec et l'assemblée législative de Québec.

Commentaire

Le Québec a aboli son Conseil législatif en 1968[72]. Son assemblée législative, maintenant composée d'une seule chambre, a été renommée « Assemblée nationale du Québec » en 1968[73].

Constitution du conseil législatif

Commentaire

Les articles 72 à 79 sont « périmés » d'un point de vue constitutionnel puisque le Conseil législatif du Québec n'existe plus.

72. Le conseil législatif de Québec se composera de vingt-quatre membres, qui seront nommés par le lieutenant-gouverneur au nom de la Reine, par instrument sous le grand sceau de Québec, et devront, chacun, représenter l'un des vingt-quatre collèges électoraux du Bas-Canada mentionnés à la présente loi; ils seront nommés à vie, à moins que la législature de Québec n'en ordonne autrement sous l'autorité de la présente loi.

Qualités exigées des conseillers législatifs

73. Les qualifications des conseillers législatifs de Québec seront les mêmes que celles des sénateurs pour Québec.

Cas dans lesquels les sièges des conseillers législatifs deviennent vacants

74. La charge de conseiller législatif de Québec deviendra vacante dans les cas, mutatis mutandis, où celle de sénateur peut le devenir.

Vacances

75. Survenant une vacance dans le conseil législatif de Québec, par démission, décès ou autre cause, le lieutenant-gouverneur, au nom de la Reine, nommera, par instrument sous le grand sceau de Québec, une personne capable et ayant les qualifications voulues pour la remplir.

Questions quant aux vacances, etc.

76. S'il s'élève quelque question au sujet des qualifications d'un conseiller législatif de Québec ou d'une vacance dans le conseil législatif de Québec, elle sera entendue et décidée par le conseil législatif.

Orateur du conseil législatif

77. Le lieutenant-gouverneur pourra, de temps à autre, par instrument sous le grand sceau de Québec, nommer un membre du conseil

législatif de Québec comme orateur de ce corps, et également le révoquer et en nommer un autre à sa place.

Quorum du conseil législatif

78. Jusqu'à ce que la législature de Québec en ordonne autrement, la présence d'au moins dix membres du conseil législatif, y compris l'orateur, sera nécessaire pour constituer une assemblée du conseil dans l'exercice de ses fonctions.

Votation dans le conseil législatif de Québec

79. Les questions soulevées dans le conseil législatif de Québec seront décidées à la majorité des voix, et, dans tous les cas, l'orateur aura voix délibérative; quand les voix seront également partagées, la décision sera considérée comme rendue dans la négative.

Constitution de l'assemblée législative de Québec

80. L'assemblée législative de Québec se composera de soixante-cinq membres, qui seront élus pour représenter les soixante-cinq divisions ou districts électoraux du Bas-Canada, mentionnés à la présente loi, sauf toute modification que pourra y apporter la législature de Québec; mais il ne pourra être présenté au lieutenant-gouverneur de Québec, pour qu'il le sanctionne, aucun bill à l'effet de modifier les délimitations des divisions ou districts électoraux énumérés dans la deuxième annexe de la présente loi, à moins qu'il n'ait été passé à ses deuxième et troisième lectures dans l'assemblée législative avec le concours de la majorité des membres représentant toutes ces divisions ou districts électoraux; et la sanction ne sera donnée à aucun bill de cette nature à moins qu'une adresse n'ait été présentée au lieutenant-gouverneur par l'assemblée législative déclarant que tel bill a été ainsi passé.

Commentaire

L'article 80 est « périmé » d'un point de vue constitutionnel puisque la Législature du Québec a adopté une loi régissant cette question[74].

3. Ontario et Québec

81. Abrogé.

Convocation des assemblées législatives

82. Le lieutenant-gouverneur d'Ontario et de Québec devra, de temps
à autre, au nom de la Reine, par instrument sous le grand sceau de
la province, convoquer l'assemblée législative de la province.

Commentaire

Les lieutenants-gouverneurs provinciaux disposent du même pouvoir
de convoquer leurs assemblées législatives respectives que possède
le gouverneur général à l'égard de la Chambre des communes (voir
l'article 38).

Restriction quant à l'élection des personnes ayant des emplois

83. Jusqu'à ce que la législature d'Ontario ou de Québec en ordonne
autrement, — quiconque acceptera ou occupera dans la province
d'Ontario ou dans celle de Québec, une charge, commission ou
emploi, d'une nature permanente ou temporaire, à la nomination
du lieutenant-gouverneur, auquel sera attaché un salaire annuel
ou quelque honoraire, allocation, émolument ou profit d'un genre
ou montant quelconque payé par la province, ne sera pas éligible
comme membre de l'assemblée législative de cette province, ni
ne devra y siéger ou voter en cette qualité; mais rien de contenu
au présent article ne rendra inéligible aucune personne qui sera
membre du conseil exécutif de chaque province respective ou
qui remplira quelqu'une des charges suivantes, savoir : celles de
procureur-général, secrétaire et régistraire de la province, trésorier
de la province, commissaire des terres de la couronne, et commissaire d'agriculture et des travaux publics, et, — dans la province de
Québec, celle de solliciteur général, — ni ne la rendra inhabile à
siéger ou à voter dans la chambre pour laquelle elle est élue, pourvu
qu'elle soit élue pendant qu'elle occupera cette charge.

Commentaire

L'article 83 est « périmé » d'un point de vue constitutionnel puisque des lois provinciales en Ontario et au Québec régissent maintenant ces questions[75].

Continuation des lois actuelles d'élection

84. Jusqu'à ce que les législatures respectives de Québec et Ontario en ordonnent autrement, — toutes les lois en force dans ces provinces respectives, à l'époque de l'union, concernant les questions suivantes ou aucune d'elles, savoir : l'éligibilité ou l'inéligibilité des candidats ou des membres de l'assemblée du Canada, — les qualifications et l'absence des qualifications requises des votants, — les serments exigés des votants, — les officiers-rapporteurs, leurs pouvoirs et leurs devoirs, — le mode de procéder aux élections, — le temps que celles-ci peuvent durer, — la décision des élections contestées et les procédures y incidentes, — les vacations des sièges en parlement, et l'émission et l'exécution de nouveaux brefs dans les cas de vacations occasionnées par d'autres causes que la dissolution, — s'appliqueront respectivement aux élections des membres élus pour les assemblées législatives d'Ontario et Québec respectivement.

Mais, jusqu'à ce que la législature d'Ontario en ordonne autrement, à chaque élection d'un membre de l'assemblée législative d'Ontario pour le district d'Algoma, outre les personnes ayant droit de vote en vertu de la loi de la province du Canada, tout sujet anglais du sexe masculin âgé de vingt-et-un ans ou plus, et tenant feu et lieu, aura droit de vote.

Commentaire

L'article 84 est « périmé » d'un point de vue constitutionnel puisque des lois provinciales en Ontario et au Québec régissent maintenant ces questions[76].

Durée des assemblées législatives

85. La durée de l'assemblée législative d'Ontario et de l'assemblée législative de Québec ne sera que de quatre ans, à compter du jour du

rapport des brefs d'élection, à moins qu'elle ne soit plus tôt dissoute par le lieutenant-gouverneur de la province.

Commentaire

Aux termes du paragraphe 4(1) de la *Charte*, le mandat maximal d'une assemblée législative provinciale, tout comme celui de la Chambre des communes, est maintenant de cinq ans[77].

Session annuelle de la législature

86. Il y aura une session de la législature d'Ontario et de celle de Québec, une fois au moins chaque année, de manière qu'il ne s'écoule pas un intervalle de douze mois entre la dernière séance d'une session de la législature dans chaque province, et sa première séance dans la session suivante.

Commentaire

L'article 5 de la *Charte* impose la même exigence à l'ensemble des assemblées législatives provinciales.

Orateur, quorum, etc.

87. Les dispositions suivantes de la présente loi, concernant la Chambre des Communes du Canada, s'étendront et s'appliqueront aux assemblées législatives d'Ontario et de Québec, savoir : les dispositions relatives à l'élection d'un orateur en première instance et lorsqu'il surviendra des vacances, — aux devoirs de l'orateur, — à l'absence de ce dernier, — au quorum et au mode de votation, — tout comme si ces dispositions étaient ici décrétées et expressément rendues applicables à chaque assemblée législative.

Commentaire

L'article 87 est « périmé » d'un point de vue constitutionnel puisque des lois provinciales en Ontario et au Québec régissent maintenant ces questions[78].

4. Nouvelle-Écosse et Nouveau-Brunswick

Constitution des législatures de la Nouvelle-Écosse et du Nouveau-Brunswick

88. La constitution de la législature de chacune des provinces de la Nouvelle-Écosse et du Nouveau-Brunswick continuera, sujette aux dispositions de la présente loi, d'être celle en existence à l'époque de l'union, jusqu'à ce qu'elle soit modifiée sous l'autorité de la présente loi.

5. Ontario, Québec et Nouvelle-Écosse

89. Abrogé.

6. Les quatre provinces

Application aux législatures des dispositions relatives aux crédits, etc.

90. Les dispositions suivantes de la présente loi, concernant le parlement du Canada, savoir : — les dispositions relatives aux bills d'appropriation et d'impôts, à la recommandation de votes de deniers, à la sanction des bills, au désaveu des lois, et à la signification du bon plaisir quant aux bills réservés, — s'étendront et s'appliqueront aux législatures des différentes provinces, tout comme si elles étaient ici décrétées et rendues expressément applicables aux provinces respectives et à leurs législatures, en substituant toutefois le lieutenant-gouverneur de la province au gouverneur-général, le gouverneur-général à la Reine et au secrétaire d'État, un an à deux ans, et la province au Canada.

Commentaire

L'article 90 dispose que les articles 54 à 57, ci-dessus, s'appliquent aux provinces en faisant les adaptations nécessaires : le lieutenant-gouverneur prend la place du gouverneur général et le gouverneur général prend la place de la Reine.

Le gouverneur général en conseil n'a pas désavoué de lois provinciales depuis 1943[79]. De plus, aucun lieutenant-gouverneur n'a réservé de projet de loi pour le consentement du gouverneur général en conseil depuis 1961[80]. Bien que les pouvoirs de réserve et de désaveu existent toujours d'un point de vue juridique[81], par convention, ils ne peuvent désormais plus être exercés[82].

VI. DISTRIBUTION DES POUVOIRS LÉGISLATIFS

Commentaire

Les articles 91 à 95 mettent en œuvre le principe du fédéralisme en partageant les compétences législatives entre le Parlement fédéral et les législatures provinciales. En effet, dans les États fédéraux, comme le Canada, le pouvoir de faire des lois se répartit entre deux niveaux de gouvernement : un gouvernement central ou national, ayant compétence sur l'ensemble du territoire, et des gouvernements décentralisés ou régionaux, ayant compétence sur une partie du territoire.

POUVOIRS DU PARLEMENT

Autorité législative du parlement du Canada

91. Il sera loisible à la Reine, de l'avis et du consentement du Sénat et de la Chambre des Communes, de faire des lois pour la paix, l'ordre et le bon gouvernement du Canada, relativement à toutes les matières ne tombant pas dans les catégories de sujets par la présente loi exclusivement assignés aux législatures des provinces; mais, pour plus de garantie, sans toutefois restreindre la généralité des termes ci-haut employés dans le présent article, il est par la présente déclaré que (nonobstant toute disposition contraire énoncée dans la présente loi) l'autorité législative exclusive du parlement du Canada s'étend à toutes les matières tombant dans les catégories de sujets ci-dessous énumérés, savoir :

1.   Abrogé.
1A. La dette et la propriété publiques.
2.   La réglementation du trafic et du commerce.
2A. L'assurance-chômage.
3.   Le prélèvement de deniers par tous modes ou systèmes de taxation.
4.   L'emprunt de deniers sur le crédit public.
5.   Le service postal.
6.   Le recensement et les statistiques.
7.   La milice, le service militaire et le service naval, et la défense du pays.

8. La fixation et le paiement des salaires et honoraires des officiers civils et autres du gouvernement du Canada.

9. Les amarques, les bouées, les phares et l'île de Sable.

10. La navigation et les bâtiments ou navires (shipping).

11. La quarantaine et l'établissement et maintien des hôpitaux de marine.

12. Les pêcheries des côtes de la mer et de l'intérieur.

13. Les passages d'eau (ferries) entre une province et tout pays britannique ou étranger, ou entre deux provinces.

14. Le cours monétaire et le monnayage.

15. Les banques, l'incorporation des banques et l'émission du papier-monnaie.

16. Les caisses d'épargne.

17. Les poids et mesures.

18. Les lettres de change et les billets promissoires.

19. L'intérêt de l'argent.

20. Les offres légales.

21. La banqueroute et la faillite.

22. Les brevets d'invention et de découverte.

23. Les droits d'auteur.

24. Les Indiens et les terres réservées pour les Indiens.

25. La naturalisation et les aubains.

26. Le mariage et le divorce.

27. La loi criminelle, sauf la constitution des tribunaux de juridiction criminelle, mais y compris la procédure en matière criminelle.

28. L'établissement, le maintien, et l'administration des pénitenciers.

29. Les catégories de sujets expressément exceptés dans l'énumération des catégories de sujets exclusivement assignés par la présente loi aux législatures des provinces.

Et aucune des matières énoncées dans les catégories de sujets énumérés dans le présent article ne sera réputée tomber dans la catégorie des matières d'une nature locale ou privée comprises dans l'énumération des catégories de sujets exclusivement assignés par la présente loi aux législatures des provinces.

Commentaire

L'article 91 énonce les champs de compétence du Parlement fédéral. En plus des compétences exclusives spécifiquement énumérées aux paragraphes 1 à 29, ci-dessus, le Parlement dispose du pouvoir général d'adopter des lois pour « la paix, l'ordre et le bon gouvernement ». Ce pouvoir général permet au Parlement de légiférer temporairement sur tout sujet en situation d'urgence (le « pouvoir d'urgence ») et de légiférer sur tout sujet n'ayant pas été explicitement conféré aux provinces (le « pouvoir résiduaire »). De plus, le Parlement dispose d'une compétence sur les travaux qui sont déclarés à l'avantage général du Canada (le « pouvoir déclaratoire », voir l'alinéa 92(10)c), ci-dessous). Les vastes compétences conférées au Parlement fédéral résultent de l'intention des Pères de la Confédération de doter le Canada d'un gouvernement central puissant.

POUVOIRS EXCLUSIFS DES LÉGISLATURES PROVINCIALES

Sujets soumis au contrôle exclusif de la législation provinciale

92. Dans chaque province la législature pourra exclusivement faire des lois relatives aux matières tombant dans les catégories de sujets ci-dessous énumérés, savoir :

1. Abrogé.
2. La taxation directe dans les limites de la province, dans le but de prélever un revenu pour des objets provinciaux;
3. Les emprunts de deniers sur le seul crédit de la province;
4. La création et la tenure des charges provinciales, et la nomination et le paiement des officiers provinciaux;
5. L'administration et la vente des terres publiques appartenant à la province, et des bois et forêts qui s'y trouvent;
6. L'établissement, l'entretien et l'administration des prisons publiques et des maisons de réforme dans la province;
7. L'établissement, l'entretien et l'administration des hôpitaux, asiles, institutions et hospices de charité dans la province, autres que les hôpitaux de marine;
8. Les institutions municipales dans la province;

9. Les licences de boutiques, de cabarets, d'auberges, d'encan-teurs et autres licences, dans le but de prélever un revenu pour des objets provinciaux, locaux, ou municipaux;

10. Les travaux et entreprises d'une nature locale, autres que ceux énumérés dans les catégories suivantes :

    a) Lignes de bateaux à vapeur ou autres bâtiments, chemins de fer, canaux, télégraphes et autres travaux et entreprises reliant la province à une autre ou à d'autres provinces, ou s'étendant au-delà des limites de la province;

    b) Lignes de bateaux à vapeur entre la province et tout pays dépendant de l'empire britannique ou tout pays étranger;

    c) Les travaux qui, bien qu'entièrement situés dans la pro-vince, seront avant ou après leur exécution déclarés par le parlement du Canada être pour l'avantage général du Canada, ou pour l'avantage de deux ou d'un plus grand nombre des provinces;

11. L'incorporation des compagnies pour des objets provinciaux;

12. La célébration du mariage dans la province;

13. La propriété et les droits civils dans la province;

14. L'administration de la justice dans la province, y compris la création, le maintien et l'organisation de tribunaux de justice pour la province, ayant juridiction civile et criminelle, y com-pris la procédure en matières civiles dans ces tribunaux;

15. L'infliction de punitions par voie d'amende, pénalité, ou emprisonnement, dans le but de faire exécuter toute loi de la province décrétée au sujet des matières tombant dans aucune des catégories de sujets énumérés dans le présent article;

16. Généralement toutes les matières d'une nature purement locale ou privée dans la province.

Commentaire

L'article 92 énonce les champs de compétence provinciale. À l'origine, les champs de compétence provinciale se voulaient nettement plus restreints que les champs de compétence fédérale. Ils ont toutefois pris de l'importance avec l'accroissement des services en matière de santé, de services sociaux et d'éducation. En 2018, les coûts totaux pour offrir ces services représentaient environ 60 % des dépenses provinciales. De plus, depuis 1867, les tribunaux ont progressivement donné une interprétation large à certaines des compétences provinciales, en particulier la compétence en matière de « propriétés et droits civils »[83]. Ce terme est tiré de *l'Acte de Québec de 1774*[84], qui avait rétabli le droit français en matière de droit privé sur le territoire du Québec. Il fait principalement référence aux matières qui touchent aux relations entre les personnes (physiques ou morales) dans les limites de la province, comme le droit des biens, le droit de la responsabilité civile, le droit des contrats, le droit de la famille et le droit des successions[85].

RESSOURCES NATURELLES NON RENOUVELABLES, RESSOURCES FORESTIÈRES ET ÉNERGIE ÉLECTRIQUE

Compétence provinciale

92A. (1) La législature de chaque province a compétence exclusive pour légiférer dans les domaines suivants :

a)   prospection des ressources naturelles non renouvelables de la province;

b)   exploitation, conservation et gestion des ressources naturelles non renouvelables et des ressources forestières de la province, y compris leur rythme de production primaire;

c)   aménagement, conservation et gestion des emplacements et des installations de la province destinés à la production d'énergie électrique.

Exportation hors des provinces

(2)   La législature de chaque province a compétence pour légiférer en ce qui concerne l'exportation, hors de la province, à destination d'une autre partie du Canada, de la production primaire tirée des ressources naturelles non renouvelables et des ressources forestières de la province, ainsi que de la produc-

tion d'énergie électrique de la province, sous réserve de ne pas adopter de lois autorisant ou prévoyant des disparités de prix ou des disparités dans les exportations destinées à une autre partie du Canada.

Pouvoir du Parlement

(3) Le paragraphe (2) ne porte pas atteinte au pouvoir du Parlement de légiférer dans les domaines visés à ce paragraphe, les dispositions d'une loi du Parlement adoptée dans ces domaines l'emportant sur les dispositions incompatibles d'une loi provinciale.

Taxation des ressources

(4) La législature de chaque province a compétence pour prélever des sommes d'argent par tout mode ou système de taxation :

  a) des ressources naturelles non renouvelables et des ressources forestières de la province, ainsi que de la production primaire qui en est tirée;

  b) des emplacements et des installations de la province destinés à la production d'énergie électrique, ainsi que de cette production même.

Cette compétence peut s'exercer indépendamment du fait que la production en cause soit ou non, en totalité ou en partie, exportée hors de la province, mais les lois adoptées dans ces domaines ne peuvent autoriser ou prévoir une taxation qui établisse une distinction entre la production exportée à destination d'une autre partie du Canada et la production non exportée hors de la province.

« Production primaire »

(5) L'expression « production primaire » a le sens qui lui est donné dans la sixième annexe.

Pouvoirs ou droits existants

(6)   Les paragraphes (1) à (5) ne portent pas atteinte aux pouvoirs ou droits détenus par la législature ou le gouvernement d'une province lors de l'entrée en vigueur du présent article.

Commentaire

L'article 92A fut ajouté en 1982 à la demande des provinces afin qu'elles puissent exercer un plus grand contrôle sur les ressources naturelles non renouvelables, les ressources forestières et l'énergie électrique[86]. Bien que cet article confère une compétence aux provinces, il ne retire aucune compétence au Parlement fédéral sur ces matières.

ÉDUCATION

Législation au sujet de l'éducation

93.   Dans chaque province, la législature pourra exclusivement décréter des lois relatives à l'éducation, sujettes et conformes aux dispositions suivantes :

(1)   Rien dans ces lois ne devra préjudicier à aucun droit ou privilège conféré, lors de l'union, par la loi à aucune classe particulière de personnes dans la province, relativement aux écoles séparées (denominational);

(2)   Tous les pouvoirs, privilèges et devoirs conférés et imposés par la loi dans le Haut-Canada, lors de l'union, aux écoles séparées et aux syndics d'écoles des sujets catholiques romains de Sa Majesté, seront et sont par la présente étendus aux écoles dissidentes des sujets protestants et catholiques romains de la Reine dans la province de Québec;

(3)   Dans toute province où un système d'écoles séparées ou dissidentes existera par la loi, lors de l'union, ou sera subséquemment établi par la législature de la province — il pourra être interjeté appel au gouverneur-général en conseil de toute loi ou décision d'aucune autorité provinciale affectant aucun des droits ou privilèges de la minorité protestante ou catholique romaine des sujets de Sa Majesté relativement à l'éducation;

(4) Dans le cas où il ne serait pas décrété telle loi provinciale que, de temps à autre, le gouverneur-général en conseil jugera nécessaire pour donner suite et exécution aux dispositions du présent article, — ou dans le cas où quelque décision du gouverneur-général en conseil, sur appel interjeté en vertu du présent article, ne serait pas mise à exécution par l'autorité provinciale compétente — alors et en tout tel cas, et en tant seulement que les circonstances de chaque cas l'exigeront, le parlement du Canada pourra décréter des lois propres à y remédier pour donner suite et exécution aux dispositions du présent article, ainsi qu'à toute décision rendue par le gouverneur-général en conseil sous l'autorité de ce même article.

Commentaire

L'article 93 constitue une forme de « déclaration des droits » pour certaines communautés religieuses au Canada. Dans les années 1860, l'éducation, de nature confessionnelle, était dispensée par les communautés religieuses. L'article 93 vise à préserver le statu quo en Ontario et au Québec en protégeant les droits de la minorité protestante (au Québec) et de la minorité catholique-romaine (en Ontario) d'avoir leurs propres écoles financées par l'État. L'article 93 a aussi été rendu applicable à la Colombie-Britannique et à l'Île-du-Prince-Édouard lorsqu'elles se sont jointes à la fédération en 1871 et 1873, respectivement. Des dispositions analogues ont été incluses dans la *Loi de 1870 sur le Manitoba*[87], la *Loi sur l'Alberta*[88], la *Loi sur la Saskatchewan*[89] et les *Conditions de l'union de Terre-Neuve au Canada*[90].

Le paragraphe 93(3) permet à une minorité dont les droits ont été brimés de faire appel au gouverneur général en conseil.

Le paragraphe 93(4) habilite le Parlement fédéral à adopter des lois réparatrices si le gouverneur général en conseil estime qu'une province ne respecte pas ses obligations; cette disposition n'a jamais été appliquée[91].

L'article 29 de la *Charte* préserve explicitement les droits prévus à l'article 93 en raison des craintes que l'on puisse considérer que ces droits pourraient sinon violer la liberté de religion (article 2 de la *Charte*) et le droit à l'égalité (article 15 de la *Charte*).

Le Québec a finalement abandonné le système d'éducation confessionnel en faveur d'un système fondé sur la langue d'enseignement; par conséquent, comme l'indique l'article 93A, l'article 93 ne s'applique plus au Québec. La province de Terre-Neuve-et-Labrador n'a plus d'écoles confessionnelles, mais garantit les pratiques religieuses dans les écoles à la requête des parents; elle offre également des cours généraux sur la religion qui ne sont pas spécifiques à une confession religieuse particulière[92].

Québec

93A. Les paragraphes (1) à (4) de l'article 93 ne s'appliquent pas au Québec.

Commentaire

L'article 93A a été ajouté en 1997 avec l'accord de la Chambre des communes, du Sénat et de l'Assemblée nationale du Québec (conformément à la procédure établie par l'article 43 de la *Loi constitutionnelle de 1982*) puisque le Québec a abandonné le système d'éducation confessionnel en faveur d'un système fondé sur la langue d'enseignement[93].

UNIFORMITÉ DES LOIS DANS ONTARIO, LA NOUVELLE-ÉCOSSE ET LE NOUVEAU-BRUNSWICK

Uniformité des lois dans trois provinces

94. Nonobstant toute disposition contraire énoncée dans la présente loi, — le parlement du Canada pourra adopter des mesures à l'effet de pourvoir à l'uniformité de toutes les lois ou de parties des lois relatives à la propriété et aux droits civils dans Ontario, la Nouvelle-Écosse et le Nouveau-Brunswick, et de la procédure dans tous les tribunaux ou aucun des tribunaux de ces trois provinces; et depuis et après la passation de toute loi à cet effet, le pouvoir du parlement du Canada de décréter des lois relatives aux sujets énoncés dans telles lois, sera illimité, nonobstant toute chose au contraire dans la présente loi; mais toute loi du parlement du Canada pourvoyant à cette uniformité n'aura d'effet dans une province qu'après avoir été adoptée et décrétée par la législature de cette province.

Commentaire

À l'origine, les Pères de la Confédération avaient envisagé la possibilité que soit établi, au moment opportun, un corpus de règles communes en matière de droit privé dans l'ensemble des provinces de common law (à l'exclusion du Québec, dont le droit privé se fonde sur la tradition civiliste). Bien que cette possibilité ne se soit pas concrétisée, un organisme indépendant, nommé la « Conférence pour l'harmonisation des lois au Canada », a été fondé en 1918 pour promouvoir l'harmonisation des lois provinciales, territoriales et fédérales dans divers domaines.

PENSIONS DE VIEILLESSE

Législation concernant les pensions de vieillesse et les prestations additionnelles

94A. Le Parlement du Canada peut légiférer sur les pensions de vieillesse et prestations additionnelles, y compris des prestations aux survivants et aux invalides sans égard à leur âge, mais aucune loi ainsi édictée ne doit porter atteinte à l'application de quelque loi présente ou future d'une législature provinciale en ces matières.

Commentaire

L'article 94A a été ajouté en 1964[94]. Une disposition antérieure, adoptée en 1951, donnait au Parlement fédéral l'autorité d'adopter des lois « relatives aux pensions de vieillesse »[95]. L'article 94A élargit la compétence fédérale. Il s'agit de la seule zone de compétence concurrente (où tant le Parlement fédéral que les législatures provinciales peuvent adopter des lois) dans laquelle les lois provinciales ont priorité sur les lois fédérales. Le Québec est la seule province ayant adopté son propre régime législatif sur les pensions de vieillesse[96].

AGRICULTURE ET IMMIGRATION

Pouvoir concurrent de décréter des lois au sujet de l'agriculture, etc.

95.   Dans chaque province, la législature pourra faire des lois relatives à l'agriculture et à l'immigration dans cette province; et il est par la présente déclaré que le parlement du Canada pourra de temps à

autre faire des lois relatives à l'agriculture et à l'immigration dans toutes les provinces ou aucune d'elles en particulier; et toute loi de la législature d'une province relative à l'agriculture ou à l'immigration n'y aura d'effet qu'aussi longtemps et que tant qu'elle ne sera incompatible avec aucune des lois du parlement du Canada.

Commentaire

L'article 95 confère une compétence concurrente (c'est-à-dire une compétence partagée entre le Parlement fédéral et les législatures provinciales) d'adopter des lois relatives à l'agriculture et à l'immigration. Il précise cependant que la loi fédérale aura priorité sur la loi provinciale en cas de conflit.

La première loi fédérale en matière d'immigration fut adoptée en 1869 tandis que la plus récente mouture date de 2001[97]. Pour sa part, le Québec a adopté une première loi sur l'immigration en 1968; il fut, pendant longtemps, la seule province à légiférer en la matière[98]. Ce n'est qu'en 2015 qu'une deuxième province, l'Ontario, a adopté une loi sur l'immigration[99]. Le gouvernement fédéral a, enfin, conclu des accords en matière d'immigration avec l'ensemble des provinces et territoires à l'exception du Nunavut.

VII. JUDICATURE

Commentaire

La Partie VII de la *Loi constitutionnelle de 1867* est plus importante que son texte ne le laisse entendre. La Cour suprême du Canada l'a interprétée de manière à protéger la séparation des pouvoirs et la primauté du droit en mettant la « compétence fondamentale » et l'« indépendance » des « cours supérieures » à l'abri de toute ingérence potentielle des branches exécutive et législative[100].

Nomination des juges

96. Le gouverneur-général nommera les juges des cours supérieures, de district et de comté dans chaque province, sauf ceux des cours de vérification dans la Nouvelle-Écosse et le Nouveau-Brunswick.

Commentaire

Les juges nommés aux termes de cette disposition sont connus comme des « juges nommés en vertu de l'article 96 » ou des « juges de cours supérieures ». Ils sont nommés par le gouverneur général en conseil. La Cour suprême du Canada a interprété l'article 96 de manière à protéger la « compétence fondamentale » des « cours supérieures » telle qu'elle existait en 1867[101]. Cela empêche le Parlement fédéral et les législatures provinciales d'adopter des lois qui portent atteinte aux « pouvoirs qui sont essentiels à l'administration de la justice et au maintien de la primauté du droit »[102].

Choix des juges dans Ontario, etc.

97. Jusqu'à ce que les lois relatives à la propriété et aux droits civils dans Ontario, la Nouvelle-Écosse et le Nouveau-Brunswick, et à la procédure dans les cours de ces provinces, soient rendues uniformes, les juges des cours de ces provinces qui seront nommés par le gouverneur-général devront être choisis parmi les membres des barreaux respectifs de ces provinces.

Commentaire

Les juges des cours supérieures doivent être choisis parmi les avocats membres du barreau de la province dans laquelle ils seront juges. Cette condition territoriale serait devenue caduque si les règles de droit privé avaient été uniformisées dans l'ensemble des provinces de common law, tel que l'avaient envisagé, à l'origine, les Pères de la Confédération (voir, à cet égard, l'article 94)[103].

Choix des juges dans Québec

98. Les juges des cours de Québec seront choisis parmi les membres du barreau de cette province.

Commentaire

Le fait que seuls des avocats québécois puissent être nommés juges au Québec s'explique notamment par le fait que le système de droit privé québécois est fondé sur la tradition civiliste plutôt que celle de common law en vigueur dans les autres provinces.

Durée des fonctions des juges

99.   (1) Sous réserve du paragraphe (2) du présent article, les juges des cours supérieures resteront en fonction durant bonne conduite, mais ils pourront être révoqués par le gouverneur-général sur une adresse du Sénat et de la Chambre des Communes.

Cessation des fonctions à l'âge de 75 ans

(2) Un juge d'une cour supérieure, nommé avant ou après l'entrée en vigueur du présent article, cessera d'occuper sa charge lorsqu'il aura atteint l'âge de soixante-quinze ans, ou à l'entrée en vigueur du présent article si, à cette époque, il a déjà atteint ledit âge.

Commentaire

Le paragraphe 99(1) établit le principe de l'inamovibilité des juges (c'est-à-dire leur sécurité d'emploi) qui, avec le principe de la sécurité financière et celui de l'autonomie institutionnelle, est essentiel au maintien de l'indépendance judiciaire[104].

Avant le 1er mars 1961, les juges des cours supérieures étaient nommés pour la vie; ils occupent maintenant leur poste jusqu'à l'âge de 75 ans[105].

Les juges peuvent seulement être démis de leurs fonctions par le gouverneur général à la suite d'une décision en ce sens de la Chambre des communes et du Sénat. En pratique, cela requiert une demande adressée aux deux chambres du Parlement par le ministre de la Justice. Chacune des chambres doit voter en faveur de la destitution du juge pour que le gouverneur général puisse le démettre de ses fonctions.

En 1971, le Parlement a créé le « Conseil canadien de la magistrature », dont le mandat consiste à faire enquête sur les plaintes portées contre les juges nommés par le gouverneur général et à présenter des recommandations au ministre de la Justice sur les sanctions devant être imposées[106]. Le Conseil a recommandé la destitution de certains juges par le passé. Toutefois, aucun juge n'a été démis de ses fonctions en application du paragraphe 99(1). Les juges visés ont démissionné avant que la Chambre des communes et le Sénat ne soient saisis de leur cas (comme l'a fait le juge Robin Camp en 2017, après que le Conseil ait recommandé sa destitution en raison des propos inappropriés qu'il a tenus lors d'un procès pour agression sexuelle).

Salaires, etc. des juges

100. Les salaires, allocations et pensions des juges des cours supérieures, de district et de comté (sauf les cours de vérification dans la Nouvelle-Écosse et le Nouveau-Brunswick) et des cours de l'Amirauté, lorsque les juges de ces dernières sont alors salariés, seront fixés et payés par le parlement du Canada.

Commentaire

Le gouvernement fédéral paie le salaire des juges nommés par le gouverneur général. En 2018, conformément à la *Loi sur les juges*, le salaire d'un juge d'une cour supérieure provinciale variait de 314 100 $, pour un juge puîné (c'est-à-dire un juge qui n'est pas un juge en chef ou un juge en chef adjoint), à 344 400 $, pour un juge en chef ou un juge en chef adjoint[107].

Cour générale d'appel, etc.

101. Le parlement du Canada pourra, nonobstant toute disposition contraire énoncée dans la présente loi, lorsque l'occasion le requerra, adopter des mesures à l'effet de créer, maintenir et organiser une cour générale d'appel pour le Canada, et établir des tribunaux additionnels pour la meilleure administration des lois du Canada.

Commentaire

En vertu des pouvoirs conférés par l'article 101, en 1875, le Parlement fédéral a créé la Cour suprême du Canada[108] et la Cour de l'échiquier, qui est devenue la Cour fédérale du Canada en 1971. En 2003, la Cour fédérale a été scindée en deux : la Cour fédérale et la Cour d'appel fédérale[109]. Le Parlement a également créé la Cour d'appel de la Cour martiale[110], en 1959, et la Cour canadienne de l'impôt[111], en 1983.

En 2018, le salaire annuel variait entre 314 100 $ pour un juge de première instance ou d'appel, à 344 400 $ pour juge en chef ou juge en chef adjoint, au niveau de la Cour fédérale, de la Cour d'appel fédérale et de la Cour canadienne de l'impôt[112]. Pour sa part, le salaire annuel des juges de la Cour suprême du Canada varie entre 373 900 $, pour un juge puîné, et 403 800 $, pour le juge en chef[113].

En 2014, la Cour suprême a affirmé que ses « caractéristiques essentielles », en tant que tribunal de dernière instance, avaient été enchâssées dans la Constitution et ne pouvaient pas être modifiées unilatéralement par le Parlement fédéral[114]. En effet, les « caractéristiques essentielles » de la Cour suprême peuvent seulement être modifiées avec le consentement unanime de la Chambre des communes, du Sénat et des assemblées législatives provinciales (voir les alinéas 41c) et d) de la *Loi constitutionnelle de 1982*).

VIII. REVENUS; DETTES; ACTIFS; TAXE

Création d'un fonds consolidé de revenu

102. Tous les droits et revenus que les législatures respectives du Canada, de la Nouvelle-Écosse et du Nouveau-Brunswick, avant et à l'époque de l'union, avaient le pouvoir d'approprier, — sauf ceux réservés par la présente loi aux législatures respectives des provinces, ou qui seront perçus par elles conformément aux pouvoirs spéciaux qui leur sont conférés par la présente loi, — formeront un fonds consolidé de revenu pour être approprié au service public du Canada de la manière et soumis aux charges prévues par la présente loi.

Commentaire

Le fonds consolidé de revenu du Canada est un fonds général dans lequel l'ensemble des taxes, des impôts et des autres revenus sont déposés. Il s'agit également du fonds à partir duquel l'ensemble des dépenses publiques sont payées.

Frais de perception, etc.

103. Le fonds consolidé de revenu du Canada sera permanemment grevé des frais, charges et dépenses encourus pour le percevoir, administrer et recouvrer, lesquels constitueront la première charge sur ce fonds et pourront être soumis à telles révision et audition qui seront ordonnées par le gouverneur-général en conseil jusqu'à ce que le parlement y pourvoie autrement.

Intérêt des dettes publiques provinciales

104. L'intérêt annuel des dettes publiques des différentes provinces du Canada, de la Nouvelle-Écosse et du Nouveau-Brunswick, lors de l'union, constituera la seconde charge sur le fonds consolidé de revenu du Canada.

Commentaire

Au moment de l'entrée en vigueur de la *Loi constitutionnelle de 1867*, le gouvernement fédéral a pris en charge la dette des quatre provinces fondatrices (voir l'article 111). L'article 104 impose au gouvernement fédéral l'obligation de payer l'intérêt sur ces dettes publiques.

Traitement du gouverneur-général

105. Jusqu'à modification par le parlement du Canada, le salaire du gouverneur-général sera de dix mille louis, cours sterling du Royaume-Uni de la Grande-Bretagne et d'Irlande; cette somme sera acquittée sur le fonds consolidé de revenu du Canada et constituera la troisième charge sur ce fonds.

Commentaire

Le salaire du gouverneur général est maintenant régi par la *Loi sur le gouverneur général*[115]. En 2017, le salaire annuel du gouverneur général était de 290 600 $. Jusqu'en 2013, le salaire du gouverneur général était exempt d'impôt.

Emploi du fonds consolidé

106. Sujet aux différents paiements dont est grevé par la présente loi le fonds consolidé de revenu du Canada, ce fonds sera approprié par le parlement du Canada au service public.

Commentaire

L'article 106 confère au Parlement fédéral le pouvoir d'autoriser des dépenses du fonds consolidé de revenu du Canada pour le « service public » (après les charges prévues aux articles 103 à 105). Dans ce contexte, le terme « service public » ne fait pas référence à la Fonction publique du Canada; il fait plutôt référence à toute dépense faite pour le bénéfice du Canada et de ses citoyens[116]. Tous les paiements faits à partir du fonds consolidé de revenu du Canada doivent faire l'objet d'une approbation préalable par le Parlement. Depuis 1878, un vérificateur général indépendant (le « vérificateur général du Canada ») surveille la manière dont le gouvernement dépense les fonds publics et fait rapport au Parlement.

Transfert des valeurs, etc.

107. Tous les fonds, argent en caisse, balances entre les mains des banquiers et valeurs appartenant à chaque province à l'époque de l'union, sauf les exceptions énoncées à la présente loi, deviendront la propriété du Canada et seront déduits du montant des dettes respectives des provinces lors de l'union.

Commentaire

Tel que prévu à l'article 111, le gouvernement fédéral a pris en charge les dettes des provinces lors de l'entrée en vigueur de la *Loi constitutionnelle de 1867*. En retour, il a également obtenu l'ensemble des actifs identifiés à l'article 107 afin de réduire la dette ainsi prise en charge.

Transfert des propriétés énumérées dans l'annexe

108. Les travaux et propriétés publics de chaque province, énumérés dans la troisième annexe de la présente loi, appartiendront au Canada.

Commentaire

Les actifs identifiés dans la troisième annexe ont été transférés au gouvernement fédéral lors de l'entrée en vigueur de la *Loi constitutionnelle de 1867*.

Propriété des terres, mines, etc.

109. Toutes les terres, mines, minéraux et réserves royales appartenant aux différentes provinces du Canada, de la Nouvelle-Écosse et du Nouveau-Brunswick lors de l'union, et toutes les sommes d'argent alors dues ou payables pour ces terres, mines, minéraux

et réserves royales, appartiendront aux différentes provinces d'Ontario, Québec, la Nouvelle-Écosse et le Nouveau-Brunswick, dans lesquelles ils sont sis et situés, ou exigibles, restant toujours soumis aux charges dont ils sont grevés, ainsi qu'à tous intérêts autres que ceux que peut y avoir la province.

Commentaire

L'article 109 permet aux quatre provinces fondatrices de garder le contrôle sur leurs ressources naturelles à la suite de l'entrée en vigueur de la *Loi constitutionnelle de 1867*. Le même droit fut conféré à la Colombie-Britannique, à l'Île-du-Prince-Édouard et à Terre-Neuve lorsque ces provinces se sont jointes à la fédération canadienne. En comparaison, lorsque les provinces de l'Alberta, du Manitoba et de la Saskatchewan furent créées, le gouvernement fédéral a conservé la propriété de leurs ressources naturelles, et ce, jusqu'à ce qu'une modification constitutionnelle soit apportée en 1930[117].

Actif et dettes provinciales

110. La totalité de l'actif inhérent aux portions de la dette publique assumées par chaque province, appartiendra à cette province.

Commentaire

Les provinces ont pu conserver la propriété de certains actifs à la suite de l'entrée en vigueur de la *Loi constitutionnelle de 1867*. L'article 110 dispose que les provinces conservent la propriété des actifs dont elles assument la dette.

Responsabilité des dettes provinciales

111. Le Canada sera responsable des dettes et obligations de chaque province existantes lors de l'union.

Commentaire

Le gouvernement fédéral a pris en charge l'ensemble des dettes et des obligations des provinces telles qu'elles existaient à la naissance de la fédération canadienne.

Responsabilité des dettes d'Ontario et Québec

112. Les provinces d'Ontario et Québec seront conjointement responsables envers le Canada de l'excédent (s'il en est) de la dette de la
province du Canada, si, lors de l'union, elle dépasse soixante-deux
millions cinq cent mille piastres, et tenues au paiement de l'intérêt
de cet excédent au taux de cinq pour cent par année.

Commentaire

La responsabilité du gouvernement fédéral pour les dettes de l'Ontario
et du Québec fut limitée à 62 500 000 $, ce qui représentait environ
25 $ par personne[118]. L'Ontario et le Québec devaient rembourser au
gouvernement fédéral tout montant excédant cette limite et lui payer
un taux d'intérêt de 5 % par année.

Actif d'Ontario et Québec

113. L'actif énuméré dans la quatrième annexe de la présente loi, appartenant, lors de l'union, à la province du Canada, sera la propriété d'Ontario et Québec conjointement.

Commentaire

La quatrième annexe identifie les actifs devant demeurer la propriété
des nouvelles provinces de l'Ontario et du Québec. Ces deux
provinces devaient se diviser ces actifs, ce qu'elles ont fait par voie
d'accords et d'arbitrage conformément à l'article 142[119].

Dette de la Nouvelle-Écosse

114. La Nouvelle-Écosse sera responsable envers le Canada de l'excédent (s'il en est) de sa dette publique si, lors de l'union, elle dépasse
huit millions de piastres, et tenue au paiement de l'intérêt de cet
excédent au taux de cinq pour cent par année.

Commentaire

La responsabilité du gouvernement fédéral pour les dettes de la
Nouvelle-Écosse fut limitée à 8 000 000 $, ce qui représentait
environ 25 $ par personne[120]. Cette dernière devait rembourser au

gouvernement fédéral tout montant excédant cette limite et lui payer un taux d'intérêt de 5 % par année. Il existe maintenant une loi, la *Loi sur les subventions aux provinces*[121], régissant les obligations de la Nouvelle-Écosse et des autres provinces.

Dette du Nouveau-Brunswick

115. Le Nouveau-Brunswick sera responsable envers le Canada de l'excédent (s'il en est) de sa dette publique, si lors de l'union, elle dépasse sept millions de piastres, et tenu au paiement de l'intérêt de cet excédent au taux de cinq pour cent par année.

Commentaire

La responsabilité du gouvernement fédéral pour les dettes du Nouveau-Brunswick fut limitée à 7 000 000 $, ce qui représentait environ 25 $ par personne[122]. Ce dernier devait rembourser au gouvernement fédéral tout montant excédant cette limite et lui payer un taux d'intérêt de 5 % par année. La *Loi sur les subventions aux provinces* régit maintenant les obligations du Nouveau-Brunswick et des autres provinces.

Paiement d'intérêt à la Nouvelle-Écosse et au Nouveau-Brunswick

116. Dans le cas où, lors de l'union, les dettes publiques de la Nouvelle-Écosse et du Nouveau-Brunswick seraient respectivement moindres que huit millions et sept millions de piastres, ces provinces auront droit de recevoir, chacune, du gouvernement du Canada, en paiements semi-annuels et d'avance, l'intérêt au taux de cinq pour cent par année sur la différence qui existera entre le chiffre réel de leurs dettes respectives et le montant ainsi arrêté.

Commentaire

L'article 116 conférait à la Nouvelle-Écosse et au Nouveau-Brunswick le droit de recevoir un paiement compensatoire du gouvernement fédéral si leurs dettes étaient inférieures à la limite fixée (c'est-à-dire 8 000 000 $ pour la première et 7 000 000 $ pour la seconde). Le montant à payer représentait un intérêt au taux de 5 % par année sur la différence entre la limite fixée et le montant de la dette réelle de ces provinces. Cette question est maintenant régie par la *Loi sur les subventions aux provinces.*

Propriétés publiques provinciales

117. Les diverses provinces conserveront respectivement toutes leurs propriétés publiques dont il n'est pas autrement disposé dans la présente loi, — sujettes au droit du Canada de prendre les terres ou les propriétés publiques dont il aura besoin pour les fortifications ou la défense du pays.

Commentaire

Les provinces ont conservé tous les actifs qu'elles possédaient lors de l'entrée en vigueur de la *Loi constitutionnelle de 1867* qui n'avaient pas été explicitement transférés au gouvernement fédéral. L'article 117 donne également au gouvernement fédéral un droit limité de prendre toutes les terres ou propriétés publiques requises pour la défense de l'État canadien.

118. Abrogé.

Commentaire

L'article 118 prévoyait que le gouvernement fédéral ferait des paiements annuels à chacune des provinces. Il fut abrogé et remplacé en 1907. Aujourd'hui, les paiements faits par le gouvernement fédéral aux provinces sont régis par des lois fédérales[123] (voir également l'article 36 de la *Loi constitutionnelle de 1982* qui traite de la péréquation).

Subvention additionnelle au Nouveau-Brunswick

119. Le Nouveau-Brunswick recevra du Canada, en paiements semi-annuels et d'avance, durant une période de dix ans à compter de l'union, une subvention supplémentaire de soixante-trois mille piastres par année; mais tant que la dette publique de cette province restera au dessous de sept millions de piastres, il sera déduit sur cette somme de soixante-trois mille piastres, un montant égal à l'intérêt à cinq pour cent par année sur telle différence.

Commentaire

Comme les obligations découlant de l'article 119 ont été respectées, ce dernier est maintenant « périmé » d'un point de vue constitutionnel.

Forme des paiements

120. Tous les paiements prescrits par la présente loi, ou destinés à éteindre les obligations contractées en vertu d'une loi des provinces du Canada, de la Nouvelle-Écosse et du Nouveau-Brunswick respectivement et assumés par le Canada, seront faits, jusqu'à ce que le parlement du Canada l'ordonne autrement, en la forme et manière que le gouverneur-général en conseil pourra prescrire de temps à autre.

Manufactures canadiennes, etc.

121. Tous articles du crû, de la provenance ou manufacture d'aucune des provinces seront, à dater de l'union, admis en franchise dans chacune des autres provinces.

Commentaire

L'article 121 avait pour but de faciliter une libre circulation des biens entre les provinces; toutefois, il fut interprété de manière beaucoup plus restrictive que des dispositions similaires dans d'autres systèmes juridiques (comme c'est le cas, par exemple, au sein de l'Union européenne[124]). Par exemple, dans l'arrêt *R. c. Comeau*[125], la Cour suprême a confirmé la validité d'une loi du Nouveau-Brunswick qui interdisait l'importation de boissons alcooliques d'une autre province au-delà d'une certaine limite, préservant ainsi le monopole de la Société des alcools du Nouveau-Brunswick. Selon la Cour suprême, bien que la loi ait accessoirement pour « effet » d'entraver la circulation des biens d'une province à l'autre, elle n'était pas pour autant invalide puisque son « objet » principal ne visait pas à entraver la circulation des biens; il visait plutôt à limiter l'accès aux boissons alcooliques obtenues de sources autres que la Société des alcools du Nouveau-Brunswick. Autrement dit, la loi visait principalement à permettre la supervision étatique de la production, de la circulation, de la vente et de l'utilisation de boissons alcooliques dans la province. À la lumière de l'arrêt *Comeau*, il est clair que l'article 121 n'établit pas un régime complet de libre circulation des biens au Canada.

Continuation des lois de douane et d'accise

122. Les lois de douane et d'accise de chaque province demeureront en force, sujettes aux dispositions de la présente loi, jusqu'à ce qu'elles soient modifiées par le parlement du Canada.

Commentaire

L'article 122 est maintenant « périmé » d'un point de vue constitutionnel puisque le Parlement fédéral a adopté un cadre législatif régissant les douanes et la taxe d'accise[126].

Exportation et importation entre deux provinces

123. Dans le cas où des droits de douane seraient, à l'époque de l'union, imposables sur des articles, denrées ou marchandises, dans deux provinces, ces articles, denrées ou marchandises pourront, après l'union, être importés de l'une de ces deux provinces dans l'autre, sur preuve du paiement des droits de douane dont ils sont frappés dans la province d'où ils sont exportés, et sur paiement de tout surplus de droits de douane (s'il en est) dont ils peuvent être frappés dans la province où ils sont importés.

Commentaire

L'article 123 est maintenant « périmé » d'un point de vue constitutionnel.

Impôts sur les bois au Nouveau-Brunswick

124. Rien dans la présente loi ne préjudiciera au privilège garanti au Nouveau-Brunswick de prélever sur les bois de construction les droits établis par le chapitre quinze du titre trois des statuts revisés du Nouveau-Brunswick, ou par toute loi l'amendant avant ou après l'union, mais n'augmentant pas le chiffre de ces droits; et les bois de construction des provinces autres que le Nouveau-Brunswick ne seront pas passibles de ces droits.

Commentaire

L'article 124 est maintenant « périmé » d'un point de vue constitutionnel puisque les dispositions législatives auxquelles il fait référence ont depuis été abrogées[127].

Terres publiques, etc., exemptées des taxes

125. Nulle terre ou propriété appartenant au Canada ou à aucune province en particulier ne sera sujette à la taxation.

Commentaire

L'article 125 empêche un gouvernement (fédéral ou provincial) de taxer les terres et propriétés appartenant à un autre ordre de gouvernement (fédéral ou provincial).

Fonds consolidé du revenu provincial

126. Les droits et revenus que les législatures respectives du Canada, de la Nouvelle-Écosse et du Nouveau-Brunswick avaient, avant l'union, le pouvoir d'approprier, et qui sont, par la présente loi, réservés aux gouvernements ou législatures des provinces respectives, et tous les droits et revenus perçus par elles conformément aux pouvoirs spéciaux qui leur sont conférés par la présente loi, formeront dans chaque province un fonds consolidé de revenu qui sera approprié au service public de la province.

Commentaire

Tout comme le gouvernement fédéral, chaque gouvernement provincial est titulaire d'un fonds consolidé de revenu.

IX. DISPOSITIONS DIVERSES

DISPOSITIONS GÉNÉRALES

127. Abrogé.

Serment d'allégeance, etc.

128. Les membres du Sénat ou de la Chambre des Communes du Canada devront, avant d'entrer dans l'exercice de leurs fonctions, prêter et souscrire, devant le gouverneur-général ou quelque personne à ce par lui autorisée, — et pareillement, les membres du conseil législatif ou de l'assemblée législative d'une province devront, avant d'entrer dans l'exercice de leurs fonctions, prêter et souscrire, devant le lieutenant-gouverneur de la province ou

quelque personne à ce par lui autorisée, — le serment d'allégeance énoncé dans la cinquième annexe de la présente loi; et les membres du Sénat du Canada et du conseil législatif de Québec devront aussi, avant d'entrer dans l'exercice de leurs fonctions, prêter et souscrire, devant le gouverneur-général ou quelque personne à ce par lui autorisée, la déclaration des qualifications énoncée dans la même annexe.

Commentaire

Le serment d'allégeance se lit comme suit : « Je [...] jure que je serai fidèle et porterai vraie allégeance à Sa Majesté la Reine Elizabeth II ». Le texte du serment d'allégeance et de la déclaration des qualifications exigées est reproduit à la cinquième annexe.

Les lois, tribunaux et fonctionnaires actuels continueront d'exister, etc.

129. Sauf toute disposition contraire prescrite par la présente loi, — toutes les lois en force en Canada, dans la Nouvelle-Écosse ou le Nouveau-Brunswick, lors de l'union, — tous les tribunaux de juridiction civile et criminelle, — toutes les commissions, pouvoirs et autorités ayant force légale, — et tous les officiers judiciaires, administratifs et ministériels, en existence dans ces provinces à l'époque de l'union, continueront d'exister dans les provinces d'Ontario, de Québec, de la Nouvelle-Écosse et du Nouveau-Brunswick respectivement, comme si l'union n'avait pas eu lieu; mais ils pourront, néanmoins (sauf les cas prévus par des lois du parlement de la Grande-Bretagne ou du parlement du Royaume-Uni de la Grande-Bretagne et d'Irlande), être révoqués, abolis ou modifiés par le parlement du Canada, ou par la législature de la province respective, conformément à l'autorité du parlement ou de cette législature en vertu de la présente loi.

Commentaire

L'article 129 assure la continuité des lois et des tribunaux qui existaient avant la naissance de la fédération canadienne. L'adoption par le Parlement britannique du *Statut de Westminster de 1931* a mis fin à l'interdiction de modifier ou d'abroger des lois impériales britanniques, sauf pour certains documents de nature constitutionnelle. Le processus de modification constitutionnelle est maintenant régi par la Partie V de la *Loi constitutionnelle de 1982*.

Fonctionnaires transférés au service du Canada

130. Jusqu'à ce que le parlement du Canada en ordonne autrement, — tous les officiers des diverses provinces ayant à remplir des devoirs relatifs à des matières autres que celles tombant dans les catégories de sujets assignés exclusivement par la présente loi aux législatures des provinces, seront officiers du Canada et continueront à remplir les devoirs de leurs charges respectives sous les mêmes obligations et pénalités que si l'union n'avait pas eu lieu.

Commentaire

L'article 130 est maintenant « périmé » d'un point de vue constitutionnel.

Nomination des nouveaux officiers

131. Jusqu'à ce que le parlement du Canada en ordonne autrement, — le gouverneur-général en conseil pourra de temps à autre nommer les officiers qu'il croira nécessaires ou utiles à l'exécution efficace de la présente loi.

Commentaire

L'article 131 permet au gouverneur général en conseil d'effectuer les nominations requises pour la mise en œuvre de la *Loi constitutionnelle de 1867*. Il confère donc l'autorité constitutionnelle pour la création de ministères et la nomination d'officiers publics[128]. Ces questions sont maintenant régies par diverses lois fédérales[129].

Obligations naissant des traités

132. Le parlement et le gouvernement du Canada auront tous les pouvoirs nécessaires pour remplir envers les pays étrangers, comme portion de l'empire Britannique, les obligations du Canada ou d'aucune de ses provinces, naissant de traités conclus entre l'empire et ces pays étrangers.

Commentaire

L'article 132 confère exclusivement au Parlement fédéral le pouvoir d'adopter les lois requises pour la mise en œuvre des obligations internationales du Canada, en tant que partie de l'Empire britannique. Toutefois, suivant l'adoption du *Statut de Westminster de 1931* et l'accession à l'indépendance du Canada, le gouvernement britannique a cessé d'adopter des traités pour le Canada. Depuis 1931, le pouvoir de conclure des traités pour le Canada relève du gouvernement fédéral. À partir de ce moment, la question s'est posée de savoir si le Parlement fédéral pouvait adopter des lois visant à mettre en œuvre les obligations internationales du Canada qui relèvent tant des champs de compétence fédérale (article 91) que provinciale (article 92). Dans le *Renvoi relatif aux conventions de travail*[130], le Comité judiciaire du Conseil privé a répondu par la négative : le Parlement fédéral peut uniquement mettre en œuvre les obligations internationales du Canada qui relèvent des champs de compétence fédérale. Il revient donc aux législatures provinciales de mettre en œuvre les obligations internationales du Canada qui relèvent des champs de compétence provinciale.

Usage facultatif et obligatoire des langues française et anglaise

133. Dans les chambres du parlement du Canada et les chambres de la législature de Québec, l'usage de la langue française ou de la langue anglaise, dans les débats, sera facultatif; mais dans la rédaction des archives, procès-verbaux et journaux respectifs de ces chambres, l'usage de ces deux langues sera obligatoire; et dans toute plaidoirie ou pièce de procédure par-devant les tribunaux ou émanant des tribunaux du Canada qui seront établis sous l'autorité de la présente loi, et par-devant tous les tribunaux ou émanant des tribunaux de Québec, il pourra être fait également usage, à faculté, de l'une ou de l'autre de ces langues.

Les lois du parlement du Canada et de la législature de Québec devront être imprimées et publiées dans ces deux langues.

Commentaire

L'article 133 prévoit que l'on peut utiliser soit l'anglais, soit le français dans les chambres du Parlement du Canada et à la Législature du

Québec. De plus, il exige que tous les documents écrits de ces institutions soient rédigés dans les deux langues. Il établit également que l'on peut utiliser soit l'anglais, soit le français devant les tribunaux du Canada et du Québec. Enfin, il dispose que les lois du Parlement du Canada et de la Législature du Québec doivent être imprimées et publiées en anglais et en français. Cette exigence s'applique généralement aux textes règlementaires[131]. Une disposition analogue se trouve à l'article 23 de la *Loi de 1870 sur le Manitoba*. Voir également les articles 17 à 19 de la *Charte* qui confirment les droits linguistiques à l'égard du Parlement et des tribunaux fédéraux, et qui étendent ces droits à l'égard de la législature et des tribunaux du Nouveau-Brunswick.

ONTARIO ET QUÉBEC

Nomination des fonctionnaires exécutifs pour Ontario et Québec

134. Jusqu'à ce que la législature d'Ontario ou de Québec en ordonne autrement, — les lieutenants-gouverneurs d'Ontario et de Québec pourront, chacun, nommer sous le grand sceau de la province, les fonctionnaires suivants qui resteront en charge durant bon plaisir, savoir : le procureur-général, le secrétaire et régistraire de la province, le trésorier de la province, le commissaire des terres de la couronne, et le commissaire d'agriculture et des travaux publics, et, — en ce qui concerne Québec, — le solliciteur-général; ils pourront aussi, par ordonnance du lieutenant-gouverneur en conseil, prescrire de temps à autre les attributions de ces fonctionnaires et des divers départements placés sous leur contrôle ou dont ils relèvent, et des officiers et employés y attachés; et ils pourront également nommer d'autres fonctionnaires qui resteront en charge durant bon plaisir, et prescrire, de temps à autre, leurs attributions et celles des divers départements placés sous leur contrôle ou dont ils relèvent, et des officiers et employés y attachés.

Commentaire

L'article 134 est maintenant « périmé » d'un point de vue constitutionnel puisque l'Ontario et le Québec ont adopté des lois régissant cette question[132].

Pouvoirs, devoirs, etc., des fonctionnaires exécutifs

135. Jusqu'à ce que la législature d'Ontario ou de Québec en ordonne autrement, — tous les droits, pouvoirs, devoirs, fonctions, obligations ou attributions conférés ou imposés aux procureur-général, solliciteur-général, secrétaire et régistraire de la province du Canada, ministre des finances, commissaire des terres de la couronne, commissaire des travaux publics, et ministre de l'agriculture et receveur-général, lors de la passation de la présente loi, par toute loi, statut ou ordonnance du Haut-Canada, du Bas-Canada ou du Canada, — n'étant pas d'ailleurs incompatibles avec la présente loi, — seront conférés ou imposés à tout fonctionnaire qui sera nommé par le lieutenant-gouverneur pour l'exécution de ces fonctions ou d'aucune d'elles; le commissaire d'agriculture et des travaux publics remplira les devoirs et les fonctions de ministre d'agriculture prescrits, lors de la passation de la présente loi, par la loi de la province du Canada, ainsi que ceux de commissaire des travaux publics.

Commentaire

Selon le ministère de la Justice du Canada, l'article 135 est « probablement périmé » d'un point de vue constitutionnel[133].

Grands sceaux

136. Jusqu'à modification par le lieutenant-gouverneur en conseil, — les grands sceaux d'Ontario et de Québec respectivement seront les mêmes ou d'après le même modèle que ceux usités dans les provinces du Haut et du Bas-Canada respectivement avant leur union comme province du Canada.

Commentaire

Les grands sceaux de l'Ontario et du Québec servent à officialiser des documents au nom de la Reine, par exemple les documents de nomination des membres du Cabinet et des juges. Ils représentent le pouvoir de la Couronne. Le « grand sceau de l'Ontario » a été créé en 1870 pour remplacer le grand sceau qui était préalablement utilisé[134]. Pour sa part, le Québec a utilisé un grand sceau intérimaire de 1867 à 1869 avant de créer le « grand sceau du Québec » en 1869. Ce dernier a, par la suite, été modifié en 1939 et 1979[135].

Interprétation des lois temporaires

137. Les mots « et de là jusqu'à la fin de la prochaine session de la législature », ou autres mots de la même teneur, employés dans une loi temporaire de la province du Canada non-expirée avant l'union, seront censés signifier la prochaine session du parlement du Canada, si l'objet de la loi tombe dans la catégorie des pouvoirs attribués à ce parlement et définis dans la présente constitution, si non, aux prochaines sessions des législatures d'Ontario et de Québec respectivement, si l'objet de la loi tombe dans la catégorie des pouvoirs attribués à ces législatures et définis dans la présente loi.

Citations erronées

138. Depuis et après l'époque de l'union, l'insertion des mots « Haut-Canada » au lieu « d'Ontario », ou « Bas-Canada » au lieu de « Québec », dans tout acte, bref, procédure, plaidoirie, document, matière ou chose, n'aura pas l'effet de l'invalider.

Commentaire

« Haut-Canada » est l'ancien terme utilisé pour désigner l'Ontario tandis que « Bas-Canada » est l'ancien terme utilisé pour désigner le Québec.

Proclamations ne devant prendre effet qu'après l'union

139. Toute proclamation sous le grand sceau de la province du Canada, lancée antérieurement à l'époque de l'union, pour avoir effet à une date postérieure à l'union, qu'elle ait trait à cette province ou au Haut-Canada ou au Bas-Canada, et les diverses matières et choses y énoncées auront et continueront d'y avoir la même force et le même effet que si l'union n'avait pas eu lieu.

Commentaire

Selon le ministère de la Justice du Canada, l'article 139 est « probablement périmé » d'un point de vue constitutionnel[136].

Proclamations lancées après l'union

140. Toute proclamation dont l'émission sous le grand sceau de la province du Canada est autorisée par quelque loi de la législature de la province du Canada, — qu'elle ait trait à cette province ou au Haut-Canada ou au Bas-Canada, — et qui n'aura pas été lancée avant l'époque de l'union, pourra l'être par le lieutenant-gouverneur d'Ontario ou de Québec (selon le cas), sous le grand sceau de la province; et, à compter de l'émission de cette proclamation, les diverses matières et choses y énoncées auront et continueront d'avoir la même force et le même effet dans Ontario ou Québec que si l'union n'avait pas eu lieu.

Commentaire

Selon le ministère de la Justice du Canada, l'article 140 est « probablement périmé » d'un point de vue constitutionnel[137].

Pénitencier

141. Le pénitencier de la province du Canada, jusqu'à ce que le parlement du Canada en ordonne autrement, sera et continuera d'être le pénitencier d'Ontario et de Québec.

Commentaire

L'article 141 est maintenant « périmé » d'un point de vue constitutionnel puisque le Parlement fédéral a adopté un cadre législatif régissant les pénitenciers[138].

Dettes renvoyées à l'arbitrage

142. Le partage et la répartition des dettes, crédits, obligations, propriétés et de l'actif du Haut et du Bas-Canada seront renvoyés à la décision de trois arbitres, dont l'un sera choisi par le gouvernement d'Ontario, l'un par le gouvernement de Québec, et l'autre par le gouvernement du Canada; le choix des arbitres n'aura lieu qu'après que le parlement du Canada et les législatures d'Ontario et de Québec auront été réunis; l'arbitre choisi par le gouvernement du Canada ne devra être domicilié ni dans Ontario ni dans Québec.

Commentaire

L'article 142 est maintenant « périmé » d'un point de vue constitutionnel.

Partage des archives

143. Le gouverneur-général en conseil pourra de temps à autre ordonner que les archives, livres et documents de la province du Canada qu'il jugera à propos de désigner, soient remis et transférés à Ontario ou à Québec, et ils deviendront dès lors la propriété de cette province; toute copie ou extrait de ces documents, dûment certifiée par l'officier ayant la garde des originaux, sera reçue comme preuve.

Commentaire

Selon le ministère de la Justice du Canada, l'article 143 est « probablement périmé » d'un point de vue constitutionnel[139].

Établissement de townships dans Québec

144. Le lieutenant-gouverneur de Québec pourra, de temps à autre, par proclamation sous le grand sceau de la province devant venir en force au jour y mentionné, établir des townships dans les parties de la province de Québec dans lesquelles il n'en a pas encore été établi, et en fixer les tenants et aboutissants.

X. CHEMIN DE FER INTERCOLONIAL

145. Abrogé.

Commentaire

En vertu de la Partie X, le gouvernement fédéral s'est engagé à débuter la construction d'un chemin de fer reliant le fleuve Saint-Laurent à la ville d'Halifax dans les six mois suivant la naissance de la fédération canadienne.

XI. ADMISSION DES AUTRES COLONIES

Pouvoir d'admettre Terreneuve, etc.

146. Il sera loisible à la Reine, de l'avis du très-honorable Conseil Privé de Sa Majesté, sur la présentation d'adresses de la part des chambres du Parlement du Canada, et des chambres des législatures respectives des colonies ou provinces de Terreneuve, de l'Île du Prince Édouard et de la Colombie Britannique, d'admettre ces colonies ou provinces, ou aucune d'elles dans l'union, — et, sur la présentation d'adresses de la part des chambres du parlement du Canada, d'admettre la Terre de Rupert et le Territoire du Nord-Ouest, ou l'une ou l'autre de ces possessions, dans l'union, aux termes et conditions, dans chaque cas, qui seront exprimés dans les adresses et que la Reine jugera convenable d'approuver, conformément à la présente; les dispositions de tous ordres en conseil rendus à cet égard, auront le même effet que si elles avaient été décrétées par le parlement du Royaume-Uni de la Grande-Bretagne et d'Irlande.

Commentaire

Toutes les provinces et tous les territoires identifiés dans l'article 146 se sont finalement joints à la fédération canadienne : les Territoires du Nord-Ouest en 1870; la Colombie-Britannique en 1871; l'Île-du-Prince-Édouard en 1873; et Terre-Neuve en 1949. Les provinces suivantes ont été créées à partir des Territoires du Nord-Ouest : le Manitoba en 1870; la Saskatchewan en 1905; et l'Alberta en 1905. Pour leur part, les territoires du Yukon et du Nunavut ont respectivement été créés en 1898 et en 1999 à partir des Territoires du Nord-Ouest.

Représentation de Terreneuve et l'Île du Prince-Édouard au Sénat

147. Dans le cas de l'admission de Terreneuve et de l'Île du Prince Édouard, ou de l'une ou de l'autre de ces colonies, chacune aura droit d'être représentée par quatre membres dans le Sénat du Canada; et (nonobstant toute disposition contraire énoncée dans la présente loi) dans le cas de l'admission de Terreneuve, le nombre normal des sénateurs sera de soixante-seize et son maximum

de quatre-vingt-deux; mais lorsque l'Île du Prince Édouard sera admise, elle sera censée comprise dans la troisième des trois divisions en lesquelles le Canada est, relativement à la composition du Sénat, partagé par la présente loi; et, en conséquence, après l'admission de l'Île du Prince Édouard, que Terreneuve soit admise ou non, la représentation de la Nouvelle-Écosse et du Nouveau-Brunswick dans le Sénat, au fur et à mesure que des sièges deviendront vacants, sera réduite de douze à dix membres respectivement; la représentation de chacune de ces provinces ne sera jamais augmentée au delà de dix membres, sauf sous l'autorité des dispositions de la présente loi relatives à la nomination de trois ou six sénateurs supplémentaires en conséquence d'un ordre de la Reine.

Commentaire

L'article 147 est maintenant « périmé » d'un point de vue constitutionnel. La *Loi constitutionnelle de 1915*[140] a ajouté une quatrième division au Sénat contenant les quatre provinces de l'Ouest (la Colombie-Britannique, l'Alberta, la Saskatchewan et le Manitoba). Chacune de ces provinces a reçu six sièges au Sénat. Lorsque l'Île-du-Prince-Édouard s'est jointe à la fédération en 1873, elle a reçu quatre sièges au Sénat et lorsque Terre-Neuve s'est jointe à la fédération en 1949, elle a reçu six sièges.

PREMIÈRE ANNEXE

DISTRICTS ÉLECTORAUX D'ONTARIO

[Non reproduite]

Commentaire

La première annexe est maintenant « périmée » d'un point de vue constitutionnel puisque la Législature de l'Ontario a légiféré sur cette question[141].

DEUXIÈME ANNEXE

DISTRICTS ÉLECTORAUX DE QUÉBEC SPÉCIALEMENT FIXÉS
[Non reproduite]

Commentaire

La deuxième annexe est maintenant « périmée » d'un point de vue constitutionnel puisque la Législature du Québec a légiféré sur cette question[142].

TROISIÈME ANNEXE

TRAVAUX ET PROPRIÉTÉS PUBLIQUES DE LA PROVINCE DEVANT APPARTENIR AU CANADA

1. Canaux, avec les terrains et pouvoirs d'eau y adjacents.
2. Havres publics.
3. Phares et quais, et l'Île de Sable.
4. Bateaux à vapeur, dragueurs et vaisseaux publics.
5. Améliorations sur les lacs et rivières.
6. Chemins de fer et actions dans les chemins de fer, hypothèques et autres dettes dues par les compagnies de chemins de fer.
7. Routes militaires.
8. Maisons de douane, bureaux de poste, et tous autres édifices publics, sauf ceux que le gouvernement du Canada destine à l'usage des législatures et des gouvernements provinciaux.
9. Propriétés transférées par le gouvernement impérial, et désignées sous le nom de propriétés de l'artillerie.
10. Arsenaux, salles d'exercice militaires, uniformes, munitions de guerre, et terrains réservés pour les besoins publics et généraux.

Commentaire

Conformément à l'article 108, la propriété des actifs identifiés ci-dessous a été transférée des provinces au gouvernement fédéral lors de l'entrée en vigueur de la *Loi constitutionnelle de 1867*.

QUATRIÈME ANNEXE

ACTIF DEVENANT LA PROPRIÉTÉ COMMUNE D'ONTARIO ET QUÉBEC

Fonds de bâtisse du Haut-Canada.

Asiles d'aliénés.

École Normale.

Palais de justice à Aylmer, Montréal, Kamouraska, Bas-Canada.

Société des hommes de loi, Haut-Canada.

Commission des chemins à barrières de Montréal.

Fonds permanent de l'université.

Institution royale.

Fonds consolidé d'emprunt municipal, Haut-Canada.

Fonds consolidé d'emprunt municipal, Bas-Canada.

Société d'agriculture, Haut-Canada.

Octroi législatif en faveur du Bas-Canada.

Prêt aux incendiés de Québec.

Compte des avances, Témiscouata.

Commission des chemins à barrières de Québec.

Éducation — Est.

Fonds de bâtisse et de jurés, Bas-Canada.

Fonds des municipalités.

Fonds du revenu de l'éducation supérieure, Bas-Canada.

Commentaire

Conformément à l'article 113, les actifs appartenant conjointement à l'Ontario et au Québec devaient être divisés entre ces provinces. À la suite de l'entrée en vigueur de la *Loi constitutionnelle de 1867*, ces actifs furent ainsi partagés suivant les accords intervenus entre les parties, des sentences arbitrales et des décisions judiciaires[143].

CINQUIÈME ANNEXE

SERMENT D'ALLÉGEANCE

Je, *A.B.*, jure que je serai fidèle et porterai vraie allégeance à Sa Majesté la Reine Victoria.

N.B. — Le nom du Roi ou de la Reine du Royaume-Uni de la Grande-Bretagne et d'Irlande, alors régnant, devra être inséré, au besoin, en termes appropriés.

DÉCLARATION DES QUALIFICATIONS EXIGÉES

Je, *A.B.*, déclare et atteste que j'ai les qualifications exigées par la loi pour être nommé membre du Sénat du Canada (*ou selon le cas*), et que je possède en droit ou en équité comme propriétaire, pour mon propre usage et bénéfice, des terres et tenements en franc et commun socage [*ou* que je suis en bonne saisine ou possession, pour mon propre usage et bénéfice, de terres et tenements en franc-alleu ou en roture (*selon le cas*),] dans la province de la Nouvelle-Écosse (*ou selon le cas*), de la valeur de quatre mille piastres, en sus de toutes rentes, dettes, charges, hypothèques et redevances qui peuvent être attachées, dues et payables sur ces immeubles ou auxquelles ils peuvent être affectés, et que je n'ai pas collusoirement ou spécieusement obtenu le titre ou la possession de ces immeubles, en tout ou en partie, dans le but de devenir membre du Sénat du Canada, (*ou selon le cas,*) et que mes biens mobiliers et immobiliers valent, somme toute, quatre mille piastres en sus de mes dettes et obligations.

SIXIÈME ANNEXE

PRODUCTION PRIMAIRE TIRÉE DES RESSOURCES NATURELLES NON RENOUVELABLES ET DES RESSOURCES FORESTIÈRES

1.   Pour l'application de l'article 92A :

    a)   on entend par production primaire tirée d'une ressource naturelle non renouvelable :

        (i)   soit le produit qui se présente sous la même forme que lors de son extraction du milieu naturel,

        (ii)   soit le produit non manufacturé de la transformation, du raffinage ou de l'affinage d'une ressource, à l'exception du produit du raffinage du pétrole brut, du raffinage du pétrole brut lourd amélioré, du raffinage des gaz ou des liquides dérivés du charbon ou du raffinage d'un équivalent synthétique du pétrole brut;

    b)   on entend par production primaire tirée d'une ressource forestière la production constituée de billots, de poteaux, de bois d'œuvre, de copeaux, de sciure ou d'autre produit primaire du bois, ou de pâte de bois, à l'exception d'un produit manufacturé en bois.

LOI CONSTITUTIONNELLE DE 1982

PARTIE I

CHARTE CANADIENNE DES DROITS ET LIBERTÉS

Attendu que le Canada est fondé sur des principes qui reconnaissent la suprématie de Dieu et la primauté du droit :

Commentaire

Bien que les préambules ne soient pas juridiquement contraignants, ils peuvent servir à guider l'interprétation des lois. Contrairement au préambule de la *Loi constitutionnelle de 1867*, le préambule de la *Charte canadienne des droits et libertés* n'a guère reçu d'attention. Il s'agit d'un ajout tardif et controversé à la *Charte*[144]. Le préambule a été cité par la Cour suprême du Canada pour étayer l'existence de la « primauté du droit » en tant que postulat fondamental de la structure constitutionnelle canadienne[145]. Pour sa part, la référence à la « suprématie de Dieu », qui a été ajoutée au préambule en raison des pressions exercées par certains groupes religieux, a largement été ignorée[146].

GARANTIE DES DROITS ET LIBERTÉS

Droits et libertés au Canada

1.   La *Charte canadienne des droits et libertés* garantit les droits et libertés qui y sont énoncés. Ils ne peuvent être restreints que par une règle de droit, dans des limites qui soient raisonnables et dont la justification puisse se démontrer dans le cadre d'une société libre et démocratique.

Commentaire

L'article premier est connu sous le nom de « clause limitative ». Il établit le principe selon lequel les droits et libertés garantis par la *Charte* ne sont pas absolus; ils sont plutôt sujets à des « limites raisonnables » dont la portée est ultimement établie par les tribunaux. Le fardeau de justifier la validité d'une « règle de droit » qui limite un droit ou une liberté garanti par la *Charte* repose sur l'État. La Cour suprême du Canada a établi un critère particulièrement exigeant dans l'arrêt *R. c. Oakes*[147] pour déterminer si la limite imposée est raisonnable et justifiée dans une société libre et démocratique. Ce dernier exige l'examen de quatre questions : L'objectif visé par la mesure législative est-il suffisamment important (« objectif urgent et réel ») ? La mesure choisie est-elle nécessaire pour atteindre l'objectif visé (« lien rationnel ») ? Le Parlement (ou la législature) a-t-il choisi la mesure qui porte le moins possible atteinte aux droits et libertés (« atteinte minimale ») ? Les effets positifs de la mesure sont-ils supérieurs à ses effets négatifs (« proportionnalité ») ? Si la réponse à ces quatre questions est positive, la limite imposée à un droit ou une liberté sera jugée constitutionnelle.

LIBERTÉS FONDAMENTALES

Libertés fondamentales

2.   Chacun a les libertés fondamentales suivantes :
  a) liberté de conscience et de religion;
  b) liberté de pensée, de croyance, d'opinion et d'expression, y compris la liberté de la presse et des autres moyens de communication;
  c) liberté de réunion pacifique;
  d) liberté d'association.

Commentaire

Les libertés fondamentales identifiées à l'article 2 de la *Charte* sont analogues à celles que l'on retrouve aux alinéas 1c), 1d), 1e) et 1f) de la *Déclaration canadienne des droits*[148] de 1960, ce qui explique pourquoi elles ont fait consensus au moment de leur adoption[149]. Le terme « chacun » a été interprété de manière large et libérale pour inclure non seulement les personnes physiques, mais également les personnes morales (par exemple, une compagnie)[150].

La « liberté de religion » comprend le droit de croire ce que l'on veut en matière religieuse, de professer et de manifester ouvertement des croyances religieuses, sans crainte de représailles[151]. Pour démontrer l'existence d'une atteinte à sa liberté de religion, une personne doit établir : (1) qu'elle croit sincèrement à une pratique ou à une croyance ayant un lien avec la religion; et (2) que la mesure contestée nuit d'une manière plus que négligeable ou insignifiante à sa capacité de se conformer à cette pratique ou croyance[152].

La « liberté d'expression » est fondamentale dans une société démocratique. Elle protège la communication de pensées, d'opinions et de croyances, et ce, même si elles sont impopulaires, déplaisantes ou contestataires. Autrement dit, elle protège la communication de tout message ayant une signification ou un contenu expressif[153]. Toutefois, l'expression communiquée par la violence ou par la menace de violence n'est pas protégée par la *Charte*[154]. Certaines limites découlent également du lieu dans lequel une personne cherche à s'exprimer[155]. Une mesure législative qui, par son objet ou son effet, restreint la communication d'un contenu expressif sera jugée contraire à l'alinéa 2b). Il reviendra à l'État de justifier une limite à la liberté d'expression (comme l'interdiction de la propagande haineuse) en vertu de l'article premier de la *Charte*[156].

La « liberté de réunion pacifique » protège les assemblées et comprend le droit de participer à des manifestations, des protestations, des défilés, des réunions, des piquets de grève et d'autres rassemblements pacifiques. Elle ne protège toutefois pas les émeutes et les rassemblements qui troublent gravement la paix[157].

La « liberté d'association » comprend : le droit de s'unir à d'autres et de constituer des associations, le droit de s'unir à d'autres pour exercer d'autres droits constitutionnels et le droit de s'unir à d'autres pour faire face, à armes plus égales, à la puissance et à la force d'autres groupes ou entités[158]. Elle comporte, en outre, le droit à la négociation collective et le droit de grève[159]. Enfin, la liberté d'association implique le droit de ne pas s'associer à autrui[160].

DROITS DÉMOCRATIQUES

Droits démocratiques des citoyens

3. Tout citoyen canadien a le droit de vote et est éligible aux élections législatives fédérales ou provinciales.

Commentaire

L'article 3 protège le droit des citoyens de jouer un rôle significatif dans le processus électoral aux niveaux fédéral, provincial et territorial[161].

Selon la Cour suprême du Canada, le droit de vote protège le « droit à une représentation effective »; il ne garantit pas strictement l'égalité du pouvoir électoral de chacun[162]. De plus, il ne garantit pas le droit de participer à des référendums ou aux élections municipales[163]. L'article 3 a notamment été invoqué avec succès pour contester la validité des dispositions qui privaient les juges[164], les détenus[165] et les personnes atteintes d'une « maladie mentale »[166] du droit de vote.

Mandat maximal des assemblées

4. (1) Le mandat maximal de la Chambre des communes et des assemblées législatives est de cinq ans à compter de la date fixée pour le retour des brefs relatifs aux élections générales correspondantes.

Prolongations spéciales

(2) Le mandat de la Chambre des communes ou celui d'une assemblée législative peut être prolongé respectivement par le Parlement ou par la législature en question au-delà de cinq ans en cas de guerre, d'invasion ou d'insurrection, réelles ou appréhendées, pourvu que cette prolongation ne fasse pas l'objet d'une opposition exprimée par les voix de plus du tiers des députés de la Chambre des communes ou de l'assemblée législative.

Commentaire

Une disposition analogue au paragraphe 4(1) de la *Charte* se retrouve à l'article 50 de la *Loi constitutionnelle de 1867*. Au cours de la Première Guerre mondiale, le mandat de la Chambre des communes a été prolongé au-delà de cinq ans. En effet, la durée de la 12e législature s'est étendue du 15 novembre 1911 au 6 octobre 1917.

Séance annuelle

5. Le Parlement et les législatures tiennent une séance au moins une fois tous les douze mois.

Commentaire

L'article 5 exige que le Parlement fédéral et chaque législature provinciale tiennent au moins une séance tous les douze mois. Cela signifie que le gouvernement ne peut pas indéfiniment éviter les représentants démocratiquement élus par le peuple canadien.

LIBERTÉ DE CIRCULATION ET D'ÉTABLISSEMENT

Liberté de circulation

6.   (1) Tout citoyen canadien a le droit de demeurer au Canada, d'y entrer ou d'en sortir.

Liberté d'établissement

(2) Tout citoyen canadien et toute personne ayant le statut de résident permanent au Canada ont le droit :

a) de se déplacer dans tout le pays et d'établir leur résidence dans toute province;

b) de gagner leur vie dans toute province.

Restriction

(3) Les droits mentionnés au paragraphe (2) sont subordonnés :

a) aux lois et usages d'application générale en vigueur dans une province donnée, s'ils n'établissent entre les personnes aucune distinction fondée principalement sur la province de résidence antérieure ou actuelle;

b) aux lois prévoyant de justes conditions de résidence en vue de l'obtention des services sociaux publics.

Programmes de promotion sociale

(4) Les paragraphes (2) et (3) n'ont pas pour objet d'interdire les lois, programmes ou activités destinés à améliorer, dans une province, la situation d'individus défavorisés socialement ou économiquement, si le taux d'emploi dans la province est inférieur à la moyenne nationale.

Commentaire

Le paragraphe 6(1) porte sur la circulation internationale; il s'applique uniquement aux citoyens canadiens. Il confère le droit d'entrer, de sortir et de demeurer au Canada. Ce droit inclut notamment le droit à un passeport (dont un passeport d'urgence, le cas échéant) pour entrer au pays[167]. Il n'interdit toutefois pas l'expulsion d'un résident permanent reconnu coupable d'une infraction grave[168].

Les paragraphes 6(2) et 6(3) portent sur la circulation à l'intérieur du Canada pour établir sa résidence et gagner sa vie. Ils confèrent aux citoyens et aux résidents permanents le droit de se déplacer à travers le pays ainsi que de s'établir et de travailler dans toute province, sous réserve des lois provinciales d'application générale. Ils précisent, néanmoins, qu'une province peut exiger qu'une personne y réside pendant un certain temps avant de recevoir des services sociaux publics.

Le paragraphe 6(4) confère aux provinces qui ont un taux de personnes sans emploi plus élevé que la moyenne nationale le droit d'adopter des programmes visant à stimuler l'emploi sur leur territoire. Il a été ajouté à la *Charte* en novembre 1981 à la demande de Brian Peckford, qui était alors premier ministre de Terre-Neuve.

GARANTIES JURIDIQUES

Vie, liberté et sécurité

7.   Chacun a droit à la vie, à la liberté et à la sécurité de sa personne; il ne peut être porté atteinte à ce droit qu'en conformité avec les principes de justice fondamentale.

Commentaire

L'article 7 est l'une des dispositions les plus importantes de la *Charte*. Il protège uniquement les « personnes physiques » par opposition aux « personnes morales »[169]. L'analyse d'une violation de l'article 7 se fait en deux étapes. En premier lieu, il faut se demander s'il y a une atteinte à l'un des trois droits protégés (la vie, la liberté et la sécurité de la personne). Dans l'affirmative, il faut, en second lieu, se demander si l'atteinte est conforme aux principes de justice fondamentale[170].

La Cour suprême du Canada a décidé que le « droit à la vie, à la liberté et à la sécurité de la personne » sont trois droits distincts[171]. Le « droit à la vie » entre en jeu lorsqu'une mesure législative a pour effet d'exposer une personne à la mort ou à un risque de mort accru[172]. Le « droit à la liberté », pour sa part, protège la liberté physique[173] d'une personne tout en lui garantissant une certaine sphère d'autonomie personnelle dans la prise de décisions privées[174]. Enfin, le « droit à la sécurité » protège essentiellement l'intégrité d'une personne contre toute mesure législative qui cause des souffrances physiques ou de graves souffrances psychologiques[175].

Les « principes de justice fondamentale » se trouvent dans les préceptes fondamentaux de notre système juridique, y compris dans les droits énoncés aux articles 8 à 14 de la *Charte*. Ils n'imposent pas uniquement des limites « procédurales » (tel que le droit à un procès équitable); ils imposent aussi des limites « de fond » au pouvoir de l'État de restreindre le droit à la vie, à la liberté et à la sécurité de la personne[176]. Par exemple, toute mesure étatique arbitraire, de portée excessive ou disproportionnée par rapport à l'objectif poursuivi sera jugée contraire aux principes de justice fondamentale[177]. Le droit à la présomption d'innocence est un exemple de principe de justice fondamentale parmi plusieurs. Les tribunaux peuvent reconnaître de nouveaux principes de justice fondamentale dans la mesure où il s'agit d'un principe juridique suffisamment précis dont le caractère essentiel au bon fonctionnement du système de justice fait l'objet d'un large consensus au sein de la société[178].

Fouilles, perquisitions ou saisies

8.   Chacun a droit à la protection contre les fouilles, les perquisitions ou les saisies abusives.

Commentaire

L'article 8 a essentiellement pour but de protéger les personnes physiques et morales contre les intrusions injustifiées dans leur vie privée[179]. Il protège l'« attente raisonnable » d'une personne en matière de vie privée. Une « fouille », « perquisition » ou « saisie » ne sera pas jugée « abusive » si : (1) elle est autorisée par la loi; (2) la loi elle-même n'a rien d'abusif; et (3) elle n'a pas été effectuée d'une manière abusive[180]. En principe, afin de ne pas être abusive, une fouille, perquisition ou saisie requiert une « autorisation préalable », c'est-à-dire un mandat octroyé par une personne neutre et impartiale, fondée sur des motifs raisonnables de croire qu'une infraction a été commise et que des éléments de preuve pertinents se trouvent dans un lieu précis. Il existe, toutefois, des exceptions à ce principe, par exemple, en cas d'urgence ou lorsque la fouille a lieu de manière accessoire à une arrestation légale[181].

Détention ou emprisonnement

9.   Chacun a droit à la protection contre la détention ou l'emprisonnement arbitraires.

Commentaire

L'article 9 doit être lu en parallèle avec l'article 10 de la *Charte*.

Arrestation ou détention

10.   Chacun a le droit, en cas d'arrestation ou de détention :
a) d'être informé dans les plus brefs délais des motifs de son arrestation ou de sa détention;
b) d'avoir recours sans délai à l'assistance d'un avocat et d'être informé de ce droit;
c) de faire contrôler, par *habeas corpus*, la légalité de sa détention et d'obtenir, le cas échéant, sa libération.

Commentaire

Une personne est « détenue » au sens des articles 9 et 10 lorsqu'elle est assujettie à une forme de contrainte physique ou psychologique considérable de la part de l'État : il doit être raisonnable, dans les circonstances, que la personne ne se sente pas libre de partir[182]. La détention peut être brève, mais requiert davantage qu'une simple interpellation par un policier[183]. Une « détention » n'est pas « arbitraire » lorsqu'elle se fonde sur des soupçons raisonnables qu'une personne est impliquée dans un crime[184]. Une « arrestation » n'est pas arbitraire lorsqu'elle se fonde sur des motifs raisonnables et probables qu'une personne a commis un crime[185].

Aux termes de l'alinéa 10a), une personne détenue ou en état d'arrestation a le droit d'être informée des motifs de sa détention ou de son arrestation et doit être en mesure de comprendre ces motifs[186].

L'alinéa 10b) permet aux personnes détenues ou en état d'arrestation de retenir les services d'un avocat (et d'être promptement informées de ce droit), mais il ne requiert pas que l'État lui fournisse un avocat payé à même les fonds publics[187]. Sauf en cas d'urgence ou de danger, les policiers doivent s'abstenir d'interroger une personne qui a demandé l'assistance d'un avocat jusqu'à ce qu'elle ait eu la possibilité raisonnable d'obtenir cette assistance[188].

Les articles 9 et 10 ont notamment été invoqués pour contester l'arrêt au hasard d'automobilistes dans le cadre de programmes visant à assurer la sécurité routière et réduire la conduite avec facultés affaiblies. Bien qu'arbitraire, ce type de détention a été jugé justifiable en vertu de l'article premier de la *Charte*[189].

L'alinéa 10c) constitutionnalise un recours procédural très ancien en vertu de la common law. L'*habeas corpus* est le droit d'une personne en détention de comparaître physiquement devant un juge pour faire contrôler la légalité de sa détention. Ce recours est utilisé pour rendre à une personne la liberté dont elle a été illégalement privée[190].

Affaires criminelles et pénales

11. Tout inculpé a le droit :
    a) d'être informé sans délai anormal de l'infraction précise qu'on lui reproche;
    b) d'être jugé dans un délai raisonnable;
    c) de ne pas être contraint de témoigner contre lui-même dans toute poursuite intentée contre lui pour l'infraction qu'on lui reproche;
    d) d'être présumé innocent tant qu'il n'est pas déclaré coupable, conformément à la loi, par un tribunal indépendant et impartial à l'issue d'un procès public et équitable;
    e) de ne pas être privé sans juste cause d'une mise en liberté assortie d'un cautionnement raisonnable;
    f) sauf s'il s'agit d'une infraction relevant de la justice militaire, de bénéficier d'un procès avec jury lorsque la peine maximale prévue pour l'infraction dont il est accusé est un emprisonnement de cinq ans ou une peine plus grave;
    g) de ne pas être déclaré coupable en raison d'une action ou d'une omission qui, au moment où elle est survenue, ne constituait pas une infraction d'après le droit interne du Canada

ou le droit international et n'avait pas de caractère criminel d'après les principes généraux de droit reconnus par l'ensemble des nations;

h) d'une part de ne pas être jugé de nouveau pour une infraction dont il a été définitivement acquitté, d'autre part de ne pas être jugé ni puni de nouveau pour une infraction dont il a été définitivement déclaré coupable et puni;

i) de bénéficier de la peine la moins sévère, lorsque la peine qui sanctionne l'infraction dont il est déclaré coupable est modifiée entre le moment de la perpétration de l'infraction et celui de la sentence.

Commentaire

Les droits protégés en vertu de l'article 11 s'appliquent uniquement lorsqu'une personne a été formellement « inculpée » d'une infraction criminelle. L'article 11 prévoit certains des droits les plus importants en matière criminelle.

L'alinéa 11a) confère à une personne inculpée le droit d'être informée de l'infraction précise qu'on lui reproche afin qu'elle puisse présenter une défense pleine et entière.

L'alinéa 11b) dispose qu'une personne inculpée a le droit d'être jugée dans un délai raisonnable. Dans l'arrêt *R. c. Jordan*[191], la Cour suprême du Canada a établi certains paramètres pour déterminer le caractère raisonnable d'un délai. Un délai sera jugé déraisonnable si la période de temps entre l'inculpation et la fin du procès (sans tenir compte des délais imputables à la défense) excède 18 mois pour les affaires instruites devant une cour provinciale et 30 mois pour les affaires instruites devant une cour supérieure (ou devant une cour provinciale à l'issue d'une enquête préalable). Toutefois, cette présomption pourra être réfutée par l'État en présence de « circonstances exceptionnelles ».

L'alinéa 11c) dispose qu'une personne inculpée ne peut être contrainte de témoigner contre elle-même, dans une poursuite intentée contre elle, pour l'infraction qu'on lui reproche. Si elle décide néanmoins de témoigner, l'article 13, ci-dessous, trouve application. Si elle décide de ne pas témoigner, son choix de garder le silence ne peut être utilisé pour l'incriminer[192].

L'alinéa 11d) protège la présomption d'innocence. Il revient donc à l'État de démontrer la culpabilité, hors de tout doute raisonnable, d'une personne inculpée d'une infraction criminelle. De plus, cette présomption implique que toute personne inculpée a le droit à un procès public et équitable devant un tribunal impartial et indépendant.

L'alinéa 11e) prévoit qu'une personne inculpée ne peut être privée d'une remise en liberté sous caution sans « juste cause ». Une personne pourrait se voir refuser une remise en liberté sous caution, par exemple, s'il y a un risque qu'elle ne se présente pas à son procès ou si elle pose un danger pour la sécurité publique[193].

L'alinéa 11f) garantit le droit à un procès devant jury pour les infractions criminelles les plus graves (c'est-à-dire celles qui sont susceptibles d'une peine d'emprisonnement de cinq ans ou plus).

L'alinéa 11g) met en œuvre le principe de la non-rétroactivité du droit pénal. Il dispose qu'une personne ne peut être déclarée « coupable » d'une infraction qui n'existait pas au moment où l'acte reproché a eu lieu (« *nulla poena sine lege* »). Ce principe vise à assurer que les individus soient en mesure de prévoir les conséquences de leur conduite et à limiter le pouvoir discrétionnaire de l'État en matière de droit pénal.

L'alinéa 11h) interdit le « double péril », c'est-à-dire qu'une personne ne peut être jugée de nouveau relativement à un acte pour lequel elle a préalablement été déclarée « coupable » ou acquittée (« *autrefois acquit, autrefois convict* »).

L'alinéa 11i) prévoit qu'une personne déclarée « coupable » d'une infraction a le droit de bénéficier de la peine la moins sévère lorsque la peine pour une infraction est modifiée entre le moment où a eu lieu l'infraction et le prononcé de la sentence.

Cruauté

12. Chacun a droit à la protection contre tous traitements ou peines cruels et inusités.

Commentaire

Pour que l'article 12 s'applique, la mesure contestée doit être un « traitement » ou une « peine » infligé par un acteur étatique canadien. Si c'est le cas, la question consiste à savoir si le traitement ou la peine est « cruel et inusité ». L'article 12 a notamment été utilisé pour invalider des dispositions prévoyant des peines d'emprisonnement minimales disproportionnées pour certaines infractions criminelles[194]. Depuis que, en 1976, le Parlement fédéral a aboli la peine de mort prévue au *Code criminel*[195], les tribunaux n'ont pas été appelés à se prononcer sur la validité constitutionnelle de ce châtiment. Selon Amnistie internationale, en 2017, un total de 106 pays avait complètement aboli la peine de mort; toutefois, 993 personnes avaient été exécutées dans 23 pays différents, sans compter les exécutions ayant eu lieu en Chine[196]. Si le Parlement tentait de rétablir la peine de mort au Canada, la loi adoptée pour ce faire serait certainement contestée en vertu de cette disposition.

Témoignage incriminant

13. Chacun a droit à ce qu'aucun témoignage incriminant qu'il donne ne soit utilisé pour l'incriminer dans d'autres procédures, sauf lors de poursuites pour parjure ou pour témoignages contradictoires.

Commentaire

Au Canada, contrairement aux États-Unis, un témoin n'a pas le droit de garder le silence si on lui pose des questions dont la réponse pourrait l'incriminer. Les témoins doivent répondre à ce type de questions; toutefois, l'article 13 empêche que les réponses données par un témoin soient subséquemment utilisées contre lui dans d'autres procédures, sauf une poursuite visant à le punir pour avoir menti sous serment. Seule une personne inculpée a le droit de garder le silence avant et pendant le procès (article 7 et alinéa 11e) de la *Charte*). Cependant, si elle décide de témoigner à son procès, elle devra répondre aux questions et courir le risque que son témoignage puisse être utilisé pour l'incriminer dans ce procès en particulier.

Interprète

14. La partie ou le témoin qui ne peuvent suivre les procédures, soit parce qu'ils ne comprennent pas ou ne parlent pas la langue employée, soit parce qu'ils sont atteints de surdité, ont droit à l'assistance d'un interprète.

Commentaire

L'article 14 confère à une partie ou un témoin le droit d'utiliser un interprète dans le cadre de procédures judiciaires pour qu'il comprenne la langue employée. Ce droit découle des règles de justice naturelle. L'interprétation doit être continue, fidèle, impartiale, concomitante et faite par une personne compétente. L'article 14 est violé lorsqu'il y a une lacune dans l'interprétation lors du déroulement des procédures et que cette lacune touche à un intérêt vital de la partie[197]. Cet article n'a toutefois pas été interprété de manière à forcer l'État à payer pour les coûts liés à l'utilisation d'un interprète dans les instances de nature civile et administrative[198].

DROITS À L'ÉGALITÉ

Égalité devant la loi, égalité de bénéfice et protection égale de la loi

15.   (1) La loi ne fait acception de personne et s'applique également à tous, et tous ont droit à la même protection et au même bénéfice de la loi, indépendamment de toute discrimination, notamment des discriminations fondées sur la race, l'origine nationale ou ethnique, la couleur, la religion, le sexe, l'âge ou les déficiences mentales ou physiques.

Programmes de promotion sociale

(2) Le paragraphe (1) n'a pas pour effet d'interdire les lois, programmes ou activités destinés à améliorer la situation d'individus ou de groupes défavorisés, notamment du fait de leur race, de leur origine nationale ou ethnique, de leur couleur, de leur religion, de leur sexe, de leur âge ou de leurs déficiences mentales ou physiques.

Commentaire

L'article 15 est entré en vigueur le 17 avril 1985, soit trois ans après les autres dispositions de la *Charte*. Ce délai visait à permettre au Parlement fédéral et aux législatures provinciales de réviser leurs lois et de les modifier pour se conformer au droit à l'égalité lorsque cela était nécessaire.

Le paragraphe 15(1) protège l'« égalité réelle », c'est-à-dire l'idée que chaque personne mérite « le même respect, la même déférence et la même considération »[199]. Il requiert une analyse en deux étapes. La première a pour objet de déterminer si une mesure étatique établit une distinction fondée sur un motif énuméré ou analogue. Dans l'affirmative, la deuxième vise à évaluer si la distinction est de nature discriminatoire (une distinction sera discriminatoire si elle a pour effet de perpétuer un désavantage ou un préjugé, ou d'imposer un désavantage fondé sur l'application de stéréotypes).

Les motifs de discrimination énumérés au paragraphe 15(1) ne sont pas exhaustifs, en raison de l'utilisation du terme « notamment », ajouté à la suite des débats du Comité mixte spécial du Sénat et de la Chambre des communes sur la Constitution du Canada[200]. Outre la race, l'origine nationale ou ethnique, la couleur, la religion, le sexe, l'âge ou les déficiences mentales ou physiques, la jurisprudence a reconnu les motifs de discrimination suivants : la citoyenneté[201], l'état matrimonial[202], l'orientation sexuelle[203] et le lieu de résidence pour un Autochtone[204].

Le paragraphe 15(2) permet, pour sa part, à l'État de faire de la « discrimination positive », c'est-à-dire de lutter contre la discrimination au moyen de programmes visant à aider des groupes défavorisés, et ce, sans peur de contestations fondées sur le paragraphe 15(1) par des groupes qui ne sont pas victimes de ce désavantage[205].

LANGUES OFFICIELLES DU CANADA

Langues officielles du Canada

16. (1) Le français et l'anglais sont les langues officielles du Canada; ils ont un statut et des droits et privilèges égaux quant à leur usage dans les institutions du Parlement et du gouvernement du Canada.

Langues officielles du Nouveau-Brunswick

(2) Le français et l'anglais sont les langues officielles du Nouveau-Brunswick; ils ont un statut et des droits et privilèges égaux quant à leur usage dans les institutions de la Législature et du gouvernement du Nouveau-Brunswick.

Progression vers l'égalité

(3) La présente charte ne limite pas le pouvoir du Parlement et des législatures de favoriser la progression vers l'égalité de statut ou d'usage du français et de l'anglais.

Commentaire

L'article 16 enchâsse dans la Constitution certains droits contenus dans la *Loi sur les langues officielles*[206], à l'origine adoptée par le Parlement fédéral en 1969, ainsi que dans la législation analogue du Nouveau-Brunswick (la seule province officiellement bilingue)[207]. En d'autres mots, l'article 16 constitutionnalise l'égalité réelle du français et de l'anglais au sein des institutions publiques fédérales et néo-brunswickoises. Il sert notamment de fondement au droit des fonctionnaires fédéraux de travailler dans la langue officielle de leur choix[208].

Communautés linguistiques française et anglaise du Nouveau-Brunswick

16.1 (1) La communauté linguistique française et la communauté linguistique anglaise du Nouveau-Brunswick ont un statut et des droits et privilèges égaux, notamment le droit à des institutions d'enseignement distinctes et aux institutions culturelles distinctes nécessaires à leur protection et à leur promotion.

Rôle de la législature et du gouvernement du Nouveau-Brunswick

(2) Le rôle de la législature et du gouvernement du Nouveau-Brunswick de protéger et de promouvoir le statut, les droits et les privilèges visés au paragraphe (1) est confirmé.

Commentaire

Le contenu de l'article 16.1 faisait originellement partie de l'Accord de Charlottetown de 1992. À la suite du rejet de l'Accord de Charlottetown, l'article 16.1 a été ajouté à la *Charte* par modification constitutionnelle en 1993 (conformément à la procédure établie à l'alinéa 43b) de la *Loi constitutionnelle de 1982*)[209].

Travaux du Parlement

17. (1) Chacun a le droit d'employer le français ou l'anglais dans les débats et travaux du Parlement.

Commentaire

Le paragraphe 17(1) confirme les droits conférés par l'article 133 de la *Loi constitutionnelle de 1867* et étend leur portée aux « travaux du Parlement ». Bien que chacun puisse utiliser le français ou l'anglais dans les débats du Parlement, l'article 17 n'impose pas au Parlement l'obligation juridique de fournir une interprétation simultanée des débats. Cette obligation découle plutôt du paragraphe 4(2) de la *Loi sur les langues officielles*. Toutefois, le paragraphe 17(1) interdit, par exemple, qu'un député soit expulsé de la Chambre des communes pour avoir fait ses remarques en français plutôt qu'en anglais[210].

Travaux de la Législature du Nouveau-Brunswick

(2) Chacun a le droit d'employer le français ou l'anglais dans les débats et travaux de la Législature du Nouveau-Brunswick.

Commentaire

Le paragraphe 17(2) vise à appliquer l'article 133 de la *Loi constitutionnelle de 1867* au Nouveau-Brunswick en étendant sa portée aux « travaux de la Législature ».

Documents parlementaires

18. (1) Les lois, les archives, les comptes rendus et les procès-verbaux du Parlement sont imprimés et publiés en français et en anglais, les deux versions des lois ayant également force de loi et celles des autres documents ayant même valeur.

Commentaire

À l'instar de l'article 133 de la *Loi constitutionnelle de 1867*, le paragraphe 18(1) confirme que les lois, les archives, les comptes rendus et les procès-verbaux du Parlement doivent être publiés en français et en anglais. De plus, il précise que les versions anglaise et française ont la même valeur juridique.

Documents de la Législature du Nouveau-Brunswick

(2) Les lois, les archives, les comptes rendus et les procès-verbaux de la Législature du Nouveau-Brunswick sont imprimés et publiés en français et en anglais, les deux versions des lois ayant également force de loi et celles des autres documents ayant même valeur.

Commentaire

Le paragraphe 18(2) enchâsse dans la Constitution canadienne l'obligation de la Législature du Nouveau-Brunswick d'imprimer ses lois, ses archives, ses comptes rendus et ses procès-verbaux en français et en anglais. De plus, il précise que les versions anglaise et française ont la même valeur juridique.

Procédures devant les tribunaux établis par le Parlement

19.   (1) Chacun a le droit d'employer le français ou l'anglais dans toutes les affaires dont sont saisis les tribunaux établis par le Parlement et dans tous les actes de procédure qui en découlent.

Commentaire

Le paragraphe 19(1) confirme le droit d'utiliser le français et l'anglais devant les tribunaux établis par le Parlement, lequel est, en outre, garanti par l'article 133 de la *Loi constitutionnelle de 1867*.

Procédures devant les tribunaux du Nouveau-Brunswick

(2) Chacun a le droit d'employer le français ou l'anglais dans toutes les affaires dont sont saisis les tribunaux du Nouveau-Brunswick et dans tous les actes de procédure qui en découlent.

Commentaire

Le paragraphe 19(2) enchâsse dans la Constitution canadienne le droit d'utiliser le français et l'anglais devant les tribunaux du Nouveau-Brunswick.

Communications entre les administrés et les institutions fédérales

20. (1) Le public a, au Canada, droit à l'emploi du français ou de l'anglais pour communiquer avec le siège ou l'administration centrale des institutions du Parlement ou du gouvernement du Canada ou pour en recevoir les services; il a le même droit à l'égard de tout autre bureau de ces institutions là où, selon le cas :

   a) l'emploi du français ou de l'anglais fait l'objet d'une demande importante;

   b) l'emploi du français et de l'anglais se justifie par la vocation du bureau.

Commentaire

Le paragraphe 20(1) enchâsse dans la Constitution canadienne certains droits contenus dans la *Loi sur les langues officielles*. L'emploi du verbe « communiquer » au paragraphe 20(1) implique que la personne qui entre en contact avec une institution fédérale a le droit d'être comprise par le fonctionnaire à qui elle s'adresse[211]. Cette disposition, de pair avec le paragraphe 16(1), confère au public canadien le droit à des services de qualité égale dans les deux langues officielles[212].

Communications entre les administrés et les institutions du Nouveau-Brunswick

(2) Le public a, au Nouveau-Brunswick, droit à l'emploi du français ou de l'anglais pour communiquer avec tout bureau des institutions de la législature ou du gouvernement ou pour en recevoir les services.

Maintien en vigueur de certaines dispositions

21. Les articles 16 à 20 n'ont pas pour effet, en ce qui a trait à la langue française ou anglaise ou à ces deux langues, de porter atteinte aux droits, privilèges ou obligations qui existent ou sont maintenus aux termes d'une autre disposition de la Constitution du Canada.

Commentaire

L'article 21 vise à confirmer que le contenu des articles 16 à 20 de la *Charte* ne limite aucunement les droits conférés par l'article 133 de la *Loi constitutionnelle de 1867* et l'article 23 de la *Loi de 1870 sur le Manitoba.*

Droits préservés

22.   Les articles 16 à 20 n'ont pas pour effet de porter atteinte aux droits et privilèges, antérieurs ou postérieurs à l'entrée en vigueur de la présente charte et découlant de la loi ou de la coutume, des langues autres que le français ou l'anglais.

Commentaire

L'article 22 vise à confirmer que le contenu des articles 16 à 20 de la *Charte* ne limite pas les droits d'utiliser une langue autre que le français ou l'anglais dans la mesure où ces droits sont reconnus par d'autres sources juridiques.

DROITS À L'INSTRUCTION DANS LA LANGUE DE LA MINORITÉ

Langue d'instruction

23.   (1) Les citoyens canadiens :

a) dont la première langue apprise et encore comprise est celle de la minorité francophone ou anglophone de la province où ils résident,

b) qui ont reçu leur instruction, au niveau primaire, en français ou en anglais au Canada et qui résident dans une province où la langue dans laquelle ils ont reçu cette instruction est celle de la minorité francophone ou anglophone de la province,

ont, dans l'un ou l'autre cas, le droit d'y faire instruire leurs enfants, aux niveaux primaire et secondaire, dans cette langue.

Commentaire

Le paragraphe 23(1) s'applique uniquement aux citoyens canadiens qui font partie d'une minorité linguistique francophone ou anglophone au sein d'une province. De plus, conformément à l'article 59, l'alinéa 23(1)a) ne s'applique pas au Québec.

Continuité d'emploi de la langue d'instruction

(2) Les citoyens canadiens dont un enfant a reçu ou reçoit son instruction, au niveau primaire ou secondaire, en français ou en anglais au Canada ont le droit de faire instruire tous leurs enfants, aux niveaux primaire et secondaire, dans la langue de cette instruction.

Justification par le nombre

(3) Le droit reconnu aux citoyens canadiens par les paragraphes (1) et (2) de faire instruire leurs enfants, aux niveaux primaire et secondaire, dans la langue de la minorité francophone ou anglophone d'une province :

a) s'exerce partout dans la province où le nombre des enfants des citoyens qui ont ce droit est suffisant pour justifier à leur endroit la prestation, sur les fonds publics, de l'instruction dans la langue de la minorité;

b) comprend, lorsque le nombre de ces enfants le justifie, le droit de les faire instruire dans des établissements d'enseignement de la minorité linguistique financés sur les fonds publics.

Commentaire

Le droit à l'instruction dans la langue de la minorité, à même les fonds publics, s'applique seulement lorsque le nombre d'enfants est suffisamment élevé pour le justifier. Plus le nombre d'enfants est élevé, plus les droits conférés par le paragraphe 23(3) sont importants, allant même jusqu'à inclure le droit de gérer et de contrôler les établissements où cet enseignement est offert[213]. En cas de violation de cette obligation, un tribunal pourrait, par exemple, ordonner à un gouvernement de construire un établissement d'enseignement et de superviser les efforts déployés en ce sens[214].

RECOURS

Recours en cas d'atteinte aux droits et libertés

24. (1) Toute personne, victime de violation ou de négation des droits ou libertés qui lui sont garantis par la présente charte, peut s'adresser à un tribunal compétent pour obtenir la réparation que le tribunal estime convenable et juste eu égard aux circonstances.

Irrecevabilité d'éléments de preuve qui risqueraient de déconsidérer l'administration de la justice

(2) Lorsque, dans une instance visée au paragraphe (1), le tribunal a conclu que des éléments de preuve ont été obtenus dans des conditions qui portent atteinte aux droits ou libertés garantis par la présente charte, ces éléments de preuve sont écartés s'il est établi, eu égard aux circonstances, que leur utilisation est susceptible de déconsidérer l'administration de la justice.

Commentaire

Le paragraphe 24(1) confère à toute personne dont les droits et libertés garantis par la *Charte* ont été violés, le droit de s'adresser à un tribunal pour obtenir une réparation individuelle pour remédier à cette violation. Il s'applique seulement quand un acte gouvernemental porte atteinte à un droit ou une liberté protégé par la *Charte*. Des réparations différentes peuvent être accordées conformément à l'article 52 de la *Loi constitutionnelle de 1982* lorsqu'une loi ou un règlement porte atteinte à une disposition de la *Charte* ou d'une autre partie de la Constitution[215]. Le tribunal dispose d'un vaste pouvoir discrétionnaire pour déterminer la réparation « juste et convenable » accordée en vertu du paragraphe 24(1). Une telle réparation peut prendre la forme de dommages-intérêts[216], d'une déclaration[217], d'une injonction[218], d'un mandamus[219] ou, en matière pénale, de l'arrêt des procédures[220].

Pour sa part, le paragraphe 24(2) prévoit l'exclusion d'éléments de preuve recueillis en violation de la *Charte* lorsque le tribunal estime que leur utilisation serait « susceptible de déconsidérer l'administration de la justice ». Pour déterminer si l'utilisation de la preuve est susceptible de déconsidérer l'administration de la justice, le tribunal examine trois facteurs : (1) la gravité de la conduite attentatoire de l'État; (2) l'incidence de la violation sur les droits constitutionnels de l'accusé; et (3) l'intérêt de la société à ce que l'affaire soit jugée au fond[221]. Il s'agit d'une réparation importante en matière criminelle puisque l'exclusion d'éléments de preuve importants peut, en dernier ressort, mener à l'acquittement d'une personne accusée d'une infraction criminelle.

DISPOSITIONS GÉNÉRALES

Maintien des droits et libertés des autochtones

25. Le fait que la présente charte garantit certains droits et libertés ne porte pas atteinte aux droits ou libertés — ancestraux, issus de traités ou autres — des peuples autochtones du Canada, notamment :

    a) aux droits ou libertés reconnus par la proclamation royale du 7 octobre 1763;

    b) aux droits ou libertés existants issus d'accords sur des revendications territoriales ou ceux susceptibles d'être ainsi acquis.

Commentaire

L'article 25 ne crée pas, ni ne reconnaît, de nouveaux droits; il précise plutôt que les droits et libertés garantis par la *Charte* ne peuvent être exercés pour contester la validité des droits de nature constitutionnelle des peuples autochtones, en particulier, les droits reconnus par la *Proclamation royale de 1763*[222] et les droits issus d'accords sur des revendications territoriales. Il vise ainsi à concilier les droits des peuples autochtones avec les autres dispositions de la *Charte*, en empêchant, par exemple, que les droits des peuples autochtones soient contestés au motif qu'ils violent le droit à l'égalité prévu au paragraphe 15(1) de la *Charte*[223]. Au sujet de la reconnaissance des droits des peuples autochtones, voir également l'article 35 ci-dessous.

Maintien des autres droits et libertés

26. Le fait que la présente charte garantit certains droits et libertés ne constitue pas une négation des autres droits ou libertés qui existent au Canada.

Commentaire

L'article 26 confirme que la *Charte* garantit les droits et libertés « minimaux » des individus au sein de l'État canadien. D'autres droits complémentaires peuvent être reconnus par d'autres sources juridiques, comme la common law ou la législation.

Maintien du patrimoine culturel

27. Toute interprétation de la présente charte doit concorder avec l'objectif de promouvoir le maintien et la valorisation du patrimoine multiculturel des Canadiens.

Commentaire

L'article 27 est une disposition purement interprétative. Il n'établit pas de droit spécifique et n'a pas eu d'incidence significative dans le cadre de litiges jusqu'à présent. Cet article, qui ne se trouvait pas dans l'ébauche du 6 octobre 1980 de la *Charte,* a été ajouté, sur la proposition du ministre de la Justice libéral, Jean Chrétien, pour répondre à la demande de différents groupes ayant comparu devant le Comité mixte spécial du Sénat et de la Chambre des communes sur la Constitution du Canada[224]. En 1988, le Parlement fédéral a adopté la *Loi sur le multiculturalisme canadien*[225], qui définit la politique canadienne du multiculturalisme et établit les obligations des institutions fédérales quant à sa mise en œuvre.

Égalité de garantie des droits pour les deux sexes

28. Indépendamment des autres dispositions de la présente charte, les droits et libertés qui y sont mentionnés sont garantis également aux personnes des deux sexes.

Commentaire

L'article 28 a été ajouté à la demande des groupes de défense des droits des femmes et d'autres groupes préoccupés par la manière dont les juges pourraient interpréter les droits et libertés garantis par la *Charte*, en particulier le droit à l'égalité prévu à l'article 15. Puisque les tribunaux ont donné une interprétation rigoureuse à l'article 15, l'article 28 n'a finalement pas eu d'incidence significative.

Maintien des droits relatifs à certaines écoles

29. Les dispositions de la présente charte ne portent pas atteinte aux droits ou privilèges garantis en vertu de la Constitution du Canada concernant les écoles séparées et autres écoles confessionnelles.

Commentaire

L'article 29 affirme que la *Charte* ne porte pas atteinte aux droits à des écoles séparées et confessionnelles protégés par l'article 93 de la *Loi constitutionnelle de 1867*. Les droits et privilèges garantis en vertu de l'article 93 sont le produit d'un compromis historique qui était crucial à la naissance de la fédération canadienne.

L'article 29 ne figurait pas dans l'ébauche de la *Charte* du 6 octobre 1980. Il a été ajouté par la suite, sur la proposition du ministre de la Justice libéral, Jean Chrétien, pour répondre aux préoccupations des représentants de certaines provinces dans lesquelles le système d'éducation était fondé sur des écoles séparées et confessionnelles[226].

Toutefois, même si l'article 29 ne se trouvait pas dans la *Charte*, il ne serait pas possible de contester la validité de l'article 93 de la *Loi constitutionnelle de 1867* au motif qu'il violerait les droits et libertés garantis par la *Charte* (comme la liberté de religion ou le droit à l'égalité). En effet, une disposition constitutionnelle ne peut servir à invalider une autre disposition constitutionnelle puisqu'elles ont la même valeur normative[227].

Application aux territoires

30. Dans la présente charte, les dispositions qui visent les provinces, leur législature ou leur assemblée législative visent également le territoire du Yukon, les territoires du Nord-Ouest ou leurs autorités législatives compétentes.

Commentaire

Les dispositions de la *Charte* qui visent les provinces s'appliquent également aux territoires, incluant le Nunavut[228], qui a été créé en 1999[229].

Non-élargissement des compétences législatives

31. La présente charte n'élargit pas les compétences législatives de quelque organisme ou autorité que ce soit.

Commentaire

L'article 31 confirme que la *Charte* ne crée pas de nouvelles compétences législatives.

Application de la charte

32. (1) La présente charte s'applique :

a) au Parlement et au gouvernement du Canada, pour tous les domaines relevant du Parlement, y compris ceux qui concernent le territoire du Yukon et les territoires du Nord-Ouest;

b) à la législature et au gouvernement de chaque province, pour tous les domaines relevant de cette législature.

Commentaire

La *Charte* s'applique uniquement à l'« action gouvernementale », c'est-à-dire aux lois, aux règlements ainsi qu'aux actions des entités et des acteurs gouvernementaux agissant en vertu d'une autorité juridique. De plus, elle peut s'appliquer à des entités non gouvernementales créées par l'État (par exemple, des universités et des hôpitaux) dans la mesure où ces dernières mettent en œuvre une politique ou un programme de nature gouvernementale[230]. Cependant, la *Charte* ne s'applique pas à la sphère privée; autrement dit, elle ne régit pas les rapports entre les individus. La sphère privée est régie par les lois provinciales sur les droits et libertés de la personne[231].

Restriction

(2) Par dérogation au paragraphe (1), l'article 15 n'a d'effet que trois ans après l'entrée en vigueur du présent article.

Commentaire

La *Charte* est entrée en vigueur le 17 avril 1982, à l'exception de l'article 15, dont l'entrée en vigueur a été retardée de trois ans pour donner au Parlement fédéral ainsi qu'aux législatures provinciales et territoriales le temps de revoir leurs lois et de les modifier afin qu'elles soient conformes au droit à l'égalité. Ce délai de trois ans a été critiqué par certaines personnes ayant comparu devant le Comité mixte spécial du Sénat et de la Chambre des communes sur la Constitution du Canada[232].

Dérogation par déclaration expresse

33. (1) Le Parlement ou la législature d'une province peut adopter une loi où il est expressément déclaré que celle-ci ou une de ses dispositions a effet indépendamment d'une disposition donnée de l'article 2 ou des articles 7 à 15 de la présente charte.

Effet de la dérogation

(2) La loi ou la disposition qui fait l'objet d'une déclaration conforme au présent article et en vigueur a l'effet qu'elle aurait sauf la disposition en cause de la charte.

Durée de validité

(3) La déclaration visée au paragraphe (1) cesse d'avoir effet à la date qui y est précisée ou, au plus tard, cinq ans après son entrée en vigueur.

Nouvelle adoption

(4) Le Parlement ou une législature peut adopter de nouveau une déclaration visée au paragraphe (1).

Durée de validité

(5) Le paragraphe (3) s'applique à toute déclaration adoptée sous le régime du paragraphe (4).

Commentaire

L'article 33 est connu sous le nom de « clause dérogatoire » (ou de « clause nonobstant »)[233]. Il autorise le Parlement fédéral ainsi que les législatures provinciales et territoriales à adopter des lois qui contreviennent, de manière explicite, aux articles 2 et 7 à 15 de la *Charte*[234], préservant ainsi le principe de la suprématie parlementaire à l'égard des matières régies par ces dispositions. L'incorporation de la clause dérogatoire dans la *Charte* est un élément essentiel du compromis historique ayant mené au rapatriement de la Constitution. En l'absence de cette clause, la majorité des provinces n'auraient pas consenti au rapatriement.

L'article 33 peut être invoqué (en principe, de manière prospective[235]) soit pour prévenir la contestation d'une loi en vertu de la *Charte*, soit pour répondre à une décision judiciaire interprétant les dispositions de la *Charte*. Il permet donc au pouvoir législatif de passer outre certaines décisions judiciaires avec lesquelles il n'est pas d'accord. La clause dérogatoire n'a pas été utilisée à cette fin depuis que la Législature du Québec l'a invoquée en 1988 pour rétablir une partie de la *Charte de la langue française*[236] que la Cour suprême du Canada avait déclarée inconstitutionnelle[237]. Cette décision de la Législature du Québec a contribué à galvaniser l'opposition à l'Accord du lac Meech à l'extérieur du Québec[238].

L'article 33 a été invoqué à quelques occasions par les législatures provinciales et territoriales (mais jamais par le Parlement fédéral) pour prévenir la contestation d'une loi en vertu de la *Charte*. Ainsi, en 1982, le Québec, qui n'a consenti ni au rapatriement de la Constitution ni à l'adoption de la *Charte*, a adopté une loi déclarant que toutes les lois québécoises préexistantes s'appliquaient nonobstant les articles 2 et 7 à 15 de la *Charte* (cette déclaration n'a toutefois pas été renouvelée à son échéance en 1987)[239]. Dans un même ordre d'idées, les lois québécoises adoptées après l'entrée en vigueur de la *Charte* contenaient systématiquement une clause dérogatoire jusqu'à ce que le Parti québécois perde le pouvoir au profit du Parti libéral à l'automne 1985[240]. À l'extérieur du Québec, la clause dérogatoire n'a formellement été invoquée qu'à trois reprises[241].

TITRE

Titre

34.   Titre de la présente partie : *Charte canadienne des droits et libertés*.

PARTIE II

DROITS DES PEUPLES AUTOCHTONES DU CANADA

Confirmation des droits existants des peuples autochtones

35.   (1) Les droits existants — ancestraux ou issus de traités — des peuples autochtones du Canada sont reconnus et confirmés.

Définition de « peuples autochtones du Canada »

(2) Dans la présente loi, « peuples autochtones du Canada » s'entend notamment des Indiens, des Inuit et des Métis du Canada.

Accords sur des revendications territoriales

(3) Il est entendu que sont compris parmi les droits issus de traités, dont il est fait mention au paragraphe (1), les droits existants issus d'accords sur des revendications territoriales ou ceux susceptibles d'être ainsi acquis.

Égalité de garantie des droits pour les deux sexes

(4) Indépendamment de toute autre disposition de la présente loi, les droits — ancestraux ou issus de traités — visés au paragraphe (1) sont garantis également aux personnes des deux sexes.

Commentaire

L'article 35 a été ajouté à la *Loi constitutionnelle de 1982* en réponse à la demande des groupes autochtones ayant témoigné devant le Comité mixte spécial du Sénat et de la Chambre des communes sur la Constitution du Canada[242]. À ce moment-là, le sens et la portée de l'article 35 étaient incertains puisque les droits des peuples autochtones n'avaient pas été clairement définis ou reconnus par le droit canadien. On s'attendait alors à ce que le contenu de ces droits fasse l'objet de négociations et éventuellement d'accords entre les gouvernements et les représentants des peuples autochtones. Cela se confirme par l'obligation de tenir des conférences constitutionnelles après 1982 (voir les articles 35.1, 37 et 37.1 ci-dessous). Toutefois, aucun accord n'a été conclu à l'égard du contenu de ces droits. Par conséquent, la responsabilité de déterminer le sens et la portée des droits des peuples autochtones incombe aux tribunaux.

L'article 35 a été placé en dehors de la *Charte*. Cela implique que l'article 35 n'est pas sujet à la « clause limitative » (article premier) ni à la « clause dérogatoire » (article 33). Toutefois, la Cour suprême du Canada a adopté un critère, analogue à celui utilisé en vertu de l'article premier, pour déterminer si une limite imposée par l'État aux droits conférés par le paragraphe 35(1) était « raisonnable ». Ce dernier est connu comme le « critère de l'arrêt *Sparrow* », d'après le nom de l'arrêt dans lequel la Cour l'a établi pour la première fois[243].

En bref, pour justifier une mesure qui porte atteinte à un droit protégé par le paragraphe 35(1) (comme un titre ancestral, un droit de pêche ou de chasse), l'État doit démontrer : (1) qu'il s'est acquitté de son obligation procédurale de consultation et d'accommodement qui découle du principe de l'honneur de la Couronne[244]; (2) que la mesure vise un objectif suffisamment important (« objectif urgent et réel »); et (3) que la mesure est compatible avec l'obligation fiduciale de la Couronne. La troisième partie du critère impose à l'État de prouver que la mesure choisie est nécessaire pour atteindre l'objectif visé (« lien rationnel »), qu'elle ne va pas au-delà de ce qui est nécessaire pour atteindre cet objectif (« atteinte minimale ») et que les effets préjudiciables sur l'intérêt autochtone ne l'emportent pas sur les avantages qui devraient découler de cet objectif (« proportionnalité »)[245].

Engagement relatif à la participation à une conférence constitutionnelle

35.1 Les gouvernements fédéral et provinciaux sont liés par l'engagement de principe selon lequel le premier ministre du Canada, avant toute modification de la catégorie 24 de l'article 91 de la « *Loi constitutionnelle de 1867* », de l'article 25 de la présente loi ou de la présente partie :

   a) convoquera une conférence constitutionnelle réunissant les premiers ministres provinciaux et lui-même et comportant à son ordre du jour la question du projet de modification;

   b) invitera les représentants des peuples autochtones du Canada à participer aux travaux relatifs à cette question.

Commentaire

Les articles 25 et 35 étaient perçus comme une première étape dans la constitutionnalisation des droits des peuples autochtones. On prévoyait que ces droits seraient précisés par voie de négociations, par les premiers ministres, dans le cadre de conférences constitutionnelles (voir les articles 37 et 37.1 ci-dessous). Cependant, aucun accord n'a été conclu dans le cadre de ces conférences. L'article 35.1 s'applique toujours, ce qui implique qu'advenant que le constituant souhaite modifier le paragraphe 91(24) de la *Loi constitutionnelle de 1867* ou les articles 25 et 35 de la *Loi constitutionnelle de 1982*, il doit d'abord consulter les peuples autochtones. Cela ne confère toutefois pas aux peuples autochtones un droit de veto sur la modification proposée[246]. Le respect de cette obligation de consulter repose sur le principe de l'honneur de la Couronne[247].

PARTIE III

PÉRÉQUATION ET INÉGALITÉS RÉGIONALES

Engagements relatifs à l'égalité des chances

36. (1) Sous réserve des compétences législatives du Parlement et des législatures et de leur droit de les exercer, le Parlement et les législatures, ainsi que les gouvernements fédéral et provinciaux, s'engagent à :

a) promouvoir l'égalité des chances de tous les Canadiens dans la recherche de leur bien-être;

b) favoriser le développement économique pour réduire l'inégalité des chances;

c) fournir à tous les Canadiens, à un niveau de qualité acceptable, les services publics essentiels.

Engagement relatif aux services publics

(2) Le Parlement et le gouvernement du Canada prennent l'engagement de principe de faire des paiements de péréquation propres à donner aux gouvernements provinciaux des revenus suffisants pour les mettre en mesure d'assurer les services publics à un niveau de qualité et de fiscalité sensiblement comparables.

Commentaire

L'article 36 exprime un engagement envers le principe de la péréquation. La péréquation est un système de transfert d'impôts permettant d'équilibrer la richesse au sein de la fédération. Elle vise à donner aux gouvernements provinciaux et territoriaux des revenus suffisants afin de leur permettre d'offrir des services publics de qualité comparable en imposant une charge fiscale comparable. La question de savoir si cette disposition impose au Parlement et au gouvernement fédéral une obligation juridique, dont le respect peut être sanctionné par les tribunaux, n'a pas encore été tranchée.

PARTIE IV

CONFÉRENCE CONSTITUTIONNELLE

37. Abrogé.

Commentaire

La Partie IV exigeait que le premier ministre du Canada convoque une conférence constitutionnelle dans l'année suivant l'entrée en vigueur de la *Loi constitutionnelle de 1982* et invite les représentants des peuples autochtones du Canada. Cette conférence a eu lieu les 15 et 16 mars 1983[248].

PARTIE IV.1

CONFÉRENCES CONSTITUTIONNELLES

37.1 Abrogé.

Commentaire

La Partie IV.1 exigeait que le premier ministre du Canada convoque au moins deux autres conférences constitutionnelles, la première dans les trois ans suivant l'entrée en vigueur de la *Loi constitutionnelle de 1982* et la seconde dans les cinq ans. Les premiers ministres des provinces et les représentants des peuples autochtones du Canada ont participé à ces conférences. Elles ont eu lieu les 8 et 9 mars 1984, les 2 et 3 avril 1985 et les 26 et 27 mars 1987. Ces conférences portaient sur les droits autochtones et la reconnaissance de l'autonomie gouvernementale des peuples autochtones; toutefois, elles n'ont pas mené à un accord.

PARTIE V

PROCÉDURE DE MODIFICATION DE LA CONSTITUTION DU CANADA

Commentaire

Pendant plusieurs décennies, avant 1982, l'absence d'une entente entre le fédéral et les provinces au sujet d'une procédure de modification constitutionnelle fut un obstacle à la réforme constitutionnelle et au rapatriement de la Constitution. La Partie V de la *Loi constitutionnelle de 1982* contient maintenant cinq procédures de modification constitutionnelle selon le type de changement envisagé :

(1) la « procédure 7/50 » requiert le consentement de la Chambre des communes, du Sénat et d'au moins sept assemblées législatives provinciales représentant 50 % de la population des provinces (articles 38 et 42) ;

(2) la « procédure unanime » requiert le consentement de la Chambre des communes, du Sénat et de toutes les assemblées législatives provinciales (article 41) ;

(3) la « procédure multilatérale » requiert le consentement de la Chambre des communes, du Sénat et des assemblées législatives provinciales affectées par la modification (article 43) ;

(4) la « procédure unilatérale fédérale » requiert uniquement le consentement du Parlement fédéral (article 44) ; et

(5) la « procédure unilatérale provinciale » requiert uniquement le consentement de la législature de la province à laquelle la modification s'applique (article 45).

En 2014, la Cour suprême du Canada a affirmé que la « procédure 7/50 » est la procédure de principe, les autres procédures étant des exceptions à ce principe[249]. Il est important de souligner que, sur le plan strictement juridique, les législatures des trois territoires n'ont aucun rôle à jouer dans le processus de modification constitutionnelle.

La Constitution a été modifiée, conformément à la Partie V, à 11 reprises depuis 1982. D'abord, la « procédure unilatérale fédérale » a été utilisée à deux reprises pour ajuster le nombre de sièges à la Chambre des communes. Ensuite, huit modifications (dont cinq portaient sur le système scolaire) ont été apportées par l'intermédiaire de la « procédure multilatérale » (chaque modification ne touchait qu'une province). Enfin, la « procédure 7/50 » a été invoquée une seule fois, en 1983, pour satisfaire à l'exigence de la tenue d'une conférence constitutionnelle portant sur les droits des peuples autochtones[250].

Procédure normale de modification

38. (1) La Constitution du Canada peut être modifiée par proclamation du gouverneur général sous le grand sceau du Canada, autorisée à la fois :

a) par des résolutions du Sénat et de la Chambre des communes;

b) par des résolutions des assemblées législatives d'au moins deux tiers des provinces dont la population confondue représente, selon le recensement général le plus récent à l'époque, au moins cinquante pour cent de la population de toutes les provinces.

Commentaire

Le paragraphe 38(1) établit la procédure « normale » ou « résiduaire » de modification, c'est-à-dire la « procédure 7/50 ». Cette dernière exige le consentement de la Chambre des communes, du Sénat et des assemblées législatives de deux tiers des dix provinces (c'est-à-dire sept), représentant au moins 50 % de la population de toutes les provinces.

La « procédure 7/50 » met en œuvre, au niveau juridique, la convention constitutionnelle qui requiert un « degré appréciable de consentement provincial » avant de procéder à une modification constitutionnelle susceptible de toucher aux intérêts des provinces[251]. Cette procédure s'applique, par exemple, aux modifications apportées au partage des compétences entre le Parlement fédéral et les législatures provinciales ainsi qu'aux modifications apportées aux droits et libertés garantis par la *Charte*.

À la suite du second référendum sur la sécession du Québec, le gouvernement fédéral s'est engagé à ne pas appuyer une modification constitutionnelle régie par la « procédure 7/50 » (sauf si les provinces ont un « droit de retrait »), à moins d'obtenir le consentement de l'Ontario, du Québec, de la Colombie-Britannique, de deux provinces de l'Atlantique (représentant 50 % de la population de ces provinces) et de deux provinces des Prairies (représentant 50 % de la population de ces provinces)[252]. Cette décision a pour effet de rendre encore plus difficile toute modification constitutionnelle.

Majorité simple

(2) Une modification faite conformément au paragraphe (1) mais dérogatoire à la compétence législative, aux droits de propriété ou à tous autres droits ou privilèges d'une législature ou d'un gouvernement provincial exige une résolution adoptée à la majorité des sénateurs, des députés fédéraux et des députés de chacune des assemblées législatives du nombre requis de provinces.

Commentaire

Dans le cas des modifications portant atteinte aux compétences des institutions provinciales ou au droit de propriété, la résolution autorisant la modification doit être adoptée à la majorité « absolue » des membres des institutions dont le consentement est requis, par opposition à la majorité des membres présents lors du vote, comme c'est habituellement le cas.

Désaccord

(3) La modification visée au paragraphe (2) est sans effet dans une province dont l'assemblée législative a, avant la prise de la proclamation, exprimé son désaccord par une résolution adoptée à la majorité des députés, sauf si cette assemblée, par résolution également adoptée à la majorité, revient sur son désaccord et autorise la modification.

Commentaire

Le paragraphe 38(3) confère aux provinces dissidentes un « droit de retrait ». Ce droit permet à une province d'éviter qu'une modification constitutionnelle approuvée aux termes de la « procédure 7/50 », mais avec laquelle elle est en désaccord, s'applique à ses champs de compétence.

Levée du désaccord

(4) La résolution de désaccord visée au paragraphe (3) peut être révoquée à tout moment, indépendamment de la date de la proclamation à laquelle elle se rapporte.

Restriction

39. (1) La proclamation visée au paragraphe 38(1) ne peut être prise dans l'année suivant l'adoption de la résolution à l'origine de la procédure de modification que si l'assemblée législative de chaque province a préalablement adopté une résolution d'agrément ou de désaccord.

Idem

(2) La proclamation visée au paragraphe 38(1) ne peut être prise que dans les trois ans suivant l'adoption de la résolution à l'origine de la procédure de modification.

Commentaire

Le paragraphe 39(1) impose une période d'attente d'un an avant qu'une modification constitutionnelle approuvée aux termes de l'article 38 puisse être officialisée, à moins que toutes les assemblées législatives provinciales y aient consenti.

Le paragraphe 39(2) établit une période maximale de trois ans pour l'adoption d'une modification constitutionnelle. Autrement dit, si une modification constitutionnelle n'est pas adoptée dans les trois ans suivant la proposition initiale, elle déchoit.

Compensation

40. Le Canada fournit une juste compensation aux provinces auxquelles ne s'applique pas une modification faite conformément au paragraphe 38(1) et relative, en matière d'éducation ou dans d'autres domaines culturels, à un transfert de compétences législatives provinciales au Parlement.

Commentaire

L'article 40 confère aux provinces qui exercent leur « droit de retrait » conformément au paragraphe 38(3), le « droit à une compensation financière » si la modification constitutionnelle a pour effet de transférer au Parlement fédéral une compétence provinciale en matière d'éducation ou de culture.

Consentement unanime

41. Toute modification de la Constitution du Canada portant sur les questions suivantes se fait par proclamation du gouverneur général sous le grand sceau du Canada, autorisée par des résolutions du Sénat, de la Chambre des communes et de l'assemblée législative de chaque province :

    a) la charge de Reine, celle de gouverneur général et celle de lieutenant-gouverneur;

    b) le droit d'une province d'avoir à la Chambre des communes un nombre de députés au moins égal à celui des sénateurs par lesquels elle est habilitée à être représentée lors de l'entrée en vigueur de la présente partie;

    c) sous réserve de l'article 43, l'usage du français ou de l'anglais;

    d) la composition de la Cour suprême du Canada;

    e) la modification de la présente partie.

Commentaire

L'article 41 identifie certains sujets d'une importance fondamentale pouvant uniquement être modifiés avec le consentement unanime de la Chambre des communes, du Sénat et de toutes les assemblées législatives provinciales.

L'alinéa 41a) a pour effet de protéger le système monarchique, en prévoyant qu'il ne peut être aboli ou modifié qu'avec le consentement unanime de tous. Il protège, en outre, les « caractéristiques essentielles » de la charge du gouverneur général et des lieutenants-gouverneurs au sein de ce système[253].

L'alinéa 41b) fait référence au « plancher du Sénat » établi par l'article 51A de la *Loi constitutionnelle de 1867*. Selon cette règle, une province ne peut avoir moins de députés à la Chambre des communes qu'elle ne dispose de sénateurs au Sénat.

L'alinéa 41c) requiert l'unanimité pour modifier le volet fédéral de l'article 133 de la *Loi constitutionnelle de 1867* et des articles 16 à 20 de la *Charte*, qui reconnaissent l'égalité du français et de l'anglais.

L'alinéa 41d) a été interprété de manière à empêcher le Parlement fédéral de modifier unilatéralement les conditions de nomination des juges qui représentent la province de Québec, dont la tradition juridique civiliste se distingue de celle de provinces de common law, à la Cour suprême du Canada. Dans le même ordre d'idées, l'unanimité serait requise pour abolir la Cour suprême[254].

La Cour suprême a affirmé que l'abolition du Sénat requiert le consentement unanime de la Chambre des communes, du Sénat et des assemblées législatives provinciales aux termes de l'alinéa 41e). En effet, l'abolition du Sénat aurait pour effet de modifier la Partie V de la *Loi constitutionnelle de 1982* puisque le Sénat joue un rôle dans le processus de modification constitutionnelle prévu aux articles 38 à 44. Le Sénat constitue donc une partie essentielle de l'architecture constitutionnelle canadienne[255].

Procédure normale de modification

42. (1) Toute modification de la Constitution du Canada portant sur les questions suivantes se fait conformément au paragraphe 38(1) :

a) le principe de la représentation proportionnelle des provinces à la Chambre des communes prévu par la Constitution du Canada;

b) les pouvoirs du Sénat et le mode de sélection des sénateurs;

c) le nombre des sénateurs par lesquels une province est habilitée à être représentée et les conditions de résidence qu'ils doivent remplir;

d) sous réserve de l'alinéa 41d), la Cour suprême du Canada;

e) le rattachement aux provinces existantes de tout ou partie des territoires;

f) par dérogation à toute autre loi ou usage, la création de provinces.

Exception

(2) Les paragraphes 38(2) à (4) ne s'appliquent pas aux questions mentionnées au paragraphe (1).

Commentaire

Les sujets identifiés au paragraphe 42(1) sont des exemples particuliers de sujets d'importance nationale pour lesquels la « procédure 7/50 » prévue au paragraphe 38(1) s'applique. Par exemple, l'alinéa 42(1)b) requiert l'utilisation de la « procédure 7/50 » pour modifier le « mode de sélection » des sénateurs. Cela implique que le Parlement fédéral ne peut unilatéralement mettre en place un processus d'élections consultatives pour la nomination des sénateurs[256]. Pour sa part, l'alinéa 42(1)d) vise à protéger les « caractéristiques essentielles » de la Cour suprême du Canada, dont sa compétence en tant que « cour générale d'appel de dernier ressort pour le Canada »[257].

En ce qui concerne les sujets spécifiquement identifiés au paragraphe 42(1), les provinces ne disposent pas d'un « droit de retrait » (comme sous l'article 38) qui leur permettrait de se soustraire à une modification constitutionnelle.

Modification à l'égard de certaines provinces

43. Les dispositions de la Constitution du Canada applicables à certaines provinces seulement ne peuvent être modifiées que par proclamation du gouverneur général sous le grand sceau du Canada, autorisée par des résolutions du Sénat, de la Chambre des communes et de l'assemblée législative de chaque province concernée. Le présent article s'applique notamment :

a) aux changements du tracé des frontières interprovinciales;

b) aux modifications des dispositions relatives à l'usage du français ou de l'anglais dans une province.

Commentaire

Certaines dispositions de la Constitution canadienne s'appliquent seulement à des provinces spécifiques, par opposition à l'ensemble des provinces (voir, par exemple, les articles 93, 94, 98 et 133 de la *Loi constitutionnelle de 1867*). L'article 43 dispose que ces dispositions peuvent être modifiées avec le consentement de la Chambre des communes, du Sénat et des assemblées législatives des provinces concernées.

L'article 43 a notamment été utilisé par les provinces de Québec et de Terre-Neuve-et-Labrador pour modifier leurs obligations en lien avec les écoles confessionnelles. Il a également été invoqué pour abolir l'obligation du gouvernement fédéral de maintenir un service de traversier avec l'Île-du-Prince-Édouard en raison de la construction du « pont de la Confédération ». Enfin, la procédure de l'article 43 a mené à la reconnaissance de l'égalité des deux communautés linguistiques au Nouveau-Brunswick (voir l'article 16.1)[258].

Modification par le Parlement

44.   Sous réserve des articles 41 et 42, le Parlement a compétence exclusive pour modifier les dispositions de la Constitution du Canada relatives au pouvoir exécutif fédéral, au Sénat ou à la Chambre des communes.

Commentaire

Le Parlement fédéral peut modifier unilatéralement les dispositions de la Constitution qui concernent exclusivement le pouvoir exécutif fédéral, le Sénat et la Chambre des communes, sous réserve des articles 41 et 42 de la *Loi constitutionnelle de 1982*. La portée de l'article 44 est toutefois restreinte.

En vertu de l'article 44, le Parlement fédéral a notamment augmenté le nombre de sièges à la Chambre des communes et les a ensuite distribués entre les provinces et territoires (voir les articles 37 et 51 de la *Loi constitutionnelle de 1867*). De plus, cette disposition a permis au Parlement de conférer au Nunavut un siège à la Chambre des communes et au Sénat au moment de sa création[259].

Dans le *Renvoi relatif à la réforme du Sénat*, la Cour suprême du Canada a identifié certaines limites aux modifications pouvant être apportées en vertu de cet article[260]. En effet, le Parlement ne peut mettre unilatéralement en place des élections consultatives pour la nomination des sénateurs et imposer un mandat à durée fixe aux sénateurs puisque cela changerait le rôle du Sénat et toucherait aux intérêts des provinces. Cela dit, il pourrait abolir les qualifications en matière de propriété pour les sénateurs[261].

L'article 44 n'exige pas une majorité spéciale de la Chambre des communes ou du Sénat pour modifier les dispositions pertinentes de la Constitution.

Modification par les législatures

45.   Sous réserve de l'article 41, une législature a compétence exclusive pour modifier la constitution de sa province.

Commentaire

La Colombie-Britannique est la seule province disposant d'une loi intitulée « *Loi constitutionnelle* »[262]. Les Constitutions des autres provinces se retrouvent dans diverses lois ainsi que des règles et pratiques non écrites. À l'exception de la charge de lieutenant-gouverneur[263], de l'usage du français et de l'anglais[264] et de dispositions qui iraient au cœur du compromis fédératif canadien[265], l'article 45 permet à une province de modifier sa propre Constitution comme elle l'entend. Il faut noter que l'article 45 n'exige pas une majorité spéciale de la législature pour modifier les dispositions pertinentes d'une Constitution provinciale. Une province pourrait donc, en vertu de l'article 45, se doter d'un sénat (ou abolir un sénat existant[266]) ou encore modifier son système électoral (en passant, par exemple, d'un scrutin majoritaire uninominal à un tour à un scrutin proportionnel[267]).

Initiative des procédures

46.   (1) L'initiative des procédures de modification visées aux articles 38, 41, 42 et 43 appartient au Sénat, à la Chambre des communes ou à une assemblée législative.

Possibilité de révocation

(2) Une résolution d'agrément adoptée dans le cadre de la présente partie peut être révoquée à tout moment avant la date de la proclamation qu'elle autorise.

Commentaire

L'article 46 dispose qu'une modification constitutionnelle peut être proposée par le Sénat, par la Chambre des communes ou par une assemblée législative provinciale. De plus, il précise que ces institutions peuvent, en tout temps, révoquer leur accord avant qu'une modification constitutionnelle ne soit formellement adoptée par le gouverneur général du Canada par voie de proclamation.

Modification sans résolution du Sénat

47.   (1) Dans les cas visés à l'article 38, 41, 42 ou 43, il peut être passé
outre au défaut d'autorisation du Sénat si celui-ci n'a pas adopté
de résolution dans un délai de cent quatre-vingts jours suivant
l'adoption de celle de la Chambre des communes et si cette
dernière, après l'expiration du délai, adopte une nouvelle résolution dans le même sens.

Computation du délai

(2) Dans la computation du délai visé au paragraphe (1), ne sont pas
comptées les périodes pendant lesquelles le Parlement est prorogé
ou dissous.

Commentaire

L'article 47 confère au Sénat un « veto suspensif ». Cela signifie que
le Sénat ne peut pas bloquer une modification constitutionnelle initiée
en vertu des articles 38, 41, 42 ou 43 de la *Loi constitutionnelle
de 1982*. Autrement dit, si le Sénat n'approuve pas la modification
constitutionnelle proposée dans un délai de 180 jours suivant
son adoption par la Chambre des communes, la modification
constitutionnelle peut être approuvée sans son consentement dans
la mesure où la Chambre des communes adopte une nouvelle
résolution en ce sens.

Demande de proclamation

48.   Le Conseil privé de la Reine pour le Canada demande au gouverneur général de prendre, conformément à la présente partie, une
proclamation dès l'adoption des résolutions prévues par cette partie pour une modification par proclamation.

Commentaire

L'article 48 dispose que le gouverneur général peut uniquement
prendre une proclamation modifiant la Constitution, sur l'avis du
Conseil privé de la Reine pour le Canada (dont la partie active est
composée des ministres en fonction), une fois que l'ensemble des
institutions requises y a consenti.

Conférence constitutionnelle

49. Dans les quinze ans suivant l'entrée en vigueur de la présente partie, le premier ministre du Canada convoque une conférence constitutionnelle réunissant les premiers ministres provinciaux et lui-même, en vue du réexamen des dispositions de cette partie.

Commentaire

L'article 49 est maintenant « périmé » d'un point de vue constitutionnel puisque la conférence des premiers ministres a eu lieu en juin 1996.

PARTIE VI

MODIFICATION DE LA LOI CONSTITUTIONNELLE DE 1867

50. [L'article 50 visait à ajouter l'article 92A à la *Loi constitutionnelle de 1867.*]

51. [L'article 51 visait à ajouter la sixième annexe à la *Loi constitutionnelle de 1867.*]

PARTIE VII

DISPOSITIONS GÉNÉRALES

Primauté de la Constitution du Canada

52. (1) La Constitution du Canada est la loi suprême du Canada; elle rend inopérantes les dispositions incompatibles de toute autre règle de droit.

Commentaire

Le paragraphe 52(1) affirme la « primauté » de la Constitution canadienne : il dispose que la Constitution est la « loi suprême » du Canada. Sur la base de cette disposition, les tribunaux ont le pouvoir de déclarer « inconstitutionnelle » et de rendre « inopérante » toute règle de droit incompatible avec la Constitution. La déclaration d'inconstitutionnalité touchera uniquement les dispositions particulières qui violent la Constitution, à moins que la loi dans son ensemble ne soit jugée inconstitutionnelle. Avant l'adoption de la *Charte*, le pouvoir des tribunaux de déclarer une loi inconstitutionnelle et de la rendre inopérante s'exerçait surtout en matière de partage des compétences (voir les articles 91 et 92 de la *Loi constitutionnelle de 1867*). La *Charte* a accru de manière significative le pouvoir des tribunaux (modifiant ainsi la relation entre le pouvoir judiciaire et le pouvoir législatif) en leur permettant de trancher d'importantes (et souvent controversées) questions de politique sociale[268].

Constitution du Canada

(2) La Constitution du Canada comprend :

a) la *Loi de 1982 sur le Canada*, y compris la présente loi;

b) les textes législatifs et les décrets figurant à l'annexe;

c) les modifications des textes législatifs et des décrets mentionnés aux alinéas a) ou b).

Commentaire

Le paragraphe 52(2) définit le sens du terme « Constitution du Canada », qui « comprend » la *Loi constitutionnelle de 1867*, la *Loi constitutionnelle de 1982* et 23 autres lois et décrets identifiés dans l'annexe de la *Loi constitutionnelle de 1982*. La « Constitution du Canada » inclut notamment les lois et décrets ayant admis chacune des provinces dans la fédération (dont la *Loi de 1870 sur le Manitoba*, la *Loi sur l'Alberta*, la *Loi sur la Saskatchewan* et la *Loi sur Terre-Neuve*) ainsi que l'ensemble des lois britanniques ayant modifié la *Loi constitutionnelle de 1867*.

L'emploi du verbe « comprend » au paragraphe 52(2) indique que la liste n'est pas exhaustive; par conséquent, d'autres normes juridiques peuvent être reconnues comme faisant partie de la « Constitution du Canada »[269]. Par exemple, les « privilèges parlementaires »[270], la « composition » et les autres « caractéristiques essentielles » de la Cour suprême du Canada[271] ainsi que les « principes constitutionnels non écrits »[272] (tels que la primauté du droit et le constitutionnalisme, la démocratie, le fédéralisme, la protection des minorités, la séparation des pouvoirs et l'indépendance judiciaire) font également partie de la « Constitution du Canada ».

Modification

(3) La Constitution du Canada ne peut être modifiée que conformément aux pouvoirs conférés par elle.

Commentaire

Le paragraphe 52(3) confirme que la « Constitution du Canada » peut seulement être modifiée en respectant les règles établies à la Partie V de la *Loi constitutionnelle de 1982*.

Abrogation et nouveaux titres

53. (1) Les textes législatifs et les décrets énumérés à la colonne I de l'annexe sont abrogés ou modifiés dans la mesure indiquée à la colonne II. Sauf abrogation, ils restent en vigueur en tant que lois du Canada sous les titres mentionnés à la colonne III.

Commentaire

L'annexe à la *Loi constitutionnelle de 1982* contient une liste de lois et décrets qui font partie de la « Constitution du Canada » et renomme certains de ces textes.

Modifications corrélatives

(2) Tout texte législatif ou réglementaire, sauf la *Loi de 1982 sur le Canada*, qui fait mention d'un texte législatif ou décret figurant à l'annexe par le titre indiqué à la colonne I est modifié par substitution à ce titre du titre correspondant mentionné à la colonne III; tout Acte de l'Amérique du Nord britannique non mentionné à l'annexe peut être cité sous le titre de *Loi constitutionnelle* suivi de l'indication de l'année de son adoption et éventuellement de son numéro.

Commentaire

Le paragraphe 53(2) a pour effet de modifier toutes les références existantes aux lois et aux décrets énumérés à l'annexe de la *Loi constitutionnelle de 1982*, en substituant leur ancien nom par leur nouveau nom.

Abrogation et modifications qui en découlent

54. La partie IV est abrogée un an après l'entrée en vigueur de la présente partie et le gouverneur général peut, par proclamation sous le grand sceau du Canada, abroger le présent article et apporter en conséquence de cette double abrogation les aménagements qui s'imposent à la présente loi.

Commentaire

La Partie IV (conférence constitutionnelle) est entrée en vigueur le 17 avril 1982 en même temps que les autres parties de la *Loi constitutionnelle de 1982*. Elle est donc abrogée depuis le 17 avril 1983.

54.1 Abrogé.

Version française de certains textes constitutionnels

55. Le ministre de la Justice du Canada est chargé de rédiger, dans les meilleurs délais, la version française des parties de la Constitution du Canada qui figurent à l'annexe; toute partie suffisamment importante est, dès qu'elle est prête, déposée pour adoption par proclamation du gouverneur général sous le grand sceau du Canada, conformément à la procédure applicable à l'époque à la modification des dispositions constitutionnelles qu'elle contient.

Commentaire

Un comité a été établi en 1984 afin de traduire en français « dans les meilleurs délais » les lois et les décrets de nature constitutionnelle rédigés uniquement en anglais. Il s'agissait de lois adoptées par le Parlement britannique de 1867 à 1964 et de décrets du gouvernement britannique adoptés entre 1870 et 1880[273]. Le comité a déposé son rapport au Parlement en décembre 1990, en proposant une version française moderne de ces textes. Le rapport a également été envoyé aux représentants de l'ensemble des provinces canadiennes; toutefois, le processus n'a pas été mené à terme.

L'article 55 exige que l'adoption de la version française des lois et décrets rédigés uniquement en anglais se fasse conformément à la Partie V de la *Loi constitutionnelle de 1982*. Étant donné la difficulté de parvenir à un consensus sur le texte de la traduction et sur la procédure de modification constitutionnelle applicable, les versions françaises n'ont toujours pas été adoptées. C'est pourquoi aucune version française de la *Loi constitutionnelle de 1867* n'a force de loi. Afin de remédier à ce problème, il faudrait une volonté politique de procéder à une modification constitutionnelle à cette fin précise, en laissant de côté les autres revendications constitutionnelles.

Contrairement à la version française de la *Loi constitutionnelle de 1867*, celle de la *Loi constitutionnelle de 1982* a force de loi, comme le confirme l'article 57 ci-dessous.

Versions française et anglaise de certains textes constitutionnels

56.   Les versions française et anglaise des parties de la Constitution du Canada adoptées dans ces deux langues ont également force de loi. En outre, ont également force de loi, dès l'adoption, dans le cadre de l'article 55, d'une partie de la version française de la Constitution, cette partie et la version anglaise correspondante.

Commentaire

La version française des parties de la Constitution rédigées uniquement en anglais n'a pas encore été adoptée comme l'exige l'article 55[274].

Versions française et anglaise de la présente loi

57.   Les versions française et anglaise de la présente loi ont également force de loi.

Entrée en vigueur

58.   Sous réserve de l'article 59, la présente loi entre en vigueur à la date fixée par proclamation de la Reine ou du gouverneur général sous le grand sceau du Canada.

Commentaire

L'ensemble de la *Loi constitutionnelle de 1982*, à l'exception de quelques dispositions[275], est entré en vigueur le 17 avril 1982 lorsque la Reine a signé une proclamation à cet effet sur la colline parlementaire à Ottawa.

Entrée en vigueur de l'alinéa 23(1)a) pour le Québec

59. (1) L'alinéa 23(1)a) entre en vigueur pour le Québec à la date fixée par proclamation de la Reine ou du gouverneur général sous le grand sceau du Canada.

Autorisation du Québec

(2) La proclamation visée au paragraphe (1) ne peut être prise qu'après autorisation de l'assemblée législative ou du gouvernement du Québec.

Commentaire

Ni l'Assemblée nationale du Québec ni le gouvernement du Québec n'a encore autorisé que soit émise une proclamation en vertu du paragraphe 59(1). C'est pourquoi l'alinéa 23(1)a) de la *Charte* n'est pas en vigueur au Québec.

Abrogation du présent article

(3) Le présent article peut être abrogé à la date d'entrée en vigueur de l'alinéa 23(1)a) pour le Québec, et la présente loi faire l'objet, dès cette abrogation, des modifications et changements de numérotation qui en découlent, par proclamation de la Reine ou du gouverneur général sous le grand sceau du Canada.

Titres

60. Titre abrégé de la présente loi : *Loi constitutionnelle de 1982*; titre commun des lois constitutionnelles de 1867 à 1975 (n° 2) et de la présente loi : *Lois constitutionnelles de 1867 à 1982*.

Mentions

61. Toute mention des « *Lois constitutionnelles de 1867 à 1982* » est réputée constituer également une mention de la « *Proclamation de 1983 modifiant la Constitution* ».

Commentaire

Cet article a été ajouté par la *Proclamation constitutionnelle de 1983*[276].

ANNEXE DE LA LOI CONSTITUTIONNELLE DE 1982

(article 53)

ACTUALISATION DE LA CONSTITUTION

Article	Colonne I Loi visée	Colonne II Modification	Colonne III Nouveau titre
1.	Acte de l'Amérique du Nord britannique, 1867, 30-31 Victoria, c. 3 (R.-U.)	(1) L'article 1 est abrogé et remplacé par ce qui suit : « 1. Titre abrégé : *Loi constitutionnelle de 1867.* » (2) L'article 20 est abrogé. (3) La catégorie 1 de l'article 91 est abrogée. (4) La catégorie 1 de l'article 92 est abrogée.	Loi constitutionnelle de 1867
2.	Acte pour amender et continuer l'acte trente-deux et trente-trois Victoria, chapitre trois, et pour établir et constituer le gouvernement de la province du Manitoba, 1870, 33 Victoria, c. 3 (Canada)	(1) Le titre complet est abrogé et remplacé par ce qui suit : « *Loi de 1870 sur le Manitoba.* » (2) L'article 20 est abrogé.	Loi de 1870 sur le Manitoba
3.	Arrêté en conseil de Sa Majesté admettant la Terre de Rupert et le territoire du Nord-Ouest, en date du 23 juin 1870		Décret en conseil sur la Terre de Rupert et le territoire du Nord-Ouest
4.	Arrêté en conseil de Sa Majesté admettant la Colombie-Britannique, en date du 16 mai 1871		Conditions de l'adhésion de la Colombie-Britannique
5.	Acte de l'Amérique du Nord britannique, 1871, 34-35 Victoria, c. 28 (R.-U.)	L'article 1 est abrogé et remplacé par ce qui suit : « 1. Titre abrégé : *Loi constitutionnelle de 1871.* »	Loi constitutionnelle de 1871
6.	Arrêté en conseil de Sa Majesté admettant l'Île-du-Prince-Édouard, en date du 26 juin 1873		Conditions de l'adhésion de l'Île-du-Prince-Édouard

Article	Colonne I Loi visée	Colonne II Modification	Colonne III Nouveau titre
7.	Acte du Parlement du Canada, 1875, 38-39 Victoria, c. 38 (R.-U.)		Loi de 1875 sur le Parlement du Canada
8.	Arrêté en conseil de Sa Majesté admettant dans l'Union tous les territoires et possessions britanniques dans l'Amérique du Nord, et les îles adjacentes à ces territoires et possessions, en date du 31 juillet 1880		Décret en conseil sur les territoires adjacents
9.	Acte de l'Amérique du Nord britannique, 1886, 49-50 Victoria, c. 35 (R.-U.)	L'article 3 est abrogé et remplacé par ce qui suit : « 3. Titre abrégé : *Loi constitutionnelle de 1886.* »	Loi constitutionnelle de 1886
10.	Acte du Canada (limites d'Ontario) 1889, 52-53 Victoria, c. 28 (R.-U.)		Loi de 1889 sur le Canada (frontières de l'Ontario)
11.	Acte concernant l'Orateur canadien (nomination d'un suppléant) 1895, 2ᵉ session, 59 Victoria, c. 3 (R.-U.)	La loi est abrogée	
12.	Acte de l'Alberta, 1905, 4-5 Édouard VII, c. 3 (Canada)		Loi sur l'Alberta
13.	Acte de la Saskatchewan, 1905, 4-5 Édouard VII, c. 42 (Canada)		Loi sur la Saskatchewan
14.	Acte de l'Amérique du Nord britannique, 1907, 7 Édouard VII, c. 11 (R.-U.)	L'article 2 est abrogé et remplacé par ce qui suit : « 2. Titre abrégé : *Loi constitutionnelle de 1907.* »	Loi constitutionnelle de 1907
15.	Acte de l'Amérique du Nord britannique, 1915, 5-6 George V, c. 45 (R.-U.)	L'article 3 est abrogé et remplacé par ce qui suit : « 3. Titre abrégé : *Loi constitutionnelle de 1915.* »	Loi constitutionnelle de 1915

Article	Colonne I Loi visée	Colonne II Modification	Colonne III Nouveau titre
16.	Acte de l'Amérique du Nord britannique, 1930, 20-21 George V, c. 26 (R.-U.)	L'article 3 est abrogé et remplacé par ce qui suit : « 3. Titre abrégé : *Loi constitutionnelle de 1930.* »	Loi constitutionnelle de 1930
17.	Statut de Westminster, 1931, 22 George V, c. 4 (R.-U.)	Dans la mesure où ils s'appliquent au Canada : a) l'article 4 est abrogé; b) le paragraphe 7(1) est abrogé.	Statut de Westminster de 1931
18.	Acte de l'Amérique du Nord britannique, 1940, 3-4 George VI, c. 36 (R.-U.)	L'article 2 est abrogé et remplacé par ce qui suit : « 2. Titre abrégé : *Loi constitutionnelle de 1940.* »	Loi constitutionnelle de 1940
19.	Acte de l'Amérique du Nord britannique, 1943, 6-7 George VI, c. 30 (R.-U.)	La loi est abrogée.	
20.	Acte de l'Amérique du Nord britannique, 1946, 9-10 George VI, c. 63 (R.-U.)	La loi est abrogée.	
21.	Acte de l'Amérique du Nord britannique, 1949, 12-13 George VI, c. 22 (R.-U.)	L'article 3 est abrogé et remplacé par ce qui suit : « 3. Titre abrégé : *Loi sur Terre-Neuve.* »	Loi sur Terre-Neuve
22.	Acte de l'Amérique du Nord britannique (n° 2) 1949, 13 George VI, c. 81 (R.-U.)	La loi est abrogée.	
23.	Acte de l'Amérique du Nord britannique, 1951, 14-15 George VI, c. 32 (R.-U.)	La loi est abrogée.	
24.	Acte de l'Amérique du Nord britannique, 1952, 1 Elizabeth II, c. 15 (Canada)	La loi est abrogée.	
25.	Acte de l'Amérique du Nord britannique, 1960, 9 Elizabeth II, c. 2 (R.-U.)	L'article 2 est abrogé et remplacé par ce qui suit : « 2. Titre abrégé : *Loi constitutionnelle de 1960.* »	Loi constitutionnelle de 1960

Article	Colonne I Loi visée	Colonne II Modification	Colonne III Nouveau titre
26.	Acte de l'Amérique du Nord britannique, 1964, 12-13 Elizabeth II, c. 73 (R.-U.)	L'article 2 est abrogé et remplacé par ce qui suit : « 2. Titre abrégé : *Loi constitutionnelle de 1964.* »	Loi constitutionnelle de 1964
27.	Acte de l'Amérique du Nord britannique, 1965, 14 Elizabeth II, c. 4, Partie I (Canada)	L'article 2 est abrogé et remplacé par ce qui suit : « 2. Titre abrégé de la présente partie : *Loi constitutionnelle de 1965.* »	Loi constitutionnelle de 1965
28.	Acte de l'Amérique du Nord britannique, 1974, 23 Elizabeth II, c. 13, Partie I (Canada)	L'article 3, modifié par le paragraphe 38(1) de la loi, 25-26 Elizabeth II, c. 28 (Canada), est abrogé et remplacé par ce qui suit : « 3. Titre abrégé de la présente partie : *Loi constitutionnelle de 1974.* »	Loi constitutionnelle de 1974
29.	Acte de l'Amérique du Nord britannique, 1975, 23-24 Elizabeth II, c. 28, Partie I (Canada)	L'article 3, modifié par l'article 31 de la loi, 25-26 Elizabeth II, c. 28 (Canada), est abrogé et remplacé par ce qui suit : « 3. Titre abrégé de la présente partie : *Loi constitutionnelle n° 1 de 1975.* »	Loi constitutionnelle n° 1 de 1975
30.	Acte de l'Amérique du Nord britannique n° 2, 1975, 23-24 Elizabeth II, c. 53 (Canada)	L'article 3 est abrogé et remplacé par ce qui suit : « 3. Titre abrégé : *Loi constitutionnelle n° 2 de 1975.* »	Loi constitutionnelle n° 2 de 1975

3

La Cour suprême du Canada

La Cour suprême du Canada est l'arbitre ultime de notre Constitution. Elle décide notamment si les lois et les actions gouvernementales, incluant les actions des forces policières, sont conformes à la Constitution. C'est une responsabilité importante qui lui a été confiée, une responsabilité dont elle s'acquitte de manière admirable. Toutefois, il aura fallu du temps pour que la Cour prenne la place qui lui revient au sein de l'État canadien.

LES DÉBUTS DIFFICILES DE LA COUR SUPRÊME

La Cour suprême n'est pas mentionnée dans la *Loi constitutionnelle de 1867*[1]. Les Pères de la Confédération ont peu discuté de la possibilité de créer un tel tribunal. Ils ont tenu pour acquis que les Canadiens et Canadiennes continueraient d'avoir le droit de porter leurs litiges en appel devant le Comité judiciaire du Conseil privé de Londres, un tribunal composé de juges anglais qui entendait traditionnellement les appels des colonies et des dominions britanniques. L'article 101 de la *Loi constitutionnelle de 1867* confère au Parlement fédéral le pouvoir de créer « une cour générale d'appel pour le Canada ». En 1875, le Parlement a adopté la *Loi sur la Cour suprême*[2] et les premiers juges de la Cour ont été assermentés le 8 novembre 1875, vêtus de lourdes toges rouges. Le gouverneur général du Canada de l'époque, lord Dufferin, avait suggéré que les juges portent ces toges — qui rappelaient davantage l'habit de Saint-Nicolas que celui des juges des tribunaux britanniques — pour donner à la Cour une prestance dont elle avait grandement besoin[3]. De nos jours, ces toges sont uniquement portées lors de cérémonies spéciales.

Les premières années de la Cour suprême furent difficiles, en partie parce que le gouvernement fédéral refusait d'octroyer les fonds nécessaires à son bon fonctionnement. La première rencontre de la Cour, le 17 janvier 1876, eut lieu dans une pièce empruntée des édifices parlementaires. Comme il n'y avait aucune affaire à régler à ce moment-là, la Cour a ajourné ses travaux jusqu'à ce que son premier litige soit entendu en avril. Lors de sa première décennie, la Cour a fait face à plusieurs tentatives d'abolition[4]. De nombreux juristes ont refusé d'être nommés à la Cour. Cette situation a perduré jusque dans les années 1890.

L'ancien édifice de la Cour suprême du Canada.

Nous tenons aujourd'hui pour acquise l'existence de la Cour suprême; il s'agit d'une des institutions publiques les plus actives et en laquelle les Canadiens et Canadiennes ont le plus confiance. Toutefois, il aura fallu beaucoup de temps pour que la Cour prenne une place importante dans l'esprit des Canadiens et Canadiennes. Dans les premières décennies suivant sa création, la Cour avait de la difficulté à justifier la pertinence de son existence; elle n'était [TRADUCTION] « pas encore capable de se placer en position où elle était acceptée en tant que composante fondamentale, nécessaire et appréciée du système politique canadien »[5].

La situation ne s'est guère améliorée pour la Cour suprême au début du 20e siècle. Jusqu'en 1933, en matière criminelle, et jusqu'en 1949, en matière civile, les décisions de la Cour pouvaient faire l'objet d'un appel au Comité judiciaire du Conseil privé de Londres. La Cour n'était donc rien de plus qu'un tribunal d'appel intermédiaire. Bora Laskin, un professeur réputé de droit constitutionnel, qui fut plus tard nommé juge puîné et juge en chef de la Cour, blâmait la profession juridique d'avoir négligé la Cour qu'il a décrite comme étant « captive » du Comité judiciaire du Conseil privé de Londres[6].

L'édifice actuel de la Cour suprême du Canada. Elle y siège depuis 1946.

L'ESSOR DE LA COUR SUPRÊME

L'année 1949 marque le vrai début de la Cour suprême en tant que tribunal de dernière instance pour le Canada parce que cette année-là survient l'abolition complète des appels au Comité du Conseil privé de Londres[7]. La Cour a été appelée à accroître encore son importance avec l'adoption de la *Charte canadienne des droits et libertés* en 1982[8]. Cet événement a incité les médias à s'intéresser davantage au travail de la Cour puisque plusieurs litiges soulevant des enjeux sociaux importants, comme l'avortement, l'euthanasie et les droits des conjoints de même sexe, ont été entendus et décidés par la Cour.

La Cour suprême entend et décide maintenant de 60 à 80 litiges par année. Elle reçoit des requêtes pour en entendre davantage, mais la grande majorité des litiges peuvent uniquement faire l'objet d'un appel avec la permission de la Cour. Cette permission est accordée lorsque la Cour juge qu'il s'agit d'une affaire importante pour le public. Le nombre de « requêtes pour permission d'appeler » soumises à la Cour varie d'une année à l'autre; ce nombre oscille généralement entre 440 et 600 par année. La Cour ne justifie pas ses décisions d'accepter ou de refuser d'entendre un appel.

La Cour suprême entend aussi des renvois. Plusieurs des décisions les plus fondamentales de la Cour ont été rendues dans ce contexte. Un renvoi est un type particulier de dossier dans lequel le gouverneur général en conseil pose des questions précises à la Cour, portant généralement sur la constitutionnalité d'un projet de loi ou d'une initiative gouvernementale. Un renvoi peut également être initié par le lieutenant-gouverneur en conseil d'une province auprès de la Cour d'appel provinciale; l'avis de la Cour d'appel peut ensuite faire l'objet d'un appel devant la Cour suprême. Au fil des ans, le plus haut tribunal a entendu une multitude de renvois importants — discutés plus en détail au chapitre 5 — dont le *Renvoi relatif à la Loi anti-inflation*[9], le *Renvoi relatif au rapatriement*[10], le *Renvoi relatif au veto du Québec*[11], le *Renvoi relatif aux droits linguistiques au Manitoba*[12], le *Renvoi relatif à la Motor Vehicle Act*[13], le *Renvoi relatif à la rémunération des juges de la Cour provinciale (Î.-P.-É.)*[14], le *Renvoi relatif à la sécession du Québec*[15], le *Renvoi relatif au mariage entre personnes de même sexe*[16], et le *Renvoi relatif à la réforme du Sénat*[17]. De plus, en 2014, la Cour suprême a entendu le *Renvoi relatif à la Loi sur la Cour suprême*[18].

La salle d'audience de la Cour suprême du Canada.

Dans sa décision, la Cour a affirmé que son existence était maintenant garantie par la Constitution canadienne et que ses « caractéristiques essentielles » ne pouvaient être modifiées, sauf en conformité avec le processus de modification constitutionnelle prévu à la Partie V de la *Loi constitutionnelle de 1982*[19].

LA COMPOSITION DE LA COUR SUPRÊME

La Cour suprême se compose d'un juge en chef et de huit juges puînés[20]. Le terme « puîné » signifie « junior »; on l'emploie pour distinguer ces juges du juge en chef. Les juges de la Cour sont nommés par le gouverneur général en conseil[21] sur l'avis du premier ministre du Canada[22]. Ils sont choisis parmi les juges d'un tribunal de niveau inférieur ou parmi les avocats inscrits pendant au moins dix ans au barreau d'une province ou d'un territoire[23]. La loi requiert que trois juges proviennent du Québec, une province possédant une tradition civiliste distincte de la tradition de common law des autres provinces[24]. De plus, par convention, trois juges doivent provenir de l'Ontario, deux des provinces de l'Ouest et un des provinces de l'Atlantique[25].

La majorité des juges nommés à la Cour suprême sont issus des cours d'appel provinciales ou de la Cour d'appel fédérale du Canada. Exceptionnellement, des avocats furent nommés au plus haut tribunal, sans d'abord avoir été juges. L'exemple le plus récent est celui de la juge Suzanne Côté du Québec en 2014. La plupart des juges sont à la fin de la cinquantaine ou au début de la soixantaine lors de leur nomination.

Les juges de la Cour suprême sont nommés à titre inamovible, jusqu'au moment de leur retraite ou jusqu'à l'âge de 75 ans[26]. Bien qu'ils soient contraints de quitter la magistrature à l'âge de 75 ans, plusieurs anciens juges poursuivent des carrières actives dans le domaine juridique par la suite, que ce soit en dispensant des conseils au gouvernement sur des politiques publiques, en présidant des commissions d'enquête ou en effectuant d'autres types de travail juridique.

Lorsqu'une personne est nommée à la Cour suprême, elle obtient le titre honorifique « honorable » et est connue sous le nom de l'« honorable juge Untel ». Lorsqu'elle prend sa retraite, elle cesse d'être juge, mais conserve pour la vie le titre honorifique « honorable ». Le juge en chef dispose d'un statut particulier; il est nommé au Conseil privé de la Reine pour le Canada et obtient le titre honorifique « très honorable ». Ce titre est, en général, réservé aux premiers ministres, aux gouverneurs généraux et aux juges en chef du Canada. Ils conservent tous ce titre pour la vie.

Il y a eu 18 juges en chef depuis la création de la Cour suprême en 1875. Le rôle du juge en chef consiste à présider les audiences de la Cour et à superviser son travail en désignant les juges qui entendront les appels dont elle est saisie. Le juge en chef est non seulement le juge en chef de la Cour suprême, mais aussi le juge en chef du Canada, d'où l'acronyme « J.C.C. ». Il préside, en outre, le Conseil canadien de la magistrature, l'Institut national de la magistrature et le comité qui recommande la nomination des récipiendaires de l'Ordre du Canada. De plus, en cas de décès, d'incapacité, de renvoi ou d'absence du pays du gouverneur général pour une période de plus d'un mois, le juge en chef ou, si celui-ci n'est pas disponible, le juge ayant le plus d'ancienneté au sein de la Cour suprême, devient l'« administrateur » du Canada[27].

Il faut un minimum de cinq juges pour entendre un appel[28]. Il s'agit presque toujours d'un nombre impair — cinq, sept ou neuf — afin d'éviter

Les juges de la Cour suprême du Canada en date de décembre 2018.

Le hall d'honneur de la Cour suprême du Canada.

un vote partagé (dans un tel cas, c'est-à-dire lorsqu'un nombre égal de juges vote pour confirmer et pour infirmer un appel, la décision de la cour d'appel est confirmée). Les dossiers les plus importants sont généralement entendus par les neuf juges de la Cour. Si l'un des juges ne peut participer à l'audience en raison de son implication précédente dans le dossier en tant qu'avocat ou en tant que juge d'un tribunal inférieur, ou pour une autre raison, alors seuls cinq ou sept juges entendront le dossier. Enfin, les appels de plein droit (c'est-à-dire lorsque la Cour suprême est obligée d'entendre un appel[29]) sont généralement entendus par cinq juges.

Dans le cadre de leurs fonctions, les juges bénéficient de l'assistance d'auxiliaires juridiques. Ces derniers sont choisis parmi les plus brillants étudiants en droit. Ils ont la possibilité de travailler avec un juge de la Cour suprême pendant un an. Les fonctions d'auxiliaire juridique sont variées et dépendent des besoins de chaque juge. Cela dit, ils sont généralement appelés à rédiger des notes de recherche, des discours et des précis d'audience pour leur juge. Le précis d'audience est un document fort important dont le but est d'aider un juge à se préparer pour l'audience d'un appel; il contient un résumé des faits de l'affaire, des décisions des tribunaux inférieurs et des arguments des parties tout en présentant une analyse critique des questions en litige et une recommandation quant à l'issue de l'appel. Après une audience, les auxiliaires juridiques sont également appelés à travailler sur les ébauches des décisions de la Cour. Compte tenu de la nature de l'information à laquelle ils ont accès, il n'est pas surprenant qu'ils soient tenus à une obligation de confidentialité. L'importance de leur travail (et leur influence) est indéniable. Lors du lancement du programme en 1968, chaque juge bénéficiait de l'assistance d'un auxiliaire juridique; une cinquantaine d'années plus tard, chaque juge dispose de quatre auxiliaires juridiques[30].

LES AUDIENCES DE LA COUR SUPRÊME

Naturellement, il est possible d'observer les audiences de la Cour suprême. Dans les années 1990, la Cour a autorisé l'enregistrement et la télédiffusion de ses audiences sur « La Chaîne d'affaires publiques par câble » (CPAC). De nos jours, quiconque possède un ordinateur ou un téléphone intelligent peut regarder une audience de la Cour via webdiffusion. La Cour possède un excellent site Web (www.scc-csc.ca) qui contient énormément d'information. La Cour permet que l'on twitte dans la salle d'audience qui est, par ailleurs, ouverte au public. La professeure Carissima Mathen de la Section de common law de l'Université d'Ottawa (code Twitter : @CMathen) fut l'une des premières personnes à twitter en direct alors que les avocats présentaient leurs arguments à propos d'un dossier. En 2016, la Cour s'est jointe à l'univers Twitter; vous pouvez suivre ses tweets à @SCC_eng et @CSC_fra.

ANNEXE – LISTE DES JUGES DE LA COUR SUPRÊME

Les juges en chef, présents et anciens[31]

Nom du juge en chef	Province	Date d'entrée en fonction à titre de juge en chef	Date de fin des fonctions à titre de juge en chef
1. L'hon. sir William Buell Richards	Ont.	1875-09-30	1879-01-10

Avant sa nomination comme premier juge en chef de la Cour suprême du Canada, William Richards, un ancien procureur général réformiste de la province du Canada, était juge en chef du Canada-Ouest. En cette qualité, il a participé à un appel de l'une de ses propres décisions comme juge de première instance, ce qui serait inconcevable de nos jours.

2. L'hon. sir William Johnstone Ritchie	N.-B.	1879-01-11	1892-09-25

Avant sa nomination à la Cour suprême du Canada, William Ritchie était juge en chef du Nouveau-Brunswick. En 1869, à ce titre, il a rendu une décision dans laquelle il déclarait, pour la première fois, qu'une loi provinciale était invalide parce qu'elle violait le partage des compétences établi sous l'*Acte de l'Amérique du Nord britannique de 1867*[32]. En 1959, le petit-neveu du juge en chef Ritchie, Roland Almon Ritchie, était également nommé juge à la Cour suprême.

3. Le très hon. sir Samuel Henry Strong	Ont.	1892-12-13	1902-11-17

À titre d'ami et de conseiller juridique du premier ministre conservateur John A. Macdonald, Samuel Strong a travaillé à l'élaboration de la première proposition législative visant à créer la Cour suprême du Canada. En 1897, le juge en chef Strong est devenu le premier juge canadien à siéger au Comité judiciaire du Conseil privé de Londres. En cette qualité, il a notamment participé à l'audition de 28 appels et rédigé 8 décisions au nom du Comité[33].

4. Le très hon. sir Henri-Elzéar Taschereau	Qc	1902-11-21	1906-05-01

À titre de député conservateur à l'Assemblée législative de la province du Canada, Henri-Elzéar Taschereau a voté contre le projet de Confédération. Il est, par la suite, devenu juge à la Cour supérieure du Québec avant d'être nommé juge puîné à la Cour suprême du Canada en 1878, pour remplacer son premier cousin, Jean-Thomas Taschereau. En 1902, le juge Taschereau fut le premier Canadien français à être nommé juge en chef de la Cour.

Nom du juge en chef	Province	Date d'entrée en fonction à titre de juge en chef	Date de fin des fonctions à titre de juge en chef
5. Le très hon. sir Charles Fitzpatrick	Qc	1906-06-04	1918-10-20

À l'exception de William Richards, Charles Fitzpatrick est la seule personne nommée juge en chef, sans d'abord avoir été juge puîné à la Cour suprême du Canada. De plus, il est le seul à avoir été nommé juge en chef sans avoir préalablement occupé une fonction judiciaire. En effet, au moment de sa nomination, il était ministre de la Justice et procureur général du Canada dans le gouvernement libéral du premier ministre Wilfrid Laurier. Après s'être retiré de la Cour suprême, il a été nommé lieutenant-gouverneur du Québec, un rôle qu'il a exercé alors que son neveu, Louis-Alexandre Taschereau, était premier ministre de cette province.

6. Le très hon. sir Louis Henry Davies	Î.-P.-É.	1918-10-23	1924-05-01

Louis Davies a été premier ministre de l'Île-du-Prince-Édouard de 1876 à 1879 et député à la Chambre des communes de 1882 à 1901 avant d'être nommé juge puîné à la Cour suprême du Canada. En 1918, à l'âge de 73 ans, il est devenu la personne la plus âgée à être nommée juge en chef de la Cour suprême. Il était le premier et le seul juge en chef de la Cour originaire de l'Île-du-Prince-Édouard.

7. Le très hon. Francis Alexander Anglin	Ont.	1924-09-16	1933-02-27

Francis Anglin a présidé le panel de la Cour suprême du Canada ayant entendu la fameuse affaire « Personnes ». La Cour avait alors décidé que les femmes n'étaient pas des « personnes » pouvant être nommées au Sénat au sens de l'*Acte de l'Amérique du Nord britannique de 1867*. Cette décision fut, par la suite, infirmée par le Comité judiciaire du Conseil privé de Londres.

8. Le très hon. sir Lyman Poore Duff	C.-B.	1933-03-17	1944-01-06

Lyman Duff a été nommé juge à la Cour suprême du Canada à l'âge de 41 ans; il s'agit du plus jeune juriste à avoir occupé cette fonction. Il fut juge à la Cour pendant un total de 37 ans, à titre de juge puîné et de juge en chef. Aucune autre personne n'a été juge à la Cour pendant une période aussi longue. L'une de ses décisions les plus célèbres a ouvert la voie à l'abolition des appels au Comité judiciaire du Conseil privé par le Parlement du Canada[34]. Il avait la réputation d'être le meilleur juriste canadien depuis la Confédération et on le considère toujours comme l'un des meilleurs juristes de l'histoire canadienne.

9. Le très hon. Thibaudeau Rinfret	Qc	1944-01-08	1954-06-21

Thibaudeau Rinfret a été nommé à la Cour suprême du Canada à l'âge de 45 ans. Il fut appelé à diriger la Cour dans la période où cette dernière est véritablement devenue « suprême », c'est-à-dire après que les appels au Comité judiciaire du Conseil privé de Londres furent complètement abolis en 1949. À la suite de sa retraite de la Cour, de 1955 à 1961, il travailla au projet de révision du Code civil de la province de Québec.

Nom du juge en chef	Province	Date d'entrée en fonction à titre de juge en chef	Date de fin des fonctions à titre de juge en chef
10. L'hon. Patrick Kerwin	Ont.	1954-07-01	1963-02-02

Patrick Kerwin a décidé de ne pas prendre le titre honorifique « très honorable » lorsqu'il est devenu juge en chef de la Cour suprême du Canada. Il était juge en chef lorsque la Cour a rendu sa célèbre décision dans l'arrêt *Roncarelli v. Duplessis*, condamnant le premier ministre du Québec à payer des dommages et intérêts pour avoir illégalement résilié le permis d'alcool d'un restaurateur afin de le punir pour son soutien aux Témoins de Jéhovah[35].

11. Le très hon. Robert Taschereau	Qc	1963-04-22	1967-08-31

Robert Taschereau a contribué à l'établissement de l'Ordre du Canada. Son père, Louis-Alexandre Taschereau, avait été premier ministre du Québec et son grand-père, Jean-Thomas Taschereau, avait été juge puîné à la Cour suprême. Robert Taschereau était également apparenté à sir Henri Elzéar Taschereau, le quatrième juge en chef de la Cour suprême du Canada. En 1946, il a présidé, avec le juge Kellock, la Commission royale sur les activités d'espionnage au Canada en réponse à l'affaire Gouzenko.

12. Le très hon. John Robert Cartwright	Ont.	1967-09-01	1970-03-22

John Cartwright était l'un des plus grands avocats de son époque avant d'être nommé à la Cour suprême du Canada en 1949, à titre de juge puîné, puis de juge en chef en 1967. En 1946, avant sa nomination, il a notamment représenté le gouvernement du Canada devant la Commission royale sur les activités d'espionnage au Canada, présidée par les juges Taschereau et Kellock.

13. Le très hon. Joseph H. Gérald Fauteux	Qc	1970-03-23	1973-12-22

Gérald Fauteux était le doyen fondateur de la Faculté de droit de l'Université d'Ottawa (1953-1962). Il a occupé cette fonction en même temps que celle de juge à la Cour suprême du Canada. Après s'être retiré de la Cour, il a été nommé chancelier de l'Université d'Ottawa. L'édifice de la Faculté de droit de l'Université d'Ottawa porte toujours son nom.

14. Le très hon. Bora Laskin	Ont.	1973-12-27	1984-03-26

Bora Laskin était un éminent juriste et professeur de droit à l'Université de Toronto. En 1970, il devenait la première personne d'origine juive à avoir été nommée juge à la Cour suprême du Canada. Trois ans plus tard, le premier ministre libéral Pierre Elliott Trudeau le nommait juge en chef. À ce titre, il a notamment présidé le panel de la Cour qui a tranché le *Renvoi relatif au rapatriement* en 1981[36]. Le juge en chef Laskin était l'un des trois juges dissidents qui auraient confirmé la constitutionnalité du rapatriement unilatéral de la Constitution par le gouvernement « fédéral ».

Nom du juge en chef	Province	Date d'entrée en fonction à titre de juge en chef	Date de fin des fonctions à titre de juge en chef
15. Le très hon. Robert G. Brian Dickson	Man.	1984-04-18	1990-06-29

Brian Dickson a servi dans les Forces canadiennes au cours de la Seconde Guerre mondiale, durant laquelle il a perdu sa jambe droite. Il a, par la suite, connu une brillante carrière comme avocat avant d'être nommé juge dans la province du Manitoba et à la Cour suprême du Canada en 1973. Élevé au rang de juge en chef en 1984, il a dirigé la Cour alors que les premiers litiges portant sur la *Charte canadienne des droits et libertés*[37] étaient entendus. Dans ce contexte, il a rédigé plusieurs décisions fondamentales en matière de droit constitutionnel canadien comme, par exemple, l'arrêt *R. c. Oakes*[38].

16. Le très hon. Antonio Lamer	Qc	1990-07-01	2000-01-06

Antonio Lamer a dirigé la Cour suprême du Canada pendant une période plutôt tumultueuse où elle a rendu plusieurs décisions importantes en vertu de la *Charte*. De plus, il a présidé le panel qui a rendu l'un des avis les plus importants de la Cour, le *Renvoi relatif à la sécession du Québec*[39]. La Cour y a affirmé que le Québec n'avait pas le droit de se séparer unilatéralement du Canada, mais que le reste du pays avait néanmoins une obligation de négocier avec le Québec si une majorité claire de sa population votait pour cette option en réponse à une question claire.

17. La très hon. Beverley McLachlin	C.-B.	2000-01-07	2017-12-14

Beverley McLachlin est non seulement la première femme juge en chef de la Cour suprême du Canada, mais également la juge en chef étant restée en fonction le plus longtemps (17 ans). Au moment de sa retraite en 2017, la juge en chef McLachlin avait servi la Cour pendant 30 ans. À la suite de son départ de la Cour, elle a publié un roman juridique, intitulé *Full Disclosure*[40], et a été nommée à la Cour d'appel finale de Hong Kong où siègent plusieurs éminents juristes du Commonwealth.

18. Le très hon. Richard Wagner	Qc	2017-12-18	

Richard Wagner est diplômé en science politique et en droit de l'Université d'Ottawa. À la suite d'une carrière fructueuse au sein du cabinet Lavery, de Billy LLP de Montréal, il a été nommé juge à la Cour supérieure du Québec en 2004, à la Cour d'appel du Québec en 2011 et à la Cour suprême du Canada en 2012. Depuis le 18 décembre 2017, il est le 18ᵉ juge en chef de la Cour. Ce dernier s'est engagé à faire de la Cour une institution plus transparente, en publiant notamment des résumés des décisions judiciaires dans un langage simple et accessible à tous.

Les juges puînés, présents et anciens[41]

Nom du juge puîné	Province	Date d'entrée en fonction à titre de juge puîné	Date de fin des fonctions à titre de juge puîné
1. L'hon. William Johnstone Ritchie	N.-B.	1875-09-30	1879-01-11*

Voir le commentaire dans le tableau des juges en chef ci-dessus.

2. L'hon. Samuel Henry Strong	Ont.	1875-09-30	1892-12-13*

Voir le commentaire dans le tableau des juges en chef ci-dessus.

3. L'hon. Jean-Thomas Taschereau	Qc	1875-09-30	1878-10-06

Jean-Thomas Taschereau a exercé le droit dans la province de Québec avant d'être nommé à la Cour supérieure du Québec en 1865 et à la Cour du Banc de la Reine en 1873. Il est le père de Louis-Alexandre Taschereau, premier ministre libéral du Québec de 1920 à 1936, et de sir Henri-Thomas Taschereau, juge en chef du Québec de 1907 à 1909.

4. L'hon. Télesphore Fournier	Qc	1875-09-30	1895-09-11

Télesphore Fournier a été à la fois député à la Chambre des communes (1870-1875) et à l'Assemblée législative du Québec (1871-1873) à une époque où un tel cumul de postes était permis. À titre de ministre de la Justice et procureur général du Canada, il a déposé le projet de loi qui a mené à la création de la Cour suprême du Canada en février 1875. À la suite de l'adoption du projet de loi, il a été nommé comme l'un des six premiers juges de la Cour.

5. L'hon. William Alexander Henry	N.-É.	1875-09-30	1888-05-03

William Henry était l'un des Pères de la Confédération; il a participé aux conférences constitutionnelles à titre de procureur général de la Nouvelle-Écosse. Ayant participé à l'élaboration de l'*Acte de l'Amérique du Nord britannique de 1867*, on estimait qu'il devait bien connaître les intentions des rédacteurs, en particulier en ce qui concernait le partage des compétences entre le fédéral et les provinces. Ce facteur a contribué à sa nomination à la Cour suprême du Canada.

6. L'hon. sir Henri-Elzéar Taschereau	Qc	1878-10-07	1902-11-21*

Voir le commentaire dans le tableau des juges en chef ci-dessus.

7. L'hon. John Wellington Gwynne	Ont.	1879-01-14	1902-01-07

John Gwynne a contribué au développement du chemin de fer au Canada, en fondant sa propre compagnie, la « Toronto and Guelph Railway Company », qui a plus tard été fusionnée avec la principale ligne de chemin de fer de la province du Canada, la « Grand Trunk Railway Company of Canada ». En 1871, il a été nommé membre d'une commission d'enquête controversée sur la fusion de la common law et de l'equity en Ontario. À titre de juge de la Cour suprême du Canada, il était connu pour sa vision centriste du fédéralisme canadien.

Nom du juge puîné	Province	Date d'entrée en fonction à titre de juge puîné	Date de fin des fonctions à titre de juge puîné
8. L'hon. Christopher Salmon Patterson	Ont.	1888-10-27	1893-07-24

Originaire de Londres, Christopher Patterson a exercé le droit à Picton et à Toronto. En 1871, tout comme John Wellington Gwynne, il est nommé membre d'une commission d'enquête controversée sur la fusion de la common law et de l'equity. Il est nommé à la Cour d'appel de l'Ontario en 1874 et à la Cour suprême du Canada en 1888, où il a siégé pendant près de cinq ans.

| **9. L'hon. Robert Sedgewick** | N.-É. | 1893-02-18 | 1906-08-04 |

Robert Sedgewick a joué un rôle essentiel dans l'établissement de la Faculté de droit de l'Université de Dalhousie en 1883. Par la suite, à titre de sous-ministre de la Justice du Canada, il a participé à l'élaboration du premier *Code criminel*, qui a été adopté en 1892[42].

| **10. L'hon. George Edwin King** | N.-B. | 1893-09-21 | 1901-05-08 |

George King était premier ministre du Nouveau-Brunswick, une fonction qu'il a occupée pour la première fois à l'âge de 30 ans (ce qui fait de lui le plus jeune premier ministre de cette province). Il a notamment fait adopter une loi établissant le principe selon lequel l'État avait l'obligation de garantir aux enfants un accès égal à l'éducation. Lorsqu'il a quitté le poste de premier ministre en 1878, le nombre d'enfants inscrits dans le système public d'éducation et le nombre d'enseignants dans ces établissements avaient doublé[43].

| **11. L'hon. Désiré Girouard** | Qc | 1895-09-28 | 1911-03-22 |

Désiré Girouard a été député conservateur à la Chambre des communes de 1879 à 1895 et maire de Dorval de 1892 à 1895. À titre de député, il s'est notamment opposé à la pendaison de Louis Riel, et ce, contre son propre parti. Il était également un auteur prolifique et a écrit plusieurs ouvrages sur des questions juridiques, d'histoire et de généalogie, dont *Lake St. Louis, old and new, illustrated, and Cavelier de la Salle*[44] pour lequel il a reçu la médaille de la Confédération en 1895.

| **12. L'hon. sir Louis Henry Davies** | Î.-P.-É. | 1901-09-25 | 1918-10-23* |

Voir le commentaire dans le tableau des juges en chef ci-dessus.

| **13. L'hon. David Mills** | Ont. | 1902-02-08 | 1903-05-08 |

David Mills a connu une fructueuse carrière comme député à partir de 1867 et, par la suite, comme sénateur libéral au Parlement du Canada. Avant sa nomination à la Cour suprême du Canada, il était ministre de la Justice et leader du gouvernement au Sénat. Il a servi un peu plus d'un an à la Cour avant son décès.

Nom du juge puîné	Province	Date d'entrée en fonction à titre de juge puîné	Date de fin des fonctions à titre de juge puîné
14. L'hon. John Douglas Armour	Ont.	1902-11-21	1903-07-11

John Armour a exercé le droit pendant 25 ans à Cobourg, en Ontario, avant d'être nommé à la Cour du Banc de la Reine de cette province en 1877. Il a, ensuite, été élevé au rang de juge en chef de l'Ontario en 1901. L'année suivante, il a été nommé à la Cour suprême du Canada; toutefois, il est décédé un peu plus de sept mois suivant sa nomination, ce qui fait de lui le juge ayant siégé à la Cour pendant la plus courte période depuis sa création.

Nom du juge puîné	Province	Date d'entrée	Date de fin
15. L'hon. Wallace Nesbitt	Ont.	1903-05-16	1905-10-03

Wallace Nesbitt a été nommé à la Cour suprême du Canada, à l'âge de 45 ans, directement de la pratique privée par le premier ministre libéral Wilfrid Laurier, bien qu'il fût lui-même conservateur. En dépit de son excellente réputation comme juge, il a démissionné de la Cour deux ans plus tard pour retourner en pratique privée.

Nom du juge puîné	Province	Date d'entrée	Date de fin
16. L'hon. Albert Clements Killam	Man.	1903-08-08	1905-02-05

Avant sa nomination au plus haut tribunal, Albert Killam a été juge de la Cour du Banc de la Reine du Manitoba. En cette qualité, il a notamment entendu l'appel du chef métis Louis Riel. En 1899, il a été élevé au rang de juge en chef du Manitoba. En 1903, il fut le premier juge de l'Ouest canadien nommé à la Cour suprême du Canada. Il a démissionné en 1905 pour devenir le Commissaire en chef du Conseil des chemins de fer.

Nom du juge puîné	Province	Date d'entrée	Date de fin
17. L'hon. John Idington	Ont.	1905-02-10	1927-03-30

Après avoir exercé le droit pendant 40 ans, John Idington a été nommé à la Haute Cour de l'Ontario en 1904. L'année suivante, il était promu à la Cour suprême du Canada. En 1924, à la suite du décès du juge en chef Davies, il n'a pas été promu au rang de juge en chef, et ce, bien qu'il fût le juge ayant le plus d'ancienneté du banc. Il a pris sa retraite à l'âge de 86 ans, alors qu'il était le juge le plus âgé de l'Empire britannique, après que le Parlement eut adopté une loi qui obligeait les juges à prendre leur retraite à l'âge de 75 ans.

Nom du juge puîné	Province	Date d'entrée	Date de fin
18. L'hon. James Maclennan	Ont.	1905-10-05	1909-02-12

À titre de candidat libéral, James Maclennan a remporté un siège à la Chambre des communes lors de l'élection générale de 1874; toutefois, le résultat de l'élection fut, par la suite, annulé. Il gagna de nouveau lors de l'élection partielle suivante, mais le résultat de cette élection fut aussi annulé en 1875 et son adversaire fut déclaré vainqueur. Il retourna donc exercer le droit, avant d'être nommé juge à la Cour d'appel de l'Ontario en 1888 et à la Cour suprême du Canada en 1905.

Nom du juge puîné	Province	Date d'entrée	Date de fin
19. L'hon. Lyman Poore Duff	C.-B.	1906-09-27	1933-03-17*

Voir le commentaire dans le tableau des juges en chef ci-dessus.

Nom du juge puîné	Province	Date d'entrée en fonction à titre de juge puîné	Date de fin des fonctions à titre de juge puîné
20. L'hon. Francis Alexander Anglin	Ont.	1909-09-27	1924-09-16*

Voir le commentaire dans le tableau des juges en chef ci-dessus.

Nom du juge puîné	Province	Date d'entrée	Date de fin
21. L'hon. Louis-Philippe Brodeur	Qc	1911-08-11	1923-10-09

Avant d'être nommé à la Cour suprême du Canada, Louis-Philippe Brodeur a siégé comme député libéral pendant 20 ans à la Chambre des communes, où il a occupé les fonctions de président de la Chambre des communes, de ministre du Revenu de l'intérieur, de ministre de la Marine et des Pêcheries et de ministre du Service naval (à ce titre, il a déposé le projet de loi ayant donné naissance à la Marine canadienne). Après 12 ans de services, au cours desquels il a défendu les principes et le caractère distinct du Code civil québécois par rapport à la common law, il est devenu lieutenant-gouverneur du Québec.

Nom du juge puîné	Province	Date d'entrée	Date de fin
22. L'hon. Pierre-Basile Mignault	Qc	1918-10-25	1929-09-29

Pierre-Basile Mignault fut l'un des juges civilistes les plus influents de l'histoire canadienne. Il a notamment rédigé un ouvrage de neuf volumes intitulé *Droit civil canadien*[45]. À titre de juge de la Cour suprême du Canada, il a su sensibiliser ses collègues aux particularités du Code civil. Il est reconnu comme un ardent défenseur de l'intégrité et de la pureté du système civiliste québécois qu'il a vigoureusement tenté de protéger de l'influence de la common law canadienne[46].

Nom du juge puîné	Province	Date d'entrée	Date de fin
23. L'hon. Arthur Cyrille Albert Malouin	Qc	1924-01-30	1924-09-30

Arthur Malouin a été député libéral à la Chambre des communes pendant six ans avant d'être nommé juge à la Cour supérieure du Québec en 1905 et promu à la Cour suprême du Canada en 1924. Il ne servira que huit mois à la Cour suprême avant de prendre sa retraite. Avec le juge Armour (7 mois), il est l'un des juges ayant siégé le moins longtemps à la Cour.

Nom du juge puîné	Province	Date d'entrée	Date de fin
24. L'hon. Edmund Leslie Newcombe	N.-É.	1924-09-16	1931-12-09

Edmund Newcombe a été sous-ministre de la Justice, au niveau fédéral, pendant plus de 30 ans. Au cours de cette période, il a servi 11 ministres de la Justice, dont son ancien étudiant (et futur premier ministre) Richard Bedford Bennett. Pendant plusieurs années, la phrase « C'est le conseil de Newcombe… »[47] a guidé l'action gouvernementale en matière juridique. Il est aussi l'auteur d'une version annotée de l'*Acte de l'Amérique du Nord britannique de 1867*[48].

Nom du juge puîné	Province	Date d'entrée	Date de fin
25. L'hon. Thibaudeau Rinfret	Qc	1924-10-01	1944-01-08*

Voir le commentaire dans le tableau des juges en chef ci-dessus.

Nom du juge puîné	Province	Date d'entrée en fonction à titre de juge puîné	Date de fin des fonctions à titre de juge puîné
26. L'hon. John Henderson Lamont	**Sask.**	1927-04-02	1936-03-10

John Lamont a été élu député libéral lors de la première élection de l'Assemblée législative de la Saskatchewan, en 1905. Il fut également le premier procureur général de cette province. Deux ans plus tard, il fut nommé juge à la Cour suprême de la Saskatchewan puis, à partir de 1918, il a siégé à la Cour d'appel de la Saskatchewan. Il a finalement été juge à la Cour suprême du Canada de 1927 jusqu'à sa mort en 1936.

Nom du juge puîné	Province	Date d'entrée	Date de fin
27. L'hon. Robert Smith	**Ont.**	1927-05-18	1933-12-06

Robert Smith a été député libéral à la Chambre des communes (1908-1911) et juge à la Cour suprême de l'Ontario, d'abord, à la Division de la Haute Cour de justice (1922) et, ensuite, à la Division d'appel (1923-1927). Il a été nommé à la Cour suprême du Canada en 1927, l'année où le nombre de juges a augmenté de six à sept. Il semble y avoir une incertitude quant à sa date de naissance; il se peut que celle-ci ait été inexacte d'un an. Cette ambiguïté a soulevé certaines questions quant au moment précis où il devait prendre sa retraite.

Nom du juge puîné	Province	Date d'entrée	Date de fin
28. L'hon. Lawrence Arthur D. Cannon	Qc	1930-01-14	1939-12-25

Lawrence Cannon a exercé le droit avec Charles Fitzpatrick et Robert Taschereau, deux futurs juges en chef de la Cour suprême du Canada. Il a, par ailleurs, épousé la fille de Charles Fitzpatrick. Il a été député libéral à l'Assemblée législative du Québec de 1916 à 1923 et juge à la Cour du Banc du Roi du Québec de 1927 à 1930, avant sa nomination à la Cour suprême. Son petit-neveu, Lawrence Cannon, a été député à la Chambre des communes et ministre conservateur de 2006 à 2011 ainsi qu'ambassadeur du Canada en France de 2012 à 2017.

Nom du juge puîné	Province	Date d'entrée	Date de fin
29. L'hon. Oswald Smith Crocket	**N.-B.**	1932-09-21	1943-04-12

Oswald Crocket a été successivement journaliste pour le *Saint-John Globe*, avocat en pratique privée et député conservateur à la Chambre des communes (1904-1913), jusqu'à sa nomination comme juge à la Cour suprême du Nouveau-Brunswick, Division de la Cour du Banc du Roi. Il a siégé à la Cour pendant 11 ans, de 1932 à 1943.

Nom du juge puîné	Province	Date d'entrée	Date de fin
30. L'hon. Frank Joseph Hughes	**Ont.**	1933-03-17	1935-02-12

Frank Hughes fait partie de la cohorte remarquable de 1911 de la Osgoode Hall Law School, dont 16 diplômés ont été nommés « conseiller du Roi » et cinq ont été nommés à la magistrature. Après avoir travaillé comme procureur adjoint de la Couronne, puis brièvement comme procureur de la Couronne, et comme avocat en pratique privée, il a été nommé à la Cour suprême du Canada, où il a siégé pendant moins de deux ans avant de démissionner.

Nom du juge puîné	Province	Date d'entrée en fonction à titre de juge puîné	Date de fin des fonctions à titre de juge puîné
31. L'hon. Henry Hague Davis	Ont.	1935-01-31	1944-06-30

Henry Davis a exercé le droit à Toronto pendant 22 ans avant d'être nommé, en 1933, à la Cour d'appel de l'Ontario. En 1935, la même année où il accéda au poste de président de l'Association du Barreau canadien, il fut nommé à la Cour suprême du Canada. En 1938, il présida la Commission royale sur le contrat de la mitrailleuse Bren. Il siégea à la Cour jusqu'à son décès.

32. L'hon. Patrick Kerwin	Ont.	1935-07-20	1954-07-01*

Voir le commentaire dans le tableau des juges en chef ci-dessus.

33. L'hon. Albert Blellock Hudson	Man.	1936-03-24	1947-01-06

Albert Hudson a été député libéral à l'Assemblée législative du Manitoba (1914-1920), procureur général de cette province (1915-1917) et député libéral à la Chambre de communes (1921-1925). Il fut nommé à la Cour suprême du Canada en 1936, où il siégea jusqu'à son décès.

34. L'hon. Robert Taschereau	Qc	1940-02-09	1963-04-22*

Voir le commentaire dans le tableau des juges en chef ci-dessus.

35. L'hon. Ivan Cleveland Rand	N.-B.	1943-04-22	1959-04-26

Ivan Rand a été l'un des juges les plus influents de la Cour suprême du Canada. Il a conçu la célèbre « formule Rand », qui impose à l'ensemble des salariés membres d'une unité d'accréditation sujette à une convention collective, l'obligation de payer les cotisations syndicales, qu'ils fassent ou non partie du syndicat. Il est également connu pour ses décisions judiciaires protégeant les libertés individuelles avant l'adoption de la *Charte*, dont la plus fameuse est celle qu'il a rédigée dans l'arrêt *Roncarelli v. Duplessis*[49]. Après sa retraite de la Cour, le juge Rand a participé à la création de la nouvelle Faculté de droit de l'Université de Western Ontario dont il est devenu le premier doyen et a présidé une commission d'enquête examinant des transactions financières effectuées par le juge Leo Landreville avant sa nomination à la magistrature, alors qu'il était maire de Sudbury[50].

36. L'hon. Roy Lindsay Kellock	Ont.	1944-10-03	1958-01-14

Roy Kellock a exercé le droit à Toronto pendant 22 ans avant d'être nommé à la Cour d'appel de l'Ontario en 1942 et à la Cour suprême du Canada en 1944. Il a présidé, conjointement avec son collègue Robert Taschereau, la Commission royale sur les activités d'espionnage au Canada en réponse à l'affaire Gouzenko en 1946. Il a aussi été chancelier de l'Université McMaster (1955-1960).

Nom du juge puîné	Province	Date d'entrée en fonction à titre de juge puîné	Date de fin des fonctions à titre de juge puîné
37. L'hon. James Wilfred Estey	Sask.	1944-10-06	1956-01-22

Bill Estey a été député libéral à l'Assemblée législative de la Saskatchewan de 1934 à 1944. Il a occupé les fonctions de ministre de l'Éducation (1934-1941) et de procureur général (1939-1944), avant d'être nommé à la Cour suprême du Canada. Il siégea à la Cour de 1944 jusqu'à son décès en 1956. Au cours de cette période, la Cour est devenue l'instance judiciaire de dernier ressort pour le Canada et le nombre de juges a été augmenté de sept à neuf.

| 38. L'hon. Charles Holland Locke | C.-B. | 1947-06-03 | 1962-09-15 |

Charles Locke est la première personne née dans l'Ouest canadien à avoir été nommée juge à la Cour suprême du Canada. Il fut nommé en remplacement de son mentor, le juge Hudson. Né au Manitoba, il a commencé sa carrière juridique dans cette province et l'a poursuivie en Colombie-Britannique. Il a reçu la Croix militaire, en reconnaissance de services distingués et méritoires lors de la Première Guerre mondiale. Il a siégé à la Cour pendant 15 ans avant de retourner exercer le droit en pratique privée.

| 39. L'hon. John Robert Cartwright | Ont. | 1949-12-22 | 1967-09-01* |

Voir le commentaire dans le tableau des juges en chef ci-dessus.

| 40. L'hon. Joseph H. Gérald Fauteux | Qc | 1949-12-22 | 1970-03-23* |

Voir le commentaire dans le tableau des juges en chef ci-dessus.

| 41. L'hon. Douglas Charles Abbott | Qc | 1954-07-01 | 1973-12-22 |

Douglas Abbott a été député libéral à la Chambre des communes (1940-1954), ministre de la Défense nationale (1945-1946) et ministre du Revenu (1946-1954). Il a été nommé à la Cour suprême du Canada en 1954; sa nomination était controversée puisque c'était la première fois depuis Louis-Philippe Brodeur en 1911 qu'une personne était nommée à la Cour directement du Cabinet fédéral. C'est également la dernière fois qu'une telle nomination a eu lieu.

| 42. L'hon. Henry Grattan Nolan | Alb. | 1956-03-01 | 1957-07-08 |

Henry Nolan est le premier Albertain à avoir été nommé juge à la Cour suprême du Canada. Il a été décoré de la Croix militaire en reconnaissance de services distingués et méritoires lors de la Première Guerre mondiale. De plus, il a occupé le poste d'adjoint au juge avocat général, au rang de Brigadier, durant la Seconde Guerre mondiale et procureur devant le Tribunal militaire international pour l'Extrême-Orient qui a jugé les grands criminels de guerre japonais. Il a siégé à la Cour un peu plus d'un an avant de décéder.

Nom du juge puîné	Province	Date d'entrée en fonction à titre de juge puîné	Date de fin des fonctions à titre de juge puîné
43. L'hon. Ronald Martland	Alb.	1958-01-15	1982-02-09

Ronald Martland a été nommé à la Cour suprême du Canada pour remplacer le juge Nolan de l'Alberta qui était décédé très peu de temps après son accession à la Cour. Il était un brillant étudiant, terminant l'école secondaire à l'âge de 14 ans et, par la suite, obtenant une bourse Rhodes. Lors de ses études à Oxford, il a joué au hockey avec le futur commissaire de la Ligue nationale de hockey, Clarence Campbell. Lorsque le juge en chef Fauteux a pris sa retraite, le juge Martland, qui était alors le juge anglophone avec le plus d'ancienneté, aurait dû normalement être nommé juge en chef. Toutefois, le premier ministre libéral Pierre Elliott Trudeau lui a préféré Bora Laskin.

44. L'hon. Wilfred Judson	Ont.	1958-02-05	1977-07-19

Wilfred Judson a exercé le droit pendant 19 ans à Toronto avant d'être nommé à la Haute Cour de justice de l'Ontario en 1951 et à la Cour suprême du Canada en 1958.

45. L'hon. Roland Almon Ritchie	N.-É.	1959-05-05	1984-10-30

Roland Ritchie est le petit-neveu du second juge en chef de la Cour suprême du Canada, William Ritchie. En 1949, l'année où la province de Terre-Neuve s'est jointe au Canada, il a occupé le poste d'avocat-conseil auprès de la Commission royale sur les conditions de l'union de Terre-Neuve au Canada. Il fut nommé à la Cour directement de la pratique privée, sans expérience antérieure à titre de magistrat, pour remplacer le juge Rand.

46. L'hon. Emmett Matthew Hall	Sask.	1962-11-23	1973-02-28

Emmett Hall est l'un des pères du régime d'assurance-maladie canadien. En effet, à titre de président de la Commission royale d'enquête sur les services de santé (1961-1964), il a recommandé l'adoption d'un régime universel de soins de santé à l'échelle nationale. L'un de ses condisciples à la faculté de droit était le futur premier ministre conservateur John Diefenbaker, qui l'a plus tard nommé à la Cour du Banc de la Reine de la Saskatchewan, à la Cour d'appel de la Saskatchewan et à la Cour suprême du Canada.

47. L'hon. Wishart Flett Spence	Ont.	1963-05-30	1978-12-28

Wishart Spence a exercé le droit à Toronto avant d'être nommé à la Haute Cour de justice de l'Ontario en 1950 et à la Cour suprême du Canada en 1963. En 1966, il a présidé la Commission d'enquête sur certaines questions relatives à la dénommée Gerda Munsinger, à la suite d'allégations selon lesquelles une espionne de l'Allemagne de l'Est aurait eu des liaisons avec des ministres fédéraux. Dans les années 1970, il s'est souvent joint aux juges Laskin et Dickson dans des causes relatives aux droits de la personne. Le trio était connu sous l'acronyme « LSD ».

Nom du juge puîné	Province	Date d'entrée en fonction à titre de juge puîné	Date de fin des fonctions à titre de juge puîné
48. L'hon. Louis-Philippe Pigeon	Qc	1967-09-21	1980-02-07

Louis-Philippe Pigeon a commencé sa carrière au sein du cabinet juridique du futur premier ministre libéral Louis St-Laurent. En 1940, il devient secrétaire légiste de l'Assemblée législative du Québec, un poste qu'il occupe pendant quatre ans avant de retourner en pratique privée. De 1960 à 1966, il a agi comme conseiller juridique auprès du premier ministre du Québec, Jean Lesage. Son ouvrage intitulé *Rédaction et interprétation des lois*, publié en 1965, demeure un classique en la matière[51]. À titre de juge de la Cour suprême du Canada, il a fait des efforts considérables pour promouvoir le bilinguisme à la Cour. Après avoir pris sa retraite de la Cour, il s'est joint à la Section de droit civil de l'Université d'Ottawa comme « professeur invité ».

49. L'hon. Bora Laskin	Ont.	1970-03-19	1973-12-27*

Voir le commentaire dans le tableau des juges en chef ci-dessus.

50. L'hon. Robert G. Brian Dickson	Man.	1973-03-26	1984-04-18*

Voir le commentaire dans le tableau des juges en chef ci-dessus.

51. L'hon. Jean Beetz	Qc	1974-01-01	1988-11-09

Jean Beetz a enseigné le droit constitutionnel à l'Université de Montréal de 1953 à 1973; il a été doyen de la Faculté de droit de 1968 à 1970. L'un de ses collègues était le futur ministre de la Justice et premier ministre libéral, Pierre Elliott Trudeau. Il a participé à l'élaboration de la Charte de Victoria, un prélude au rapatriement de la Constitution canadienne, à titre de conseiller spécial en matière constitutionnelle du premier ministre Trudeau. En 1973, il a été nommé à la Cour d'appel du Québec et l'année suivante à la Cour suprême du Canada. Ses décisions en matière de partage des compétences, contrairement à celles du juge en chef Laskin, favorisaient une vision décentralisée de la fédération canadienne.

52. L'hon. Louis-Philippe de Grandpré	Qc	1974-01-01	1977-09-30

À l'âge de 29 ans, Louis-Philippe de Grandpré a été foudroyé par la syringomyélie, qui a eu pour effet de paralyser le côté droit de son corps. Cela ne l'a toutefois pas empêché d'être le premier Québécois à occuper successivement les postes de bâtonnier de Montréal, bâtonnier du Québec, président de l'Association du Barreau canadien et juge à la Cour suprême du Canada. Il a siégé à la Cour pendant près de quatre ans avant de retourner à la pratique du droit. Dans une entrevue donnée à la fin de sa vie, il disait avoir trouvé d'un ennui mortel le travail de juge au plus haut tribunal[52].

Nom du juge puîné	Province	Date d'entrée en fonction à titre de juge puîné	Date de fin des fonctions à titre de juge puîné
53. L'hon. Willard Zebedee Estey	Ont.	1977-09-29	1988-04-21

Willard Estey était le fils de Bill Estey, un ancien juge de la Cour suprême du Canada. En 1973, il a été nommé à la Cour d'appel de l'Ontario et, deux ans plus tard, juge en chef de la Haute Cour de l'Ontario. Il est devenu juge en chef de l'Ontario en 1976, avant d'être promu à la Cour suprême l'année suivante. Il est l'auteur de la première décision de la Cour suprême portant sur la *Charte* à la suite de son entrée en vigueur en 1982[53].

54. L'hon. Yves Pratte	Qc	1977-10-01	1979-06-29

Yves Pratte a été doyen de la Faculté de droit de l'Université Laval de 1962 à 1965, avant d'agir comme conseiller spécial des premiers ministres Jean Lesage et Daniel Johnson de 1965 à 1968. En 1968, il a été nommé président du conseil d'administration d'Air Canada, poste qu'il a occupé pendant sept ans. En 1977, il a été nommé juge à la Cour suprême du Canada; toutefois, il a démissionné deux ans plus tard pour des raisons de santé.

55. L'hon. William Rogers McIntyre	C.-B.	1979-01-01	1989-02-14

Bill McIntyre est devenu avocat après avoir servi dans les Forces canadiennes, en tant qu'officier d'artillerie, pendant la Seconde Guerre mondiale. Il a été nommé à la Cour suprême de la Colombie-Britannique en 1967 et à la Cour d'appel de la province six ans plus tard. Il fut promu à la Cour suprême du Canada en 1979.

56. L'hon. Julien Chouinard	Qc	1979-09-24	1987-02-06

Julien Chouinard a été sous-ministre de la Justice du Québec de 1965 à 1968, avant d'être nommé secrétaire du Conseil exécutif, le plus haut poste de la fonction publique québécoise. À ce titre, il fut l'un des conseillers du premier ministre libéral du Québec Robert Bourassa durant la crise d'octobre de 1970. En 1975, il a été nommé juge à la Cour d'appel du Québec et promu, en 1979, à la Cour suprême du Canada, où il a siégé jusqu'à son décès.

57. L'hon. Antonio Lamer	Qc	1980-03-28	1990-07-01*

Voir le commentaire dans le tableau des juges en chef ci-dessus.

Nom du juge puîné	Province	Date d'entrée en fonction à titre de juge puîné	Date de fin des fonctions à titre de juge puîné
58. L'hon. Bertha Wilson	**Ont.**	**1982-03-04**	**1991-01-03**

Bertha Wilson a débuté ses études en droit à la Dalhousie Law School à l'âge de 31 ans, après avoir travaillé comme enseignante en Écosse. Lors de ses études en droit, il n'y avait que cinq femmes dans sa classe. Après être devenue la première femme associée au cabinet Osler, Hoskin & Harcourt LLP de Toronto, elle est devenue la première femme nommée à la Cour d'appel de l'Ontario en 1975 et la première femme nommée à la Cour suprême du Canada en 1982, l'année de l'adoption de la *Charte*.

59. L'hon. Gerald Eric Le Dain	**Ont.**	**1984-05-29**	**1988-11-29**

Gerald Le Dain a été doyen de la Osgoode Hall Law School de 1967 à 1972. De 1969 à 1973, il était le président de la Commission d'enquête sur l'usage des drogues à des fins non médicales, où il recommanda la décriminalisation de la possession simple de la marijuana et de sa culture à des fins personnelles. Il aura fallu attendre jusqu'en 2018 avant que le Parlement décide de mettre en œuvre cette recommandation. En 1975, il a été nommé à la Cour d'appel fédérale, puis à la Cour suprême du Canada en 1984. Il démissionna quatre ans plus tard pour des raisons de santé.

60. L'hon. Gérard Vincent La Forest	**N.-B.**	**1985-01-16**	**1997-09-29**

Gérald La Forest était un homme fort érudit : il a étudié à l'Université St. Francis Xavier, à l'Université du Nouveau-Brunswick (B.C.L.), à l'Université Oxford (B.A. et M.A.) et à l'Université Yale (LL.M. et LL.D.). En outre, il a enseigné à l'Université du Nouveau-Brunswick, l'Université de l'Alberta (où il était doyen) et l'Université d'Ottawa. Il a également été sous-procureur général adjoint du Canada de 1970 à 1974. Sa carrière à la magistrature débuta en 1981 à la Cour d'appel du Nouveau-Brunswick et se poursuivit à la Cour suprême du Canada en 1985.

61. L'hon. Claire L'Heureux-Dubé	**Qc**	**1987-04-15**	**2002-06-30**

Claire L'Heureux-Dubé a fait ses études en droit à l'Université Laval, avant d'exercer dans un cabinet privé de Québec de 1952 à 1973. Elle fut la première femme nommée à la Cour supérieure du Québec en 1973, la première femme nommée à la Cour d'appel du Québec en 1979 et la seconde femme nommée à la Cour suprême du Canada en 1987. Au cours de ses années à la Cour suprême, elle était connue pour ses positions avant-gardistes en matière de droit à l'égalité ainsi que pour ses opinions dissidentes.

Nom du juge puîné	Province	Date d'entrée en fonction à titre de juge puîné	Date de fin des fonctions à titre de juge puîné
62. L'hon. John Sopinka	Ont.	1988-05-24	1997-11-24

Pendant ses études de droit à l'Université de Toronto, John Sopinka a joué pour des équipes professionnelles de la Ligue canadienne de football, soit les Argonauts de Toronto (1955-1957) et les Alouettes de Montréal (1957). Il a fait carrière en pratique privée à Toronto et a rédigé plusieurs livres, dont un ouvrage de référence en matière de droit de la preuve[54]. Il a été nommé directement à la Cour suprême du Canada en 1988, sans avoir préalablement été juge.

63. L'hon. Charles Doherty Gonthier	Qc	1989-02-01	2003-07-31

Charles Gonthier a exercé le droit à Montréal de 1952 à 1974. Par la suite, il a été nommé à la Cour supérieure du Québec en 1974, à la Cour d'appel du Québec en 1988 et à la Cour suprême du Canada en 1989. Il était connu comme un humaniste, un homme de principe et intègre. Il a parfois été décrit comme un juge « conservateur » puisque, en comparaison avec les autres juges, il avait tendance à donner une interprétation plus stricte aux droits et libertés garantis par la *Charte*[55].

64. L'hon. Peter deCarteret Cory	Ont.	1989-02-01	1999-05-31

Peter Cory a été pilote dans l'Aviation royale canadienne pendant la Seconde Guerre mondiale. Après avoir exercé le droit dans un cabinet privé de Toronto, il a été nommé à la Cour supérieure de l'Ontario en 1974, à la Cour d'appel de l'Ontario en 1981 et à la Cour suprême du Canada en 1989. Après avoir pris sa retraite de la Cour, il a notamment agi à titre de chancelier de l'Université York (2004-2008).

65. L'hon. Beverley McLachlin	C.-B.	1989-03-30	2000-01-07*

Voir le commentaire dans le tableau des juges en chef ci-dessus.

66. L'hon. William Stevenson	Alb.	1990-09-17	1992-06-04

William Stevenson était l'un des fondateurs de l'*Alberta Law Review* et son premier rédacteur en chef. Il a été l'un des avocats dans le dernier litige canadien entendu par le Comité judiciaire du Conseil privé de Londres[56]. Après avoir exercé le droit et l'avoir enseigné à l'Université de l'Alberta, il a été nommé juge à la Cour de district en 1975, à la Cour du Banc de la Reine en 1979 et à la Cour d'appel de l'Alberta en 1980. Il a été promu à la Cour suprême du Canada en 1990; toutefois, il s'est retiré à peine deux ans plus tard pour des raisons de santé.

Nom du juge puîné	Province	Date d'entrée en fonction à titre de juge puîné	Date de fin des fonctions à titre de juge puîné
67. L'hon. Frank Iacobucci	Ont.	1991-01-07	2004-06-30

Après avoir exercé le droit des sociétés à New York, Frank Iacobucci est devenu professeur à la Faculté de droit de l'Université de Toronto. Il a également été doyen de la Faculté (1979-1982) et vice-président et prévôt de l'Université de Toronto (1983-1985). Il a, ensuite, été nommé sous-ministre de la Justice (1985-1988) et juge en chef de la Cour d'appel fédérale (1988-1991). Il a, enfin, été promu à la Cour suprême du Canada en 1991, où il a siégé jusqu'à ce qu'il se retire de la magistrature en 2004. Il demeure, depuis lors, très actif dans le domaine juridique en tant qu'avocat chez Torys LLP. À ce titre, il a notamment présidé l'Enquête interne sur les actions des responsables canadiens relativement à Abdullah Almalki, Ahmad Abou-Elmaati et Muayyed Nureddin (2006-2008).

68. L'hon. John C. Major	Alb.	1992-11-13	2005-12-24

John Major a exercé le droit à Calgary au sein du cabinet Bennett Jones LLP pendant 34 ans. En 1991, il a été nommé à la Cour d'appel de l'Alberta et, l'année suivante, à la Cour suprême du Canada. Après avoir pris sa retraite de la magistrature, il est retourné travailler chez Bennett Jones et a notamment présidé la Commission d'enquête relative aux mesures d'investigation prises à la suite de l'attentat à la bombe commis contre le vol 182 d'Air India (2006-2010).

69. L'hon. Michel Bastarache	N.-B.	1997-09-30	2008-06-30

Michel Bastarache a connu une carrière très diversifiée tant dans le secteur privé que dans le secteur public. Il a notamment été professeur et doyen à la Faculté de droit de l'Université Moncton (1978-1983), vice-doyen de la Section de common law de l'Université d'Ottawa (1984-1987) et président-directeur général de la compagnie d'assurances l'Assomption (1989-1994). Réputé pour sa grande expertise en droits linguistiques, il a été nommé à la Cour d'appel du Nouveau-Brunswick en 1995 et à la Cour suprême du Canada en 1997. Depuis sa retraite de la magistrature, il exerce le droit comme avocat en pratique privée et a, entre autres, présidé la Commission d'enquête sur le processus de nomination des juges du Québec (2010-2011).

70. L'hon. William Ian Corneil Binnie	Ont.	1998-01-08	2011-10-20

Ian Binnie a connu une carrière remarquable en tant que plaideur tant au niveau national qu'au niveau international. Il a plaidé à de nombreuses reprises devant la Cour suprême du Canada et la Cour internationale de Justice. Il a également été sous-ministre associé de la Justice de 1982 à 1986. Il a été nommé à la Cour suprême du Canada en 1998, directement de la pratique privée et a été l'un des juges les plus respectés de cette Cour. Depuis sa retraite de la magistrature en 2011, il demeure toujours fort impliqué dans le milieu juridique.

Nom du juge puîné	Province	Date d'entrée en fonction à titre de juge puîné	Date de fin des fonctions à titre de juge puîné
71. L'hon. Louise Arbour	Ont.	1999-09-15	2004-06-30

À la suite de ses études en droit à l'Université de Montréal, Louise Arbour a travaillé comme auxiliaire juridique pour le juge Louis-Philippe Pigeon de la Cour suprême du Canada. Par la suite, elle a travaillé comme professeure (1974-1987) et vice-doyenne de la Osgoode Hall Law School. Elle a été nommée à la Cour suprême de l'Ontario (Haute Cour de justice) en 1987 et à la Cour d'appel de l'Ontario en 1990. En 1996, elle a poursuivi sa carrière comme procureure du Tribunal pénal international pour l'ex-Yougoslavie et pour le Rwanda. En 1999, elle est devenue juge à la Cour suprême du Canada, où elle a siégé pendant quatre ans avant de se retirer pour devenir Haute-Commissaire aux droits de l'homme des Nations-Unies (2004-2008). Elle est actuellement juriste en résidence chez Borden Ladner Gervais LLP et, depuis 2017, elle est la représentante spéciale du Secrétaire général des Nations-Unies pour les migrations internationales.

72. L'hon. Louis LeBel	Qc	2000-01-07	2014-11-29

Louis LeBel a exercé le droit à Québec pendant plusieurs années avant d'être nommé directement à la Cour d'appel du Québec en 1984. Il a notamment corédigé un ouvrage de référence en droit du travail québécois[57]. Il fut promu à la Cour suprême du Canada en 2000, où il a siégé jusqu'à l'âge de 75 ans. Il est maintenant avocat-conseil chez Langlois avocats SENCRL et juge en résidence à la Faculté de droit de l'Université Laval.

73. L'hon. Marie Deschamps	Qc	2002-08-07	2012-08-06

Marie Deschamps a fait carrière en pratique privée à Montréal avant d'être nommée à la Cour supérieure du Québec en 1990 et à la Cour d'appel du Québec en 1992. Elle a été promue à la Cour suprême du Canada en 2002, où elle a siégé pendant dix ans. En 2014, après son départ de la Cour, elle a mené un examen sur l'inconduite sexuelle et le harcèlement sexuel dans les Forces armées canadiennes.

74. L'hon. Morris J. Fish	Qc	2003-08-05	2013-08-30

Morris Fish a fait carrière comme avocat criminaliste à Montréal avant d'être nommé juge à la Cour d'appel du Québec en 1989. Il a été nommé à la Cour suprême du Canada en 2003, devenant ainsi le premier juge anglophone du Québec depuis Douglas Abbott en 1954. Il est maintenant juriste en résidence au cabinet Davies Ward Phillips & Vineberg LLP de Montréal.

Nom du juge puîné	Province	Date d'entrée en fonction à titre de juge puîné	Date de fin des fonctions à titre de juge puîné
75. L'hon. **Rosalie Silberman Abella**	Ont.	2004-08-30	

Rosalie Abella est née dans un camp de personnes déplacées en Allemagne en 1946 et a immigré au Canada avec sa famille à titre de réfugiée en 1950. En 1976, à l'âge de 29 ans, elle a été nommée juge à la Cour provinciale de l'Ontario (Division de la famille); elle était alors la plus jeune personne à être nommée juge, la première femme enceinte et la première réfugiée à accéder à la magistrature. Elle a été nommée à la Cour d'appel de l'Ontario en 1992 et à la Cour suprême du Canada en 2004, devenant ainsi la première femme d'origine juive à y siéger.

76. L'hon. **Louise Charron**	Ont.	2004-08-30	2011-08-29

Louise Charron a fait ses études en droit à l'Université d'Ottawa et y a travaillé à titre de professeure de 1978 à 1988. Au cours de la même période, elle était aussi procureure adjointe à la Couronne. Elle a été nommée juge à la Cour de district ainsi qu'à la Haute Cour de l'Ontario en 1988, à la Cour de l'Ontario (Division générale) en 1990 et à la Cour d'appel de l'Ontario en 1995. En 2004, elle devenait la première personne d'origine franco-ontarienne à être nommée juge à la Cour suprême du Canada, où elle a siégé jusqu'en 2011.

77. L'hon. **Marshall Rothstein**	Man.	2006-03-01	2015-08-30

Marshall Rothstein a été nommé à la Cour fédérale du Canada en 1992 et à la Cour d'appel fédérale en 1999. Il était le premier juge à être nommé à la Cour suprême du Canada en vertu d'un nouveau processus, instauré en 2006 par le premier ministre conservateur Stephen Harper, permettant à un comité parlementaire de le questionner dans la cadre d'une audience publique. Après s'être retiré de la Cour, il s'est joint au cabinet Osler, Hoskin & Harcourt LLP.

78. L'hon. **Thomas Albert Cromwell**	N.-É.	2008-12-22	2016-08-31

Avant de devenir juge, Thomas Cromwell a notamment été professeur de droit à la Dalhousie Law School (1982-1992 et 1995-1997) et adjoint exécutif juridique du juge en chef Antonio Lamer (1992-1995). En 1997, il a été nommé à la Cour d'appel de la Nouvelle-Écosse puis, en 2008, il a été promu à la Cour suprême du Canada. Dans le but d'accélérer le moment de son entrée en fonction, le juge Cromwell fut exempté du processus l'obligeant à répondre aux questions d'un comité parlementaire. À la suite de sa retraite de la magistrature, il s'est joint au cabinet Borden Ladner Gervais LLP.

79. L'hon. **Michael J. Moldaver**	Ont.	2011-10-21	

Michael Moldaver a terminé au premier rang de sa promotion à la Faculté de droit de l'Université de Toronto[58]. Il a ensuite connu une brillante carrière comme avocat criminaliste à Toronto avant d'être nommé à la Cour suprême de l'Ontario (Haute Cour de justice) en 1990 et à la Cour d'appel de l'Ontario en 1995. Il a été promu à la Cour suprême du Canada en 2011.

Nom du juge puîné	Province	Date d'entrée en fonction à titre de juge puîné	Date de fin des fonctions à titre de juge puîné
80. L'hon. Andromache Karakatsanis	Ont.	2011-10-21	

Au cours de sa carrière juridique, Andromache Karakatsanis a notamment occupé les postes de sous procureure générale de l'Ontario (1997-2000) et de secrétaire du Conseil des ministres et greffière du Conseil exécutif de l'Ontario (2000-2002). Elle a été nommée à la Cour supérieure de Justice de l'Ontario en 2002 et à la Cour d'appel de l'Ontario en 2010. En 2011, elle devenait la première personne d'origine grecque à devenir juge à la Cour suprême du Canada.

81. L'hon. Richard Wagner	Qc	2012-10-05	2017-12-18*

Voir le commentaire dans le tableau des juges en chef ci-dessus.

82. L'hon. Clément Gascon	Qc	2014-06-09	

Clément Gascon a exercé le droit à Montréal au sein du défunt cabinet Heenan Blaikie LLP avant d'être nommé à la Cour supérieure du Québec en 2002 et à la Cour d'appel du Québec en 2012. Il fut nommé à la Cour suprême du Canada en 2014, après que cette dernière eut jugé que le premier candidat mis de l'avant par le premier ministre conservateur Stephen Harper, le juge Marc Nadon de la Cour d'appel fédérale, ne remplissait pas les conditions requises pour représenter le Québec au plus haut tribunal. Au moment de sa nomination, le juge Gascon fut exempté du processus instauré en 2006 l'obligeant à répondre aux questions d'un comité parlementaire.

83. L'hon. Suzanne Côté	Qc	2014-12-01	

Suzanne Côté est la première femme à avoir été nommée directement à la Cour suprême du Canada de la pratique privée, alors qu'elle était avocate chez Osler, Hoskin & Harcourt LLP. À l'instar des juges Gascon et Brown, elle n'a pas fait l'objet d'une audience publique devant un comité parlementaire avant d'être nommée à la Cour. Le premier ministre conservateur Stephen Harper avait instauré cette pratique pour accroître la transparence gouvernementale, mais l'a par la suite abandonnée. Tout comme la juge L'Heureux-Dubé avant elle, la juge Côté est connue pour ses dissidences.

84. L'hon. Russell Brown	Alb.	2015-08-31	

Russell Brown a été professeur (2004-2013) et vice-doyen (2011-2013) à la Faculté de droit de l'Université de l'Alberta. À ce titre, il partageait régulièrement sur son blogue une perspective originale à l'égard de plusieurs sujets controversés d'actualité juridique. Il a connu une ascension fulgurante à la magistrature sous la gouverne du Parti conservateur du Canada, période durant laquelle il a été nommé à la Cour du Banc de la Reine de l'Alberta en 2013, à la Cour d'appel de l'Alberta en 2014 et à la Cour suprême du Canada en 2015.

Nom du juge puîné	Province	Date d'entrée en fonction à titre de juge puîné	Date de fin des fonctions à titre de juge puîné
85. L'hon. Malcolm Rowe	T.-N.-L.	2016-10-28	

Malcolm Rowe a connu une carrière juridique diversifiée avant d'accéder à la magistrature, occupant notamment le poste de greffier du Conseil exécutif et secrétaire du Cabinet de Terre-Neuve-et-Labrador. Il a été nommé à la division de première instance de la Cour suprême de Terre-Neuve-et-Labrador en 1999 puis, en 2001, il a été promu à la Cour d'appel. Il est le premier Terre-Neuvien à avoir été nommé à la Cour suprême du Canada et la première personne à être choisie à partir d'une liste de candidats créée par un comité indépendant. Le juge Rowe, tout comme la juge Martin nommée l'année suivante, a répondu à des questions posées par un comité parlementaire dans le cadre d'une audience publique conformément au processus instauré en 2016 par le premier ministre libéral Justin Trudeau.

86. L'hon. Sheilah L. Martin	Alb.	2017-12-18	

Sheilah Martin a été doyenne de la Faculté de droit de l'Université de Calgary (1991-1996). Elle a, par la suite, exercé le droit chez Code Hunter LLP, avant d'être nommée à la Cour du Banc de la Reine en 2005 et à la Cour d'appel de l'Alberta en 2016 (ainsi qu'à celles des Territoires du Nord-Ouest et du Nunavut). Elle a aussi agi en tant que juge suppléante à la Cour suprême du Yukon depuis 2009. Elle a été promue à la Cour suprême du Canada en 2017.

4

Les décisions importantes en matière constitutionnelle

Il n'est pas surprenant que les décisions judiciaires les plus importantes aient été rendues par la Cour suprême du Canada. Toutefois, tel que susmentionné, jusqu'en 1933, en matière criminelle, et jusqu'en 1949, en matière civile, la Cour suprême du Canada n'était pas, dans les faits, « suprême ». Il était, en effet, possible de contester ses décisions, et parfois même de les contourner, en s'adressant au Comité judiciaire du Conseil privé de Londres. C'est pourquoi la première décision discutée ci-dessous n'est pas une décision de la Cour suprême du Canada.

LES FEMMES SONT-ELLES DES « PERSONNES » ?
Edwards v. Attorney-General for Canada, [1930] A.C. 124 (P.C.)

Dans les années 1920, un groupe de cinq femmes canadiennes (les « célèbres cinq ») ont tenté de convaincre le premier ministre libéral William Lyon Mackenzie King (de l'affaire King-Byng) de recommander la nomination d'une première femme au Sénat. Le premier ministre a refusé au motif que l'expression « personnes ayant les qualifications voulues » à l'article 24 de la *Loi constitutionnelle de 1867*[1] avait été interprétée comme s'appliquant uniquement aux « hommes ». La Cour suprême du Canada a confirmé cette interprétation de la *Loi*. En appel, le Comité judiciaire du Conseil privé a conclu que l'expression « personnes ayant les qualifications voulues » incluait les « femmes » et que, par conséquent, elles pouvaient être nommées au Sénat. Le Comité a souligné que le sens des termes de la Constitution n'était pas « statique » : il pouvait évoluer et s'adapter à la période dans laquelle nous vivons. Selon le Comité, la *Loi constitutionnelle de 1867* « a planté au Canada un arbre capable de grandir et de grossir dans ses limites naturelles »[2]. Cette théorie d'interprétation est connue sous le nom de la « doctrine de l'arbre vivant » et est devenue encore plus importante avec l'adoption de la *Charte canadienne des droits et libertés*[3] en 1982.

Une sculpture des « célèbres cinq » se trouve sur la colline parlementaire et se trouvait auparavant au verso des billets de 50 $. Le groupe était composé des personnes suivantes : Henrietta Muir Edwards (1849-1931), l'une des fondatrices des Infirmières de l'Ordre de Victoria du Canada et une inlassable porte-parole des droits des travailleuses; Nellie McClung (1873-1951), suffragette (personne militant pour le droit de vote des femmes) et députée à l'Assemblée législative de l'Alberta; Louise McKinney (1868-1931), députée à l'Assemblée législative de l'Alberta et l'une des deux premières femmes élues députées au Canada et dans l'Empire britannique; Emily Murphy (1868-1933), première femme nommée juge dans l'Empire britannique; et Irene Parlby (1868-1965), avocate pour les travailleuses dans le secteur agricole et première femme nommée ministre en Alberta. Un an après la décision, une première femme a été nommée au Sénat. Il ne s'agissait pas de l'une des « célèbres cinq », mais de Cairine Reay Wilson, une militante politique d'Ottawa. Cette dernière a siégé au Sénat pendant 30 ans. En octobre 2009, longtemps après leur mort, les « célèbres cinq » ont été nommées « sénatrices honoraires ».

LES DROITS DES MINORITÉS RELIGIEUSES :
Saumur v. City of Quebec, [1953] 2 S.C.R. 299

Souvent ce sont les groupes marginalisés de la société qui contestent le statu quo et qui réussissent à faire évoluer le droit. Avant l'adoption de la *Charte* en 1982, la plupart des décisions importantes en matière de libertés civiles ont été rendues en réponse au harcèlement que subissaient les Témoins de Jéhovah au Québec. Avant la Révolution tranquille, survenue dans les années 1960, l'Église catholique exerçait un grand pouvoir dans la province. L'Église et le gouvernement du Québec entretenaient une collaboration étroite. Laurier Saumur était un Témoin de Jéhovah qui, à titre de missionnaire, faisait du porte-à-porte dans les villes de Montréal et de Québec. Il avait été arrêté à plus de 100 reprises pour avoir distribué des pamphlets produits par les Témoins de Jéhovah. Monsieur Saumur a fini par contester le règlement municipal de la ville de Québec qui interdisait la distribution de documents écrits dans les rues de la ville sans la permission du chef de police. Par une majorité de 5-4, la Cour suprême du Canada a jugé que la ville n'avait pas compétence pour adopter le règlement contesté puisqu'il portait sur l'expression et la religion et, en vertu de l'*Acte de l'Amérique du Nord britannique de 1867*[4], seul le Parlement fédéral pouvait légiférer sur ces questions. L'arrêt *Saumur v. City of Quebec* fait partie d'un ensemble de décisions sur les libertés civiles dans lesquelles la Cour a protégé des droits et libertés qui n'étaient pas explicitement inscrits dans le texte de la Constitution. Certains ont exprimé l'opinion que, par ces décisions, la Cour avait reconnu l'existence d'une « déclaration implicite des droits » dans notre Constitution[5].

PERSONNE N'EST AU-DESSUS DE LA LOI :
Roncarelli v. Duplessis, [1959] S.C.R. 121

Maurice Duplessis était le très puissant premier ministre unioniste du Québec de 1936 à 1939 et de 1944 à 1959. On l'appelait « Le Chef »; il dirigeait le Québec d'une main de fer et n'hésitait pas à réprimer ses opposants. Parmi ceux-ci, il y avait les Témoins de Jéhovah qui, tel que susmentionné, étaient fréquemment arrêtés et emprisonnés au Québec à cette époque. Frank Roncarelli était Témoin de Jéhovah et propriétaire d'un restaurant populaire à Montréal. Il se portait souvent caution pour des Témoins de Jéhovah qui se faisaient arrêter afin qu'ils puissent regagner leur liberté. Le premier ministre a demandé au directeur de la Commission des Liqueurs de révoquer le permis d'alcool de M. Roncarelli pour le punir. Sans permis d'alcool, M. Roncarelli a été contraint de fermer son restaurant. Pour cette raison, il a décidé de poursuivre le premier ministre en dommages-intérêts. Une majorité de la Cour suprême du Canada a conclu que le premier ministre n'avait pas le pouvoir d'ordonner la révocation du permis d'alcool de M. Roncarelli dans les circonstances. Cette décision demeure l'une des plus importantes au Canada puisqu'elle confirme le principe que personne n'est au-dessus des lois, pas même les plus hauts titulaires de charge publique.

DÉCEPTION CAUSÉE PAR LA DÉCLARATION CANADIENNE DES DROITS :

La Reine c. Drybones, [1970] R.C.S. 282; *Procureur général du Canada c. Lavell*, [1974] R.C.S. 1349; *Bliss c. Procureur général du Canada*, [1979] 1 R.C.S. 183

La *Déclaration canadienne des droits*[6] a été promulguée en 1960 en grandes pompes. Toutefois, elle a généralement reçu une interprétation timide de la part des tribunaux. L'arrêt *R. c. Drybones* est le seul arrêt dans lequel la Cour suprême du Canada a déclaré une loi inopérante au motif qu'elle violait la *Déclaration*. La Cour a jugé qu'une disposition de la *Loi sur les Indiens*[7], qui interdisait aux « Indiens » d'être intoxiqués à l'extérieur d'une réserve, violait le droit à l'égalité protégé par la *Déclaration*. L'arrêt *Procureur général du Canada c. Lavell*, pour sa part, est plus représentatif de l'interprétation étroite et limitée de la *Déclaration* par la Cour. Dans cet arrêt, la Cour a en effet conclu qu'une disposition de la *Loi sur les Indiens*[8], qui privait une femme (mais non un homme) de son statut d'« Indien » lorsqu'elle épousait une personne qui n'avait pas ce statut, ne violait pas le droit à l'égalité protégé par la *Déclaration*. Enfin, dans l'arrêt *Bliss c. Procureur général du Canada*, la Cour a jugé qu'une femme enceinte n'avait pas le droit à des prestations en vertu de la *Loi de 1971 sur l'assurance-chômage*[9] dont pouvaient se prévaloir les autres femmes et les hommes. Dans un énoncé devenu tristement célèbre, la Cour a affirmé que l'inégalité dont étaient victimes les femmes enceintes dans ce domaine ne trouvait pas sa source dans la loi, mais plutôt dans la nature. Il s'agit d'une illustration du concept d'« égalité formelle », qui s'intéresse uniquement à l'application identique de la loi aux personnes affectées par celle-ci, par opposition au concept d'« égalité réelle », qui s'intéresse à l'incidence de la loi sur les personnes. L'arrêt *Bliss* a incité les groupes de défense des droits des femmes à s'impliquer dans la rédaction de la *Charte* plusieurs années plus tard.

LE POUVOIR GÉNÉRAL ET LE PARTAGE DES COMPÉTENCES :
Renvoi : Loi anti-inflation, [1976] 2 R.C.S. 373; *R. c. Crown Zellerbach Canada Ltd.*, [1988] 1 R.C.S. 401

Le paragraphe introductif de l'article 91 de la *Loi constitutionnelle de 1867* confère au Parlement fédéral un pouvoir général de faire des lois « pour la paix, l'ordre et le bon gouvernement du Canada ». Cette phrase est connue sous l'acronyme « POBG ». Cet acronyme fait aussi référence au pouvoir résiduel ayant été conféré au Parlement fédéral lorsque les Pères de la Confédération ont partagé les compétences législatives entre les provinces et le fédéral dans la *Loi constitutionnelle de 1867*. L'articulation moderne de la portée de « POBG » figure dans deux décisions rendues à plus de dix ans d'intervalle. La première concerne l'inflation et la deuxième concerne la pollution maritime.

L'inflation était un grave problème au Canada dans les années 1970. À cette époque le taux d'inflation annuel était d'environ 10 %. En 1975, le Parlement fédéral a adopté la *Loi anti-inflation*[10] afin de combattre ce problème. Rien dans la liste des compétences conférées au Parlement fédéral par l'article 91 de la *Loi constitutionnelle de 1867* ne l'habilitait à légiférer sur cette question. En fait, la plupart des mesures prévues par la *Loi* portaient clairement atteinte aux compétences des provinces prévues à l'article 92 de la *Loi constitutionnelle de 1867*, en particulier leur compétence sur « la propriété et les droits civils dans la province ». Néanmoins, dans le *Renvoi relatif à la Loi anti-inflation*, la Cour suprême du Canada a conclu que le Parlement fédéral pouvait adopter la *Loi anti-inflation* en vertu de sa compétence de faire des lois « pour la paix, l'ordre et le bon gouvernement du Canada ». Cet avis consultatif demeure un précédent fondamental sur la portée de la compétence du Parlement fédéral d'adopter des lois pour la « POBG » en situations d'« urgence nationale ».

Une dizaine d'années plus tard, dans l'arrêt *R. c. Crown Zellerbach*, la Cour suprême du Canada a jugé que le Parlement fédéral avait compétence pour adopter des lois régissant la pollution maritime en vertu de « POBG », puisqu'il s'agissait d'une question d'« intérêt national ». En effet, lorsqu'un sujet intéresse clairement le pays en entier et que l'on a satisfait au critère établi par la Cour, le Parlement fédéral peut adopter des lois sur tout sujet d'« intérêt national ».

LE RAPATRIEMENT DE LA CONSTITUTION CANADIENNE :

Renvoi : Résolution pour modifier la Constitution, [1981] 1 R.C.S. 753

À la suite du référendum de 1980, le premier ministre libéral Pierre Elliott Trudeau avait promis aux Québécois un fédéralisme renouvelé. Il n'a cependant pas réussi à conclure une entente avec les premiers ministres provinciaux sur une proposition de réforme constitutionnelle, incluant le rapatriement de la Constitution, une charte des droits et libertés et une procédure de modification constitutionnelle. Il a donc décidé que le gouvernement fédéral irait de l'avant avec sa proposition de réforme, et ce, sans l'accord des provinces. Plusieurs provinces ont décidé de saisir les tribunaux afin d'empêcher le gouvernement fédéral d'agir ainsi. Trois renvois différents ont été ultimement entendus en même temps par la Cour suprême du Canada au printemps 1981. Par une majorité de 7-2, la Cour a conclu que le gouvernement fédéral avait le pouvoir juridique de modifier la Constitution sans le consentement des provinces. Toutefois, une majorité différente de 6-3 a affirmé que, en vertu d'une convention constitutionnelle (c'est-à-dire une règle politique non codifiée de nature constitutionnelle), le gouvernement fédéral devait obtenir un « degré appréciable de consentement provincial » avant d'aller de l'avant[11]. Tous les juges s'entendaient sur le fait qu'ils pouvaient reconnaître l'existence des conventions constitutionnelles, sans toutefois pouvoir les mettre en œuvre (c'est-à-dire ordonner au gouvernement de les respecter). En raison de cette décision, le gouvernement fédéral et les provinces ont été forcés de reprendre les négociations. Une entente est survenue en novembre 1981 entre le gouvernement fédéral et toutes les provinces à l'exception du Québec. Cette entente a ultimement mené au rapatriement et à l'adoption de la *Loi constitutionnelle de 1982*[12], incluant la *Charte canadienne des droits et libertés*.

LE RAPATRIEMENT POUVAIT-IL SE FAIRE SANS LE CONSENTEMENT DU QUÉBEC ?

Renvoi sur l'opposition du Québec à une résolution pour modifier la Constitution, [1982] 2 R.C.S. 793

Dans le cadre d'un renvoi devant la Cour d'appel du Québec, le gouvernement du Québec a contesté la constitutionnalité (au sens conventionnel) de l'entente sur le rapatriement de la Constitution ayant été conclue sans son consentement. La Cour d'appel du Québec a unanimement répondu que le rapatriement avait eu lieu dans le respect des conventions applicables : le fait que neuf provinces sur dix avaient consenti au rapatriement était suffisant pour conclure à l'existence d'un degré appréciable de consentement provincial. Autrement dit, le Québec ne disposait pas d'un veto sur la modification constitutionnelle proposée. Au moment où la Cour suprême du Canada fut saisie du dossier, le rapatriement était déjà un fait accompli; néanmoins, la Cour a jugé pertinent de se prononcer sur la question. À l'instar de la Cour d'appel, elle a conclu que le Québec ne disposait pas d'un veto ayant pour conséquence de rendre inconstitutionnel le rapatriement de la Constitution. En effet, les éléments de preuve révélaient qu'un tel veto n'avait jamais été explicitement reconnu dans le passé par les acteurs politiques à l'extérieur du Québec. L'avis de la Cour suprême est important puisqu'il a permis d'éliminer tout doute quant à la constitutionnalité du rapatriement.

FOUILLES ET SAISIES :

Hunter c. Southam, [1984] 2 R.C.S. 145

L'arrêt *Hunter c. Southam* était l'une des premières décisions rendues par la Cour suprême du Canada en vertu de la *Charte*. En se fondant sur l'arrêt *Edwards v. Attorney-General for Canada* du Comité judiciaire du Conseil privé, la Cour a affirmé que la *Charte* devait recevoir une interprétation large et libérale. Il s'agissait d'une rupture marquée avec l'interprétation que les tribunaux avaient donnée à la *Déclaration canadienne des droits* de 1960. L'arrêt *Hunter c. Southam* portait sur l'interprétation de l'article 8 de la *Charte*, qui interdit les fouilles, les perquisitions et les saisies abusives. La Cour a affirmé que les juges, en interprétant la *Charte*, devaient examiner l'objet du droit en cause. En l'espèce, l'article 8 visait à préserver les attentes raisonnables des particuliers en matière de vie privée.

LA FORCE DU PRINCIPE DE LA PRIMAUTÉ DU DROIT :

Renvoi : Droits linguistiques au Manitoba, [1985] 1 R.C.S. 721

C'est dans le cadre du *Renvoi relatif aux droits linguistiques au Manitoba* que la Cour suprême du Canada s'est prononcée, pour la première fois, sur le sens de l'expression « primauté du droit » dans une cause constitutionnelle. La question consistait à savoir si l'ensemble des lois adoptées uniquement en anglais par la Législature du Manitoba depuis 1890 était valide compte tenu de l'obligation de cette province d'adopter des lois en anglais et en français aux termes de l'article 23 de la *Loi de 1870 sur le Manitoba*[13]. Dans ce contexte, la Cour a affirmé que le principe de la primauté du droit signifiait au moins deux choses. Premièrement, que « le droit est au-dessus des autorités gouvernementales aussi bien que du simple citoyen et exclut, par conséquent, l'influence de l'arbitraire »[14]. C'est en vertu de ce principe que la Cour a été contrainte de déclarer que toutes les lois unilingues anglaises adoptées par le Manitoba depuis 1890 étaient inconstitutionnelles. En effet, le Manitoba ne pouvait ignorer des dispositions impératives de la Constitution. Deuxièmement, « la primauté du droit exige la création et le maintien d'un ordre réel de droit positif qui préserve et incorpore le principe plus général de l'ordre normatif »[15]. En l'espèce, le fait d'invalider les lois du Manitoba aurait eu pour conséquence de plonger la province dans un vide juridique. La Cour a reconnu qu'il ne peut y avoir primauté du droit si la province n'a aucune règle de droit positif (ce serait l'anarchie). Le défi consistait à reconnaître l'inconstitutionnalité des lois du Manitoba sans plonger la province dans un vide juridique. La Cour a donc décidé de suspendre la déclaration d'invalidité des lois unilingues anglaises afin de donner le temps à la province de les traduire et de les adopter en français. Les deux dimensions de la primauté du droit ont donc ultimement été respectées.

LA PORTÉE DU TERME « LIBERTÉ » :

Renvoi sur la Motor Vehicle Act (C.-B.), [1985] 2 R.C.S. 486

Dans le *Renvoi sur la Motor Vehicle Act (C.-B.)*, la Cour suprême du Canada a conclu qu'une disposition de la *Motor Vehicle Act*[16] de la Colombie-Britannique, qui établissait une infraction de responsabilité absolue pour une personne qui conduisait son véhicule alors que son permis avait été suspendu, était inconstitutionnelle. La *Loi* imposait également des peines d'emprisonnement minimales. Le point important est que la *Loi* n'accordait aucune défense à l'accusé (celui-ci ne pouvait, par exemple, s'exonérer en prouvant qu'il n'était pas au courant que son permis de conduire avait été suspendu). La Cour a conclu que cette disposition violait le « droit à la liberté » sous l'article 7 de la *Charte* de manière non conforme aux « principes de justice fondamentale ». Plusieurs personnes ayant travaillé à la rédaction de la *Charte* avaient affirmé que l'article 7 ne donnait pas aux tribunaux l'autorité de remettre en question le caractère « juste » d'une disposition législative. Elles estimaient que l'État pouvait priver une personne du droit à la vie, à la liberté et à la sécurité pourvu que la procédure suivie pour ce faire soit « juste » (cela serait le cas, par exemple, si la personne a eu un procès public et équitable devant un tribunal indépendant et impartial). S'exprimant au nom de la Cour, le juge Antonio Lamer (plus tard juge en chef) a affirmé que les « principes de justice fondamentale » imposaient non seulement des limites « procédurales » au pouvoir de l'État, mais également des limites « de fond ». Cet arrêt a eu pour effet d'ouvrir la porte à un contrôle judiciaire très large du caractère juste et équitable de certaines lois en matière notamment d'avortement, d'aide médicale à mourir et de prostitution.

LES « LIMITES RAISONNABLES » AUX DROITS CONSTITUTIONNELS :
R. c. Oakes, [1986] 1 R.C.S. 103

L'article premier de la *Charte* dispose que les droits et libertés qui y sont garantis « ne peuvent être restreints que par une règle de droit, dans des limites qui soient raisonnables et dont la justification puisse se démontrer dans le cadre d'une société libre et démocratique ». Dans l'arrêt *R. c. Oakes*, la Cour suprême du Canada a élaboré un critère afin de déterminer si une limite imposée à un droit (ou une liberté) protégé par la *Charte* est raisonnable. La mesure législative doit poursuivre un objectif suffisamment important (« objectif urgent et réel »). De plus, la mesure choisie doit être nécessaire pour atteindre l'objectif visé (« lien rationnel »); la mesure doit porter le moins possible atteinte aux droits et libertés garantis par la *Charte* (« atteinte minimale »); et les effets bénéfiques de la mesure doivent être supérieurs à ses effets néfastes (« proportionnalité »). Il s'agit du fameux « critère » de l'arrêt *Oakes* qui est systématiquement utilisé pour juger de la validité constitutionnelle d'une mesure législative portant atteinte à la *Charte*.

L'AVORTEMENT ET LA CONSTITUTION :
R. c. Morgentaler, [1988] 1 R.C.S. 30

Dans les années 1970 et 1980, l'avortement était un sujet particulièrement controversé. Dans l'arrêt *R. c. Morgentaler*, une majorité de 5-2 de la Cour suprême du Canada a conclu qu'une disposition du *Code criminel*[17], qui limitait le droit à l'avortement, était contraire à l'article 7 de la *Charte*, qui protège le droit à la vie, à la liberté et à la sécurité de la personne (toute privation doit être conforme aux principes de justice fondamentale). La disposition du *Code criminel* permettait uniquement aux femmes d'obtenir légalement un avortement dans des hôpitaux agréés avec l'approbation du comité d'avortement thérapeutique de l'hôpital en question. Le docteur Morgentaler a fait l'objet d'accusations criminelles pour avoir pratiqué des avortements en dehors de ce cadre. Selon la juge Bertha Wilson, la première femme nommée à la Cour, le problème était que la disposition du *Code criminel* refusait aux femmes le droit de prendre des décisions fondamentales par rapport à leur propre corps et au fœtus qu'elles portent. La Cour a invalidé cette disposition et acquitté le docteur Morgentaler. Toutes les tentatives parlementaires subséquentes pour encadrer le droit à l'avortement dans le *Code criminel* ont échoué.

LA QUESTION DE L'AFFICHAGE EN FRANÇAIS AU QUÉBEC :
Ford c. Québec (Procureur général), [1988] 2 R.C.S. 712

L'arrêt *Ford c. Québec (Procureur général)* portait sur la constitutionnalité de certaines dispositions de la *Charte de la langue française*[18] qui prévoyaient notamment que l'affichage public devait se faire uniquement en français au Québec. La Cour suprême du Canada a conclu que cette exigence violait la liberté d'expression, qui inclut le droit de s'exprimer dans la langue de son choix, et ce, même en matière commerciale. La Cour a également conclu que les dispositions contestées ne pouvaient se justifier dans le cadre d'une société libre et démocratique. En effet, ces dispositions poursuivaient un objectif important (à savoir, l'amélioration de la situation de la langue française au Québec afin d'en assurer la survie); toutefois, la mesure choisie (à savoir, l'usage exclusif du français dans l'affichage commercial) n'était ni nécessaire ni proportionnelle, à cet objectif. Selon la Cour, pour protéger adéquatement la langue française au Québec, il serait suffisant d'exiger un affichage « prédominant » en langue française plutôt qu'un affichage « exclusivement » dans cette langue. À la suite de la décision de la Cour, et en réponse à celle-ci, la Législature du Québec a de nouveau adopté les dispositions invalidées de la *Charte de la langue française* en utilisant la « clause dérogatoire ». Ce geste, qui a été perçu négativement par la population canadienne hors Québec, a contribué à galvaniser l'opposition à l'Accord du lac Meech[19].

LE SENS DU TERME « ÉGALITÉ » :
Andrews c. Law Society of British Columbia, [1989] 1 R.C.S. 143

L'arrêt *Andrews c. Law Society of British Columbia* demeure la décision la plus importante en matière de droit à l'égalité. La Cour suprême du Canada a décidé qu'une disposition législative faisant de la citoyenneté une exigence pour exercer le droit en Colombie-Britannique violait le paragraphe 15(1) de la *Charte* et ne pouvait se justifier en vertu de l'article premier. Contrairement aux autres dispositions de la *Charte*, l'article 15 n'est pas immédiatement entré en vigueur en 1982, mais plutôt trois ans après, soit en 1985. Dans l'arrêt *Andrews*, la Cour a établi le cadre analytique pour déterminer si le droit à l'égalité avait été violé. Son approche favorisait l'égalité « réelle » plutôt que l'égalité « formelle »; l'égalité « réelle » requiert que l'on comprenne et que l'on analyse la disposition contestée selon la perspective des personnes affectées par celle-ci. L'ancienne juge en chef Beverley McLachlin a déjà déclaré que le droit à l'égalité est le plus difficile des droits à interpréter et appliquer[20]. La Cour revient souvent aux principes établis par cet arrêt qui demeure une décision fondamentale en matière de droit à l'égalité.

LE DROIT À L'ÉDUCATION DANS LA LANGUE DE LA MINORITÉ :
Mahé c. Alberta, [1990] 1 R.C.S. 342

L'arrêt *Mahé c. Alberta* est une décision fondamentale en matière de droits linguistiques en vertu de la *Charte*. L'article 23 de la *Charte* protège le droit à l'éducation dans la langue de la minorité, tout particulièrement le droit des citoyens francophones hors Québec de faire instruire leurs enfants en français dans des établissements financés par des fonds publics. Ce droit s'applique uniquement lorsque le nombre d'enfants recevant la prestation est « suffisant » pour justifier le financement public. Dans une décision unanime, la Cour suprême du Canada a jugé que, lorsque le nombre d'enfants le justifie, l'article 23 de la *Charte* confère aux parents qui font partie de la minorité linguistique le droit d'être représentés au sein du conseil scolaire ou d'avoir un conseil scolaire indépendant, selon les circonstances, dans le but de favoriser l'instruction dans la langue officielle de la minorité.

LES DROITS DES PEUPLES AUTOCHTONES :
R. c. Sparrow, [1990] 1 R.C.S. 1075

Ronald Sparrow est membre de la bande Musqueam en Colombie-Britannique. Il a été arrêté pour avoir pêché avec un filet plus grand que celui autorisé par son permis de pêche fédéral. Monsieur Sparrow a plaidé qu'il avait un droit ancestral de pêcher garanti par le paragraphe 35(1) de la *Loi constitutionnelle de 1982*. La Cour suprême du Canada a établi le cadre analytique permettant d'évaluer si une mesure étatique respecte le paragraphe 35(1). Selon cette dernière, le paragraphe 35(1) protège les droits ancestraux autochtones qui existaient en 1982. De plus, ces droits ne peuvent être indûment limités par l'État. Par conséquent, lorsqu'il limite les droits protégés par le paragraphe 35(1), l'État doit justifier sa décision et respecter son obligation fiduciale envers les peuples autochtones. À la suite de la décision de la Cour, M. Sparrow a continué la pêche commerciale afin de fournir du saumon aux membres de sa communauté. On le considère comme l'un des meilleurs pêcheurs de la côte ouest, il serait un expert des schémas de migration et cycles du hareng et des espèces de saumon[21].

L'INDÉPENDANCE JUDICIAIRE :

Renvoi relatif à la rémunération des juges de la Cour provinciale (Î.-P.-É.), [1997] 3 R.C.S. 3

Au début des années 1990, le Canada a fait face à une sérieuse récession qui a obligé les gouvernements fédéral et provinciaux à réduire massivement leurs dépenses. Dans l'ensemble du pays, les gouvernements ont donc coupé les salaires des employés de l'État. Le salaire des juges n'a pas été épargné. Dans plusieurs provinces, le pouvoir du gouvernement de couper le salaire des juges a été contesté au motif qu'un tel geste portait atteinte à l'indépendance judiciaire. La Cour suprême du Canada a conclu que l'indépendance judiciaire est l'un des principes non écrits de la Constitution canadienne et que les lois qui portent atteinte à ce principe peuvent être déclarées invalides. La Cour a décidé que le gouvernement pouvait modifier le salaire des juges (à la hausse ou à la baisse), mais que toute décision à cet égard devait être prise à la lumière d'un rapport produit par une commission indépendante sur la rémunération des juges. Il y a lieu de souligner que, depuis 1997, le salaire des juges n'a jamais été réduit.

LE TITRE ANCESTRAL :

Delgamuukw c. Colombie-Britannique, [1997] 3 R.C.S. 1010; *Nation Tsilhqot'in c. Colombie-Britannique*, [2014] 2 R.C.S. 256

L'arrêt *Delgamuukw c. Colombie-Britannique* porte sur un recours en justice, intenté par les nations Gitksan et Wet-suwet-en en 1984, afin de se voir reconnaître la propriété de plus de 58 000 kilomètres carrés de territoire dans le nord-ouest de la Colombie-Britannique (une superficie plus large que la Nouvelle-Écosse). Leurs revendications s'appuyaient sur une preuve historique orale. Les Gitksan et Wet-suwet-en ont perdu leur procès en première instance au terme de 384 jours d'audience et leur appel a été rejeté par la Cour d'appel. La Cour suprême du Canada a, pour sa part, reconnu le concept de « titre ancestral », une revendication collective de propriété d'une nation autochtone sur un territoire. Elle a également décidé que la preuve orale historique est admissible dans le cadre de procédures judiciaires afin de prouver l'existence du titre ancestral. Vingt ans plus tard, les Gitksan et Wet-suwet-en sont toujours en négociation avec le gouvernement provincial pour faire reconnaître leurs droits par voie de traité.

Il y a quelques années, dans l'arrêt *Nation Tsilhqot'in c. Colombie-Britannique*, la Cour suprême du Canada a conclu, sur la base de l'approche élaborée dans l'arrêt *Delgamuukw*, que la nation Tsilhqot'in avait réussi à prouver l'existence de son titre ancestral sur un territoire de plus de 1 750 kilomètres carrés dans la vallée de Nemiah en Colombie-Britannique. C'était la première fois que la Cour reconnaissait l'existence d'un titre ancestral au Canada.

LES DROITS DES PERSONNES « LGBT » :
Vriend c. Alberta, [1998] 1 R.C.S. 493

Quelques années avant que l'arrêt *Vriend c. Alberta* ne soit rendu, la Cour suprême du Canada avait jugé que la discrimination fondée sur l'orientation sexuelle était inconstitutionnelle en vertu du paragraphe 15(1) de la *Charte* qui protège le droit à l'égalité[22]. Alors qu'il travaillait comme enseignant à Edmonton, Delwin Vriend fut congédié par son employeur parce qu'il était homosexuel. La loi provinciale sur les droits de la personne de l'Alberta[23] prohibait la discrimination fondée sur plusieurs motifs, mais pas celle fondée sur l'orientation sexuelle. Il appert que ce motif de discrimination avait été délibérément omis par la Législature de l'Alberta. A priori, M. Vriend ne pouvait donc pas contester son congédiement sur cette base. La Cour a conclu que l'omission intentionnelle de la législature d'inclure l'orientation sexuelle comme motif de discrimination illicite en vertu de la loi provinciale constituait une violation du paragraphe 15(1) de la *Charte*. À titre de réparation, elle a donné une interprétation large à la loi provinciale pour y ajouter l'orientation sexuelle comme motif de discrimination illicite.

UNE PROVINCE PEUT-ELLE SE SÉPARER UNILATÉRALEMENT DU CANADA ?
Renvoi relatif à la sécession du Québec, [1998] 2 R.C.S. 217

À la suite du référendum de 1995, dans lequel une très faible majorité de la population québécoise a voté contre la sécession du Québec, le gouvernement fédéral a demandé à la Cour suprême du Canada de se prononcer sur la légalité d'une éventuelle sécession unilatérale du Québec en vertu du droit constitutionnel et du droit international. L'avis consultatif de la Cour est important pour les réponses qu'il a données à ces questions, mais aussi parce qu'il établit une théorie générale de la Constitution canadienne. La Cour a affirmé que la Constitution du Canada contenait des règles écrites et non écrites. Les règles non écrites comprennent les conventions constitutionnelles et les principes constitutionnels non écrits, tels que : le fédéralisme, la démocratie, la primauté du droit et le constitutionnalisme et la protection des minorités. Ces principes non écrits expliquent les fondements de la Constitution et peuvent guider son interprétation. Dans le *Renvoi relatif à la sécession du Québec*, la Cour a conclu que, en vertu de la Constitution, le Québec ne pouvait pas se séparer unilatéralement. Toutefois, si, à la suite d'un référendum, une majorité claire de la population du Québec, votant sur une question claire, décidait de se séparer du Canada, le gouvernement fédéral et les gouvernements provinciaux auraient l'obligation de négocier avec le gouvernement du Québec. Il s'agit sans doute de l'un des plus importants avis consultatifs de la Cour; il a certainement contribué à calmer les esprits à la suite du référendum de 1995. Les motifs de la Cour, qui sont étudiés dans le monde entier, constituent un véritable précis du droit constitutionnel canadien.

LE DROIT À UN PROCÈS DANS LA LANGUE OFFICIELLE DE SON CHOIX :
R. c. Beaulac, [1999] 1 R.C.S. 768

Jean Victor Beaulac est un francophone ayant été inculpé pour meurtre au premier degré en Colombie-Britannique. Il fut reconnu « coupable » à l'issue d'un procès tenu exclusivement en anglais. Le *Code criminel*[24] permet à une personne accusée d'un crime de demander un procès devant un juge et un jury qui parlent anglais ou français, ou les deux. Monsieur Beaulac avait demandé à être jugé par un juge et un jury qui parlaient les deux langues officielles. Sa demande avait toutefois été rejetée. La Cour suprême du Canada a jugé que les droits linguistiques devaient être interprétés de manière à favoriser le maintien et l'épanouissement des collectivités de langue officielle au Canada. Cette décision a infirmé la jurisprudence antérieure qui avait interprété de manière restrictive les droits linguistiques[25]. L'arrêt *R. c. Beaulac* a établi les fondements d'une interprétation large et libérale des droits linguistiques en vertu de la Constitution canadienne.

LE MARIAGE ENTRE PERSONNES DU MÊME SEXE :

Halpern c. Canada (Procureur général) (2003), 65 O.R. (3d) 201 (C.A.); *Renvoi relatif au mariage entre personnes du même sexe*, 2004 CSC 79, [2004] 3 R.C.S. 698

Dans l'arrêt *Halpern c. Canada (Procureur général)*, la Cour d'appel de l'Ontario a statué que la définition traditionnelle du mariage sous le régime de la common law, c'est-à-dire « l'union volontaire pour la vie d'un homme et d'une femme, à l'exclusion de tous les autres » était discriminatoire à l'égard des couples de même sexe[26]. Cette définition violait donc le paragraphe 15(1) de la *Charte* (le droit à l'égalité). Par conséquent, la Cour d'appel a modifié la définition du mariage pour celle-ci : « l'union volontaire pour la vie de deux personnes, à l'exclusion de tous les autres »[27]. Cette modification ouvrait la porte aux mariages entre personnes de même sexe en Ontario. Le recours avait été intenté par sept couples composés de conjoints de même sexe qui désiraient se marier (Hedy Halpern et Colleen Rogers, Michael Lesher et Michael Stark, Aloysius Pittman et Thomas Allworth, Dawn Onishenko et Julie Erbland, Carolyn Rowe et Carolyn Moffatt, Marbara McDowall et Gail Donnelly et Alison Kemper et Joyce Barnett). Après la décision de la Cour d'appel, ces couples ont finalement pu se marier. D'autres tribunaux provinciaux au Canada sont arrivés à la même conclusion[28]. Au lieu de porter ces causes en appel devant la Cour suprême du Canada, le gouvernement fédéral a rédigé un projet de loi qui modifiait la définition traditionnelle du mariage. Il a ensuite amorcé une procédure de renvoi, demandant à la Cour suprême de se prononcer sur la constitutionnalité de ce projet de loi. La Cour a conclu que le Parlement fédéral avait le pouvoir législatif exclusif d'adopter des lois relatives au mariage et de modifier sa définition traditionnelle. Il pouvait également laisser aux officiants la discrétion de célébrer ou non des mariages entre personnes de même sexe en fonction de leurs croyances religieuses. La Cour a conclu, sans surprise, que le projet de loi fédéral était conforme à la *Charte*.

LA CRIMINALISATION DES ACTIVITÉS LIÉES À LA PROSTITUTION :

Canada (Procureur général) c. Bedford, 2013 CSC 72, [2013] 3 R.C.S. 1101

Dans l'arrêt *Canada (Procureur général) c. Bedford*, la Cour suprême du Canada a déclaré que certaines dispositions du *Code criminel*[29], qui rendaient illégales des activités liées à la prostitution, violaient le « droit à la sécurité de la personne », et ce, d'une manière non conforme aux « principes de justice fondamentale » (article 7 de la *Charte*). Les activités en question, qui visaient à prévenir les nuisances publiques et l'exploitation des prostituées, consistaient à : tenir une maison de débauche ou s'y trouver, vivre des produits de la prostitution d'autrui (proxénétisme), et communiquer en public à des fins de prostitution. La Cour a conclu que ces interdictions avaient pour effet d'augmenter les risques auxquels les prostituées s'exposent lorsqu'elles se livrent à cette activité (qui est en soi légale) en les empêchant de prendre des mesures pour se protéger. De plus, selon la Cour, la violation du droit à la sécurité de la personne n'était pas conforme aux principes de justice fondamentale. En effet, l'interdiction des maisons de débauche était « disproportionnée » à l'objectif de prévenir les nuisances publiques puisqu'elle mettait en péril la santé, la sécurité et la vie des prostituées. Pour sa part, l'interdiction du proxénétisme avait une « portée excessive » étant donné qu'elle ne distinguait pas les personnes qui exploitent les prostituées de celles qui peuvent améliorer leur sécurité (comme un chauffeur ou un garde du corps) ou qui font simplement affaire avec elles (comme un réceptionniste ou un comptable). Enfin, l'interdiction de communiquer en public était « disproportionnée » puisqu'elle empêchait les prostituées de discuter avec des clients éventuels dans le but de déterminer s'ils étaient intoxiqués ou enclins à la violence. De plus, à la lumière de ce qui précède, les dispositions contestées ne pouvaient être justifiées en vertu de l'article premier de la *Charte*. La Cour a toutefois suspendu la déclaration d'invalidité pendant un an pour permettre au Parlement fédéral d'encadrer les activités liées à la prostitution en tenant compte des droits des prostituées[30].

LA CONSTITUTIONNALISATION DE LA COUR SUPRÊME :
Renvoi relatif à la Loi sur la Cour suprême, art. 5 et 6, 2014 CSC 21, [2014] 1 R.C.S. 433

En 2013, la nomination du juge Marc Nadon de la Cour d'appel fédérale à la Cour suprême du Canada fut contestée au motif que ce dernier ne remplissait pas les conditions requises pour représenter le Québec au plus haut tribunal. En raison de cette contestation, le gouvernement conservateur a déposé un renvoi à la Cour suprême pour clarifier la question de l'admissibilité du juge Nadon à y siéger. À la surprise de plusieurs, la Cour suprême a répondu par la négative. En effet, aux termes de l'article 6 de la *Loi sur la Cour suprême*[31], seule une personne qui est juge à la Cour d'appel du Québec ou à la Cour supérieure du Québec, ou qui est membre du Barreau du Québec depuis dix ans, peut être nommée à la Cour suprême pour représenter le Québec. Cette disposition reflète le « compromis historique » ayant mené à la création de la Cour suprême en 1875. L'article 6 vise à garantir une expertise en droit civil, ainsi que la représentation des traditions juridiques et des valeurs sociales du Québec, à la Cour suprême afin de renforcer la confiance du Québec envers celle-ci. Le Québec n'aurait pas accepté la création de la Cour suprême sans la garantie que le tiers de ses juges serait issu de la tradition civiliste. En tant que juge de la Cour d'appel fédérale, le juge Nadon ne pouvait donc pas représenter le Québec à la Cour suprême, étant donné qu'il n'était plus membre du Barreau du Québec au moment de sa nomination. La question s'est également posée de savoir si le Parlement pouvait modifier unilatéralement l'article 6 pour rendre le juge Nadon (et les autres juges de la Cour fédérale et de la Cour d'appel fédérale) admissible à représenter le Québec à la Cour suprême. La Cour suprême a de nouveau répondu par la négative. En vertu de l'alinéa 41d) de la *Loi constitutionnelle de 1982*, les modifications à la « composition » de la Cour suprême (y compris son abolition) peuvent seulement se faire par l'intermédiaire de la « procédure unanime ». La composition de la Cour comporte la condition voulant que trois des juges de la Cour suprême aient une formation en droit civil. Dans le cadre de son avis, la Cour suprême a saisi l'occasion pour souligner que l'adoption de la Partie V de la *Loi constitutionnelle de 1982* avait eu pour effet de limiter le pouvoir du Parlement fédéral de modifier ses « caractéristiques essentielles », notamment son statut de « cour générale d'appel de dernier ressort pour le Canada »[32]. Un tel changement ne pourrait se faire qu'en vertu de la « procédure 7/50 », conformément à l'alinéa 42d) de la *Loi constitutionnelle de 1982*.

COMMENT MODIFIER LA CONSTITUTION CANADIENNE ?
Renvoi relatif à la réforme du Sénat, 2014 CSC 32, [2014] 1 R.C.S. 704

La *Loi constitutionnelle de 1982* établit cinq procédures pour modifier la Constitution du Canada. Le Sénat joue un rôle dans quatre des cinq procédures. Le premier ministre conservateur Stephen Harper souhaitait réformer le Sénat en permettant aux provinces de tenir des élections pour choisir des sénateurs. La candidature des sénateurs ainsi élus serait, par la suite, prise en considération par le premier ministre lorsque viendrait le temps de recommander la nomination de nouveaux sénateurs. Le premier ministre Harper voulait aussi établir une limite à la durée du mandat des sénateurs qui peuvent actuellement conserver leur poste jusqu'à l'âge de 75 ans. À cette fin, le gouvernement conservateur avait déposé plusieurs projets de loi à la Chambre des communes depuis son élection en 2006, en soutenant que le Parlement fédéral pouvait, en vertu de l'article 44 de la *Loi constitutionnelle de 1982*, réformer le Sénat unilatéralement, sans le consentement des provinces. Cette interprétation de la Constitution était toutefois controversée. Puisque les partis d'opposition et la plupart des provinces s'opposaient à ce projet de réforme, le gouvernement conservateur a soumis la question à la Cour suprême du Canada en utilisant la procédure de renvoi. La Cour a conclu que les modifications à la Constitution du Canada comprennent non seulement les modifications au « texte » de la Constitution, mais également les modifications à son « architecture ». Selon elle, le projet de réforme du gouvernement conservateur aurait modifié l'architecture de la Constitution. Par conséquent, une telle réforme ne pouvait uniquement se faire qu'avec l'accord de la Chambre des communes, du Sénat et des assemblées législatives de sept provinces représentant au moins 50 % de la population, c'est-à-dire la « procédure 7/50 » prévue au paragraphe 38(1) et à l'alinéa 42(1)b) de la *Loi constitutionnelle de 1982*. De plus, la Cour a affirmé que l'abolition du Sénat ne pourrait se réaliser que par la « procédure unanime » conformément à l'alinéa 41e) de la *Loi constitutionnelle de 1982*.

L'AIDE MÉDICALE À MOURIR :

Carter c. Canada (Procureur général), 2015 CSC 5, [2015] 1 R.C.S. 331

En février 2015, la Cour suprême du Canada a rendu son arrêt dans l'affaire *Carter c. Canada (Procureur général)*. Elle a conclu que les dispositions du *Code criminel*[33] qui empêchent les médecins d'aider une personne à mourir, par consentement, étaient inconstitutionnelles. Selon la Cour, les dispositions du *Code criminel* avaient pour effet de forcer des personnes à s'enlever la vie de façon prématurée par crainte qu'elles ne soient pas en mesure de le faire au moment où les souffrances deviendraient intolérables. De plus, ces dispositions portaient atteinte aux droits d'adultes capables qui cherchent à prendre des décisions personnelles concernant leurs soins de santé par suite de problèmes de santé graves et irrémédiables causant des souffrances persistantes et intolérables. Bien que la Cour ait conclu que le droit criminel doit permettre une certaine forme d'aide médicale à mourir, elle a affirmé que la tâche de concevoir une réponse appropriée relevait du Parlement fédéral. Pour cette raison, elle a suspendu la déclaration d'inconstitutionnalité jusqu'en juin 2016. Le Parlement fédéral a, depuis, adopté une loi sur l'aide médicale à mourir[34] dans le but d'atteindre un équilibre entre les intérêts des personnes qui cherchent à bénéficier de l'aide médicale à mourir et ceux des personnes vulnérables que la loi expose à un risque. La constitutionnalité de certaines dispositions de cette loi fait actuellement l'objet de contestations judiciaires[35].

5

Quelques anecdotes et faits intéressants

OÙ EST NOTRE CONSTITUTION ?

Il semblerait que la copie originale de l'*Acte de l'Amérique du Nord britannique de 1867*[1] soit soigneusement protégée quelque part à Londres, au Royaume-Uni. Il y a eu un mouvement visant à ramener cette copie au Canada à temps pour la célébration du 150e anniversaire de la Confédération en 2017[2], mais ce projet ne s'est pas concrétisé.

DANS LE FRANÇAIS DE LA REINE

La *Loi de 1982 sur le Canada*[3] est la dernière loi adoptée par le Parlement britannique pour le Canada; elle a donné naissance à la *Loi constitutionnelle de 1982*[4]. De plus, elle a modifié le titre de l'*Acte de l'Amérique du Nord britannique de 1867* qui a été renommé « *Loi constitutionnelle de 1867* »[5]. La *Loi de 1982 sur le Canada* est exceptionnelle puisque, contrairement aux autres lois constitutionnelles canadiennes, elle a été adoptée tant en anglais qu'en français par le Parlement britannique (bien que la version française se retrouve uniquement dans les annexes de la loi).

IGNORÉ MAIS PUISSANT

Le premier ministre du Canada n'est pas mentionné dans la *Loi constitutionnelle de 1867*. La fonction de « premier ministre » est mentionnée pour la première fois aux articles 35.1 et 49 de la *Loi constitutionnelle de 1982*. Ces dispositions portent sur la tenue de conférences constitutionnelles.

NOTRE CONSTITUTION ENDOMMAGÉE

Le 17 avril 1982, il pleuvait lorsque la reine Elizabeth II a signé la Proclamation qui a officiellement promulgué la *Loi constitutionnelle de 1982*. Plusieurs gouttelettes de pluie ont taché les copies signées de la Proclamation, mais il s'agissait du moindre des « outrages » causés à cette dernière. En 1983, un étudiant en art a en effet versé de la peinture rouge sur l'une des copies de la Proclamation conservée à Librairie et Archives Canada en guise de protestation contre la décision du gouvernement canadien de permettre aux Américains de tester des missiles au Canada. Une large tache rouge demeure depuis sur ce document; les

Une large tache rouge sur la Proclamation de la *Loi constitutionnelle de 1982*.

spécialistes en restauration craignent que toute tentative pour enlever cette tache risquerait d'endommager davantage le document[6].

UNE ARCHITECTURE PRIMÉE

Le réputé architecte montréalais Ernest Cormier a conçu les plans de l'édifice de la Cour suprême du Canada qui a officiellement été inauguré le 20 mai 1939[7]. La Cour occupe officiellement cet édifice depuis le mois de janvier 1946. Ce dernier a également conçu les plans de l'édifice occupé par la Cour d'appel du Québec, de l'édifice principal de l'Université de Montréal et du Collège St. Michael à l'Université de Toronto. Sa demeure, située à Montréal, la maison Cormier, a plus tard été acquise par l'ancien premier ministre libéral Pierre Elliott Trudeau.

SI CES MURS POUVAIENT PARLER ...

En 1945, un employé de l'ambassade soviétique à Ottawa, nommé Igor Gouzenko, a fait défection au Canada en alléguant que le leader soviétique, Joseph Staline, tentait de voler des secrets nucléaires et d'implanter des agents dormants en Amérique du Nord. Les révélations de M. Gouzenko sont souvent perçues comme marquant le début de la Guerre froide. Il existe une rumeur, ne pouvant être confirmée, selon laquelle la Gendarmerie royale du Canada aurait caché M. Gouzenko au quatrième étage du nouvel édifice de la Cour suprême du Canada lorsqu'il a fait défection. L'édifice était alors contrôlé par le ministère de la Défense nationale et n'abritait pas encore la Cour.

QUELLES SONT LES CHANCES ?

Par une coïncidence inusitée, l'ancienne juge en chef du Canada, Beverley McLachlin, et l'ancien juge en chef de l'Ontario, Warren Winkler, viennent tous deux de la ville de Pincher Creek, en Alberta, dont la population était de 3 642 habitants lors du recensement de 2016.

LEURS AUDIENCES FINALES

Le dernier juge de la Cour suprême du Canada à mourir en fonction est le juge John Sopinka, qui est décédé le 24 novembre 1997. Le juge en chef Bora Laskin est également mort en fonction, le 26 mars 1984[8].

La très honorable Beverley McLachlin, ancienne juge en chef du Canada.

LES EXPLOITS DE L'ANCIEN GOUVERNEUR GÉNÉRAL DU CANADA

Son Excellence, le très honorable David Johnston, a eu une carrière publique distinguée avant d'être nommé à titre de 28ᵉ gouverneur général du Canada en 2010. David Johnston a été professeur de droit, doyen, principal et vice-chancelier de l'Université McGill ainsi que président et vice-chancelier de l'Université de Waterloo. De plus, il a rempli une multitude de mandats pour plusieurs gouvernements. Il est l'auteur de 22 livres et il a modéré le débat des chefs lors des élections fédérales de 1979 et de 1984. Les exploits de Son Excellence au hockey sont toutefois moins connus. Lorsqu'il était adolescent à Sault Ste. Marie, David Johnston a joué au hockey avec les futures vedettes de la Ligue nationale de hockey, Phil Esposito et Tony Esposito. Il a, par la suite, joué au hockey pour l'équipe de l'Université Harvard où il a été nommé, à deux reprises, au sein de l'équipe des étoiles américaines; il a aussi été intronisé au Panthéon du sport de l'Université Harvard. Alors qu'il étudiait à Harvard, David Johnston a partagé une chambre avec l'auteur Erich Segal, qui s'est inspiré de lui pour créer le personnage de Davey Johnston dans son livre à succès *Love Story*, publié en 1970, qui est devenu un film très populaire la même année[9].

LE JUGE EN CHEF QUI COGNAIT DES CIRCUITS

Lorsqu'il était un jeune garçon, dans ce qui est maintenant la ville de Thunder Bay, en Ontario, le juge en chef Bora Laskin était un joueur de baseball exceptionnel. Son surnom était « Coup de circuit Laskin ». Il était tellement bon qu'un dépisteur d'une ligue mineure s'est rendu chez lui pour tenter de le recruter. La mère du jeune Bora Laskin n'a toutefois pas voulu laisser entrer le dépisteur dans la maison puisqu'elle ne voyait pas le baseball comme une carrière prometteuse[10].

JUGER À PARTIR DE LA FERME

La loi exige que les juges de la Cour suprême du Canada résident dans la région de la capitale nationale ou dans une zone périphérique de 40 kilomètres[11]. Auparavant, ils devaient résider dans une zone périphérique de 25 kilomètres de la région de la capitale nationale, mais on a modifié la règle à la demande du juge en chef Brian Dickson, qui possédait une ferme au-delà de la limite de 25 kilomètres.

EN DIRECT D'OTTAWA … ICI LA COUR SUPRÊME DU CANADA

La première décision de la Cour suprême du Canada à être diffusée en direct à la télévision fut le *Renvoi relatif au rapatriement*[12] en 1981. Malheureusement, le juge William McIntyre a accroché le fil audio en se rendant au banc et il n'y avait pas de son lorsque la décision a été annoncée[13].

LE JUGE EN CHEF QUI N'A JAMAIS ÉTÉ

En 1924, le premier ministre libéral William Lyon Mackenzie King voulait nommer le juriste québécois Eugene Lafleur juge en chef de la Cour suprême du Canada. Le seul problème était que Me Lafleur n'était pas intéressé par cette fonction; il préférait exercer comme avocat. Le premier ministre a, à plusieurs reprises, offert le poste à Me Lafleur et lui a même écrit en le suppliant d'accepter le poste : [TRADUCTION] « Je n'ai pas besoin de vous rappeler le besoin qui existe actuellement au Canada de placer, à la tête de notre appareil judiciaire, un homme dont la prééminence dans

Le très honorable Bora Laskin, ancien juge en chef de la Cour suprême du Canada.

la profession juridique permettrait à la Cour suprême de gagner la place et le respect qui devraient lui revenir auprès de la magistrature et de la profession juridique. Non seulement dans notre pays, mais également dans les îles britanniques. Je n'ai pas besoin de vous convaincre de l'unanimité avec laquelle les membres de la profession juridique, et de toutes les classes au Canada, accueilleraient votre nomination. Vous êtes le seul homme au Canada en mesure de remplir ce qui constitue le plus grand rôle au nom de notre pays à l'heure actuelle [...] ». Me Lafleur a tout de même décliné. Toutefois, il semblerait que le premier ministre ne pouvait se résigner à accepter une réponse négative. Il aurait même fait le voyage d'Ottawa à Montréal pour se rendre au bureau de Me Lafleur. Hélas, il n'a jamais réussi à le convaincre d'accepter le poste[14].

LE PONT CONSTITUTIONNEL D'UN MILLIARD DE DOLLARS

Bien qu'elle soit généralement connue sur les plaques d'automobiles comme « Le lieu de naissance de la Confédération », puisqu'elle a accueilli la Conférence de Charlottetown en 1864, l'Île-du-Prince-Édouard ne s'est pas jointe à la fédération avant 1873. Elle a négocié séparément les conditions de son union avec le nouveau Dominion du Canada. Ces dernières furent incorporées à la Constitution canadienne. L'une de ces conditions prévoyait que le gouvernement du Dominion devait prendre en charge les dépenses relatives « au transport toute saison par bateaux à vapeur, dans de bonnes conditions d'efficacité, des passagers et du courrier, entre l'île et le continent, en vue d'assurer une liaison permanente avec le chemin de fer intercolonial et le réseau ferroviaire du dominion »[15]. Pendant plusieurs années, le service de traversier constituait un véritable problème et plusieurs gouvernements successifs de l'Île-du-Prince-Édouard ont tenté de convaincre le gouvernement fédéral de construire un pont entre l'île et le continent. Dans les années 1970, après avoir intenté une poursuite judiciaire contre le gouvernement fédéral, l'Île-du-Prince-Édouard a obtenu une déclaration selon laquelle le gouvernement fédéral avait violé ses obligations prévues par la Constitution à la suite de l'interruption du service de traversier pendant quelques jours en raison d'une grève[16]. En 1988, près de 60 % des résidents de l'Île-du-Prince-Édouard ont voté en faveur de la construction d'un pont dans le cadre d'un référendum. La construction du pont au-dessus des eaux glacées séparant l'Île-du-Prince-Édouard du Nouveau-Brunswick a débuté en 1993 et le pont courbé de 12,9 kilomètres a officiellement été inauguré en 1997. La construction du pont a couté un milliard de dollars.

L'AUXILIAIRE JURIDIQUE DEVENUE JUGE À LA COUR SUPRÊME

Louise Arbour est la seule juge de la Cour suprême du Canada à avoir travaillé comme auxiliaire juridique pour un juge de la Cour. Elle a effectué son stage avec le juge Louis-Philippe Pigeon en 1971-1972 et a, par la suite, été juge à la Cour de 1999 à 2004. Elle est également la seule juge de la Cour à avoir été immortalisée sur un timbre.

Le timbre de l'ancienne juge de la Cour suprême du Canada, Louise Arbour, faisant partie de la série de Postes Canada sur les bâtisseurs de changement de 2012.

Roger Bilodeau, c.r., registraire
de la Cour suprême du Canada.

AVOCAT, PROFESSEUR ET REGISTRAIRE
DE LA COUR SUPRÊME

En 1980, à l'âge de 25 ans, l'étudiant en droit Roger Bilodeau a
été arrêté par la police pour excès de vitesse alors qu'il conduisait
de Winnipeg vers son domicile à Sainte-Agathe au Manitoba. En
conséquence, il a reçu une contravention de 35 $ et une sommation
lui permettant de contester la contravention devant les tribunaux. La
sommation était toutefois rédigée uniquement en anglais, tout comme
la *Highway Traffic Act*[17] en vertu de laquelle la contravention avait été
émise. Le problème était le suivant : l'article 23 de la *Loi de 1870 sur
le Manitoba*[18] (la loi par laquelle le Manitoba s'est joint à la fédération) exigeait que les lois du Manitoba soient imprimées et publiées en
anglais et en français. Au cours des 20 premières années suivant son
entrée dans la fédération, la Législature du Manitoba a respecté cette
exigence; toutefois, elle a cessé d'imprimer et de publier ses lois en
français en 1890. Dans les années 1970 et 1980, plusieurs personnes,
dont Me Bilodeau, ont dénoncé le refus du Manitoba de respecter cette

obligation constitutionnelle. Ayant perdu devant tous les niveaux de tribunaux au Manitoba, Mᵉ Bilodeau a porté sa cause en appel devant la Cour suprême du Canada; l'appel a été entendu en 1986. Entre-temps, la Cour a rendu son avis consultatif dans le *Renvoi relatif aux droits linguistiques au Manitoba*[19], dans lequel elle a conclu que toutes les lois unilingues anglaises adoptées par la Législature du Manitoba violaient la Constitution. Toutefois, afin d'éviter un vide juridique et pour protéger la primauté du droit à l'intérieur de la province, la Cour a temporairement maintenu la validité de ces lois le temps que la Législature du Manitoba les traduise et les adopte en français. Lorsque la Cour a entendu l'appel de Mᵉ Bilodeau, elle a accepté ses arguments relatifs à l'inconstitutionnalité de la *Highway Traffic Act*. Elle a néanmoins conclu qu'il était tout de même tenu de payer la contravention d'un point de vue juridique[20]. Le périple de Mᵉ Bilodeau à la Cour prenait ainsi fin. Du moins, c'est ce qu'il pensait.

Le jeune étudiant en droit qui avait reçu une contravention pour excès de vitesse rédigée uniquement en anglais a connu une fructueuse carrière à titre d'avocat, de professeur et de fonctionnaire. En 1999, le gouvernement du Nouveau-Brunswick a nommé Mᵉ Bilodeau « conseiller de la Reine », le plus grand honneur pouvant être conféré à un avocat. Une décennie plus tard, Mᵉ Bilodeau est retourné à la Cour suprême. En 2009, il fut nommé registraire de la Cour suprême du Canada, devenant en pratique le président-directeur général du plus haut tribunal du pays.

UNE ABSENCE DE PLUS EN PLUS REMARQUÉE

La composition de la Cour suprême du Canada s'est grandement diversifiée depuis l'adoption de la *Charte canadienne des droits et libertés*[21] et la nomination de la juge Bertha Wilson en 1982. À ce jour, quatre des neuf juges de la Cour sont des femmes. Bien qu'un progrès considérable ait été réalisé au niveau de la représentativité des sexes, il reste du chemin à faire quant à la représentativité des groupes minoritaires. Il est tout particulièrement regrettable qu'aucun juge d'origine autochtone n'ait été nommé à la Cour depuis sa création. Il faut espérer que le gouvernement remédiera à cette lacune dans un avenir prochain.

LE TIMBRE DU 125ᴱ ANNIVERSAIRE

En 2000, Postes Canada a émis un magnifique timbre de la Cour suprême du Canada pour commémorer le 125ᵉ anniversaire de la création de la Cour. L'image sur le timbre a été conçue par le talentueux peintre québécois Claude Le Sauteur. Selon Postes Canada, la composition du timbre cherche à « symboliser l'unité et la force de la Cour, et évoque la vitalité de cette institution ainsi que sa pertinence pour tous les Canadiens [...] »[22].

Un magnifique timbre de la Cour suprême du Canada, imprimé par Postes Canada à l'occasion du 125ᵉ anniversaire de la Cour

Glossaire des termes importants

AANB de 1867 : Titre abrégé de l'*Acte de l'Amérique du Nord britannique de 1867*[1], une loi du Parlement britannique qui a donné naissance au Canada en tant que fédération des provinces de l'Ontario, du Québec, du Nouveau-Brunswick et de la Nouvelle-Écosse. Cette loi fut le principal document constitutionnel du Canada jusqu'en 1982; elle fut, à ce moment, renommée « *Loi constitutionnelle de 1867* »[2].

Abroger : Une disposition constitutionnelle est dite « abrogée » lorsque l'autorité constituante a formellement décidé d'y mettre fin.

Assemblée législative : Institution, dont les membres sont élus démocratiquement, ayant pour mandat d'adopter des lois et de tenir le gouvernement redevable. Au niveau fédéral, l'assemblée législative porte le nom de « Chambre des communes ». En comparaison, au niveau provincial, les assemblées législatives portent simplement le nom d'« Assemblée législative » à l'exception de celle du Québec qui a été nommée « Assemblée nationale du Québec ».

Chambre des communes : Chambre basse du Parlement fédéral canadien, dont les membres, c'est-à-dire les députés, sont élus démocratiquement.

Charte : Titre abrégé de la *Charte canadienne des droits et libertés*[3], qui constitue la Partie I de la *Loi constitutionnelle de 1982*[4]. La *Charte* protège divers droits et libertés dont le droit de vote, la liberté d'expression, le droit à l'égalité et les droits linguistiques.

Comité judiciaire du Conseil privé : Tribunal de dernière instance, situé à Londres et composé de magistrats anglais, pour les colonies du Royaume-Uni. Les décisions canadiennes pouvaient faire l'objet d'un appel au Comité judiciaire du Conseil privé jusqu'en 1933, en matière criminelle, et jusqu'en 1949, en matière civile.

Confédération : Il existe deux grands types de structures étatiques dans le monde : unitaire et fédérale. Le Canada possède une structure étatique fédérale. Le terme « Confédération » est toutefois utilisé, dans le langage courant, pour faire référence au processus par lequel la fédération canadienne fut créée en 1867. De plus, ce terme est parfois utilisé pour faire référence au Canada en tant qu'entité, groupe ou nation (par exemple, « La province du Manitoba s'est jointe à la Confédération en 1870; la province de Terre-Neuve ne s'est pas jointe à la Confédération avant 1949 »).

Conférence des premiers ministres : Rencontre du premier ministre du Canada et des premiers ministres provinciaux et territoriaux.

Conseil exécutif : Institution composée du premier ministre et des ministres d'une province ayant pour fonction de conseiller le lieutenant-gouverneur de la province dans l'exercice de ses pouvoirs constitutionnels. Le Conseil exécutif est l'équivalent, au niveau provincial, du Conseil privé de la Reine pour le Canada, au niveau fédéral.

Conseil privé de la Reine pour le Canada : Institution composée du premier ministre du Canada et des ministres fédéraux ayant pour fonction de conseiller le gouverneur général du Canada dans l'exercice de ses pouvoirs constitutionnels. Le Conseil privé compte également parmi ses membres les anciens premiers ministres et les anciens ministres, le juge en chef de la Cour suprême du Canada (et les anciens juges en chef) ainsi que toute autre personne nommée conformément à l'avis du premier ministre du Canada. Toutefois, par convention, seuls le premier ministre et les ministres en poste ont le pouvoir de conseiller le gouverneur général.

Conventions constitutionnelles : Règles politiques non codifiées de nature constitutionnelle régissant l'exercice des pouvoirs conférés par la Constitution canadienne aux acteurs étatiques. Bien qu'elles ne soient pas des règles juridiques à proprement parler et que leur violation ne soit pas sanctionnée par les tribunaux, leur existence peut être reconnue par les tribunaux dans le cadre de procédures judiciaires.

Dissolution : Fin officielle de la durée d'une législature donnant lieu à une élection générale pour une nouvelle législature. La dissolution se produit à la suite de l'émission d'une proclamation par le gouverneur général, au niveau fédéral, ou par un lieutenant-gouverneur, au niveau provincial, à la demande du premier ministre du Canada, ou du premier ministre de la province concernée, selon le cas.

Exécutif : Selon la théorie de la séparation des pouvoirs, l'exécutif est la branche de l'État qui administre et met en œuvre les lois. Avec le législatif et le judiciaire, l'exécutif (ou le gouvernement) est l'une des trois branches de l'État canadien.

Fédération : État dans lequel le pouvoir législatif est partagé entre deux niveaux de gouvernement : un gouvernement central ou national (le fédéral) et des gouvernements décentralisés ou régionaux (les provinces). Le Canada est un État fédéral.

Gouvernement responsable : Système parlementaire d'inspiration britannique dans lequel le gouvernement doit rendre des comptes à l'assemblée législative et maintenir la confiance d'une majorité des députés afin de demeurer au pouvoir. On considère qu'un gouvernement perd la confiance de l'assemblée législative lorsque, entre autres, une majorité des députés adopte une motion de non-confiance ou vote contre le discours du Trône ou la politique budgétaire du gouvernement.

Gouverneur général du Canada : Représentant du souverain — le Roi ou la Reine, selon le cas — au Canada. D'un point de vue juridique, la *Loi constitutionnelle de 1867* confère une multitude de pouvoirs importants au gouverneur général; toutefois, d'un point de vue pratique, en vertu des conventions constitutionnelles applicables, le gouverneur général exerce presque toujours ces pouvoirs conformément à l'avis du premier ministre du Canada ou du Cabinet fédéral.

Gouverneur général en conseil : Gouverneur général agissant conformément à l'avis du Conseil privé de la Reine pour le Canada. En pratique, la composante « active » du Conseil privé est constituée des membres du Cabinet fédéral (c'est-à-dire du premier ministre du Canada et des ministres fédéraux).

Judiciaire : Selon la théorie de la séparation des pouvoirs, le judiciaire est la branche de l'État qui interprète et applique les lois dans le cadre de litiges. Avec le législatif et l'exécutif, le judiciaire (ou les tribunaux) est l'une des trois branches de l'État canadien.

Législatif : Selon la théorie de la séparation des pouvoirs, le législatif est la branche de l'État qui adopte les lois. Avec le judiciaire et l'exécutif, le législatif (ou le Parlement ou la législature, selon le cas) est l'une des trois branches de l'État canadien.

Législature : Au Canada, le terme « législature » possède deux sens. Premièrement, il désigne le mandat collectif des membres de la Chambre des communes ou d'une assemblée législative provinciale entre deux élections générales. Deuxièmement, il désigne l'institution ayant le pouvoir d'adopter des lois au niveau provincial, c'est-à-dire l'assemblée législative de concert avec le lieutenant-gouverneur.

Lieutenant-gouverneur : Représentant du souverain — le Roi ou la Reine, selon le cas — dans les provinces. Les lieutenants-gouverneurs exercent, au niveau provincial, des pouvoirs constitutionnels analogues à ceux que le gouverneur général du Canada exerce au niveau fédéral. Les lieutenants-gouverneurs exercent leurs pouvoirs conformément à l'avis du premier ministre ou du Conseil exécutif de la province qu'ils représentent. Ils sont toutefois nommés par le gouverneur général conformément à l'avis du premier ministre du Canada.

Lieutenant-gouverneur en conseil : Lieutenant-gouverneur agissant conformément à l'avis du Conseil exécutif de la province, c'est-à-dire, par convention, du Cabinet (ou Conseil des ministres) provincial.

Loi constitutionnelle de 1867 : Nouveau nom donné à l'*Acte de l'Amérique du Nord britannique de 1867*. La loi fut renommée « *Loi constitutionnelle de 1867* » dans le cadre du processus de rapatriement constitutionnel en 1982.

Parlement : Institution fédérale ayant comme mandat d'adopter des lois et de tenir le gouvernement responsable. Le Parlement se compose de trois entités : le souverain (représenté au Canada par le gouverneur général), la Chambre des communes (dont les membres sont élus) et le Sénat (dont les membres sont nommés).

Pères de la Confédération : Leaders politiques de colonies britanniques en Amérique du Nord ayant participé aux conférences de Charlottetown et de Québec en 1864, et s'étant entendus pour créer un nouvel État, le Canada, en 1867.

Périmé : Une disposition constitutionnelle est dite « périmée » lorsque, par le passage du temps, en raison d'un changement de circonstances, elle est devenue inapplicable, et ce, bien qu'elle n'ait pas été formellement abrogée.

Premier ministre du Canada : Chef de l'exécutif au niveau fédéral.

Premier ministre provincial : Chef de l'exécutif au niveau provincial.

Principes constitutionnels non écrits : Principes fondamentaux qui sous-tendent les dispositions écrites de la Constitution canadienne et guident leur interprétation, et ce, bien qu'ils ne soient pas formellement inscrits dans le texte de la Constitution (par exemple, la primauté du droit et le constitutionnalisme, le fédéralisme, la démocratie, la protection des minorités, la séparation des pouvoirs et l'indépendance judiciaire).

Prorogation : Fin officielle d'une session parlementaire. Une prorogation est une « pause » mettant fin à toutes les affaires parlementaires en suspens, incluant les motions et les projets de loi. Une nouvelle session parlementaire débutera subséquemment par la présentation d'un nouveau discours du Trône.

Rapatriement : Processus par lequel la Constitution canadienne fut convertie d'un ensemble de lois britanniques à un ensemble de lois canadiennes pouvant être modifiées par l'autorité constituante au Canada.

Renvoi : Procédure par laquelle un gouvernement demande un avis consultatif à un tribunal sur une question jugée importante. Au niveau fédéral, le gouverneur général en conseil peut demander un avis consultatif à la Cour suprême du Canada; au niveau provincial, un lieutenant-gouverneur en conseil peut demander un avis consultatif à la Cour d'appel de sa province.

Sanction royale : Approbation officielle, par le gouverneur général du Canada, au niveau fédéral, d'un projet de loi adopté par la Chambre des communes et par le Sénat (ou approbation officielle, par le lieutenant-gouverneur, au niveau provincial, d'un projet de loi adopté par une assemblée législative). La sanction royale est la dernière étape à franchir pour qu'un projet de loi devienne une loi valide.

Sénat : Chambre haute du Parlement dont les membres sont nommés par le gouverneur général conformément à l'avis du premier ministre du Canada. Il n'existe plus d'institution analogue au niveau provincial.

Souverain : Le monarque, c'est-à-dire le Roi ou la Reine du Royaume-Uni, qui est également le Roi ou la Reine du Canada. Le gouverneur général du Canada et les lieutenants-gouverneurs des provinces représentent le souverain au Canada.

Westminster : Nom du Parlement britannique situé à Londres, au Royaume-Uni. L'expression « Parlement de tradition Westminster » fait référence au système parlementaire inspiré du fonctionnement du Parlement britannique.

Remarques

PRÉFACE : SON EXCELLENCE LE TRÈS HONORABLE DAVID JOHNSTON, ANCIEN GOUVERNEUR GÉNÉRAL DU CANADA

1. *Charte canadienne des droits et libertés*, partie I de la *Loi constitutionnelle de 1982*, constituant l'annexe B de la *Loi de 1982 sur le Canada* (R.-U.), 1982, c. 11.
2. *Loi constitutionnelle de 1867* (R.-U.), 30 & 31 Vict., c. 3, reproduite dans L.R.C. 1985, ann. II, n° 5.

PRÉFACE : LE TRÈS HONORABLE RICHARD WAGNER, JUGE EN CHEF DE LA COUR SUPRÊME DU CANADA

1. *Loi constitutionnelle de 1982*, constituant l'annexe B de la *Loi de 1982 sur le Canada* (R.-U.), 1982, c. 11.
2. *Loi constitutionnelle de 1867* (R.-U.), 30 & 31 Vict., c. 3, reproduite dans L.R.C. 1985, ann. II, n° 5.
3. *Charte canadienne des droits et libertés*, partie I de la *Loi constitutionnelle de 1982*, constituant l'annexe B de la *Loi de 1982 sur le Canada* (R.-U.), 1982, c. 11.

INTRODUCTION : GENÈSE, STRUCTURE ET REMERCIEMENTS

1. Adam Dodek, *The Canadian Constitution*, 2e éd., Toronto, Dundurn, 2016 (1re édition publiée en 2013).
2. *Loi constitutionnelle de 1867* (R.-U.), 30 & 31 Vict., c. 3, reproduite dans L.R.C. 1985, ann. II, n° 5.
3. *Statut de Westminster de 1931*, 22 Geo. V, c. 4 (R.-U.).
4. *Charte canadienne des droits et libertés*, partie I de la *Loi constitutionnelle de 1982*, constituant l'annexe B de la *Loi de 1982 sur le Canada* (R.-U.), 1982, c. 11.
5. *Loi constitutionnelle de 1982*, constituant l'annexe B de la *Loi de 1982 sur le Canada* (R.-U.), 1982, c. 11.
6. Nous remercions, tout particulièrement, les étudiants du cours « CML 1704 Législation », enseigné par le professeur Yan Campagnolo, qui ont fourni des commentaires détaillés sur le manuscrit, c'est-à-dire : Siham Abourgeili, Mathew Akl, Hajar Aouchar, Simon Barry, Stéphanie Bauch, Jessica Bédard, Valérie Bégin, Sydney Blackmore, Lucie Boukoulou, Sophie Brunet, Marie-Hélène Casimiro, Vincent Charest, Sabrina Clark, Valérie Couton, Alex Dalcourt, Annie Daoud, Léa Desjardins, Talia Deslauriers, Harnancy Dhugga, Teddy El-sayah, Nadine Eltawdy, Joseph Friis, Camille Godin, Sydney Goldstone, Maya Hanna, Ashley Heisler, Charles Hinse-MacCulloch, Philipe Hoff-Hamann, Violetta Jean, Sabrina Kachi, Nick Kasting, Soohyun Kim, Zoé Lavergne, Jasmine Lord, Sifa Mahele, Sophia Maisonneuve, Maryam Majdzadeh, Vincent Martel, Omra Masstan, Marco Mazzilli-Daechsel, Sarah Muboyayi, Emilie Nectoux, Marcellina Nemer, Catherine Ouellet, Nicole Paroyan, Andrew Partaker, Chiara Pittui, Cédric Primeau, Paul Raymond, Jordan Samaroo, Shahrzad Shab Afrouz, Samuel Shaughnessy LeBouthillier, Camille Sigouin, Camille Slaght, Kieran Smith, Mykelti St-Louis, Jana Vandale, Chanelle Willard, Francis Yeung et Saïf Zemmoura.

1 : UNE BRÈVE HISTOIRE DE LA CONSTITUTION CANADIENNE

1. Pour une discussion des traditions constitutionnelles autochtones, voir : John Borrows, « Indigenous Constitutionalism: Pre-existing

Legal Genealogies in Canada », dans Peter C. Oliver, Patrick Macklem et Nathalie Des Rosiers, dir., *The Oxford Handbook of the Canadian Constitution*, New York, Oxford University Press, 2017; John Borrows, *Canada's Indigenous Constitution*, Toronto, University of Toronto Press, 2010.

2. Pour une analyse en profondeur de la Constitution canadienne, voir généralement : Peter C. Oliver, Patrick Macklem et Nathalie Des Rosiers, dir., *The Oxford Handbook of the Canadian Constitution*, New York, Oxford University Press, 2017.

3. *Loi constitutionnelle de 1982*, formant l'annexe B de la *Loi de 1982 sur le Canada* (R.-U.), 1982, c. 11.

4. *Loi constitutionnelle de 1867* (R.-U.), 30 & 31 Vict., c. 3, reproduite dans L.R.C. 1985, ann. II, n° 5.

5. Voir notamment : *Proclamation royale de 1763*, L.R.C. 1985, ann. II, n° 1; *Acte de Québec de 1774*, 14 Geo. III, c. 83 (R.-U.); *Acte constitutionnel de 1791*, 31 Geo. III, c. 31 (R.-U.); *Acte d'union de 1840*, 3 & 4 Vict., c. 35 (R.-U.); *Lettres patentes constituant la charge de gouverneur général du Canada* (1947), reproduites dans L.R.C. 1985, ann. II, n° 31; *Loi sur la Cour suprême*, L.R.C. 1985, c. S-26.

6. *Renvoi : Résolution pour modifier la Constitution*, [1981] 1 R.C.S. 75 aux pp. 883-884.

7. *Renvoi relatif à la sécession du Québec*, [1998] 2 R.C.S. 217 aux paras. 61-82; *Renvoi relatif à la rémunération des juges de la Cour provinciale (Î.-P.-É.)*, [1997] 3 R.C.S. 3 au para. 83.

8. Pour une consolidation exhaustive, voir : Bernard W. Funston et Eugene Meehan, *Canadian Constitutional Documents Consolidated*, 2ᵉ éd., Toronto, Carswell, 2007.

9. *Proclamation royale de 1763*, L.R.C. 1985, ann. II, n° 1.

10. *Acte de l'Amérique du Nord britannique, 1867*, 30 & 31 Vict., c. 3 (R.-U.).

11. Il faut souligner, toutefois, que le Canada n'est pas une « confédération » à proprement parler, c'est-à-dire une association d'États indépendants ayant délégué certaines de leurs compétences à un pouvoir central. En effet, le Canada est plutôt une « fédération », c'est-à-dire un État dans lequel les compétences sont divisées entre un pouvoir central et des pouvoirs décentralisés (par exemple, des provinces).

12. Voir généralement : Peter C. Oliver, *The Constitution of Independence: The Development of Constitutional Theory in Australia, Canada, and New Zealand*, Oxford, Oxford University Press, 2005.

13. Sur le droit de la citoyenneté au Canada, voir généralement : Delphine Nakache et Yves Le Bouthillier, *Droit de la citoyenneté au Canada*, Montréal, Éditions Yvon Blais, 2016.

14. Robert MacGregor Dawson, dir., *Constitutional Issues in Canada 1900-1931*, Londres, Oxford University Press, 1933.

15. Tim Cook, *Vimy: The Battle and the Legend*, Toronto, Allen Kane, 2017 à la p. 149.

16. Dans le système de gouvernement responsable, en vertu de la convention sur la confiance, le gouvernement doit conserver l'appui de l'assemblée législative pour demeurer au pouvoir. Le gouvernement perd l'appui de l'assemblée lorsque, entre autres, une majorité des députés adopte une motion de non-confiance ou vote contre le discours du Trône ou la politique budgétaire du gouvernement.

17. Voir notamment : Eugene A. Forsey, *The Royal Power of Dissolution in the British Commonwealth*, Toronto, Oxford University Press, 1943.

18. *Statut de Westminster de 1931*, 22 Geo. V, c. 4 (R.-U.). Le *Statut de Westminster de 1931* visait à donner une assise juridique aux principes énoncés dans la Déclaration de Balfour de 1926, adoptée lors de la conférence impériale britannique de 1926, dans laquelle le Royaume-Uni a reconnu l'autonomie et l'égalité de statut des dominions au sein de l'Empire britannique.

19. Voir : *Loi constitutionnelle de 1982*, constituant l'annexe B de la *Loi de 1982 sur le Canada* (R.-U.), 1982, c. 11, art. 52(2), annexe.

20. Il faut souligner, toutefois, que les provinces avaient à ce moment le pouvoir de modifier leurs constitutions provinciales en vertu du paragraphe 92(1) de la *Loi constitutionnelle de 1867*. En 1949, le Parlement fédéral a obtenu le pouvoir de modifier la Constitution canadienne dans la mesure où la modification ne portait pas atteinte aux pouvoirs des institutions provinciales : voir l'*Acte de l'Amérique du Nord britannique (n° 2), 1949*, 13 Geo. VI, c. 81 (R.-U.) et le paragraphe 91(1) de la *Loi constitutionnelle de 1867*.

21. *Ponoka-Calmar Oils Ltd. v. Earl F. Wakefield Co.*, [1960] A.C. 18 (P.C.).

22. *Déclaration canadienne des droits*, S.C. 1960, c. 44.

23. Voir notamment : *Procureur général du Canada c. Lavell*, [1974] R.C.S. 1349; *Bliss c. Procureur général du Canada*, [1979] 1 R.C.S. 183.

24. Canada, *Charte canadienne des droits de l'homme*, Ottawa, Imprimeur de la Reine, 1968.

25. Parmi les groupes ayant comparu devant le Comité mixte, citons : l'Alliance pour la vie, l'Association canadienne pour les déficients mentaux, l'Association des femmes autochtones du Canada, l'Association du Barreau canadien, le Comité germano-canadien de la Constitution, le Comité national d'action sur le statut de la femme, la Conférence des évêques catholiques de l'Ontario, le Congrès juif canadien, le Conseil Algonquin, le Conseil canadien de l'enfance et de la jeunesse, le Conseil consultatif canadien sur la situation de la femme, le Conseil des minorités du Québec, la Fédération des francophones hors Québec, la Fédération des Indiens de la Saskatchewan, la Fondation afro-asiatique du Canada, l'« Indian Rights for Indian Women », la Ligue nationale des Noirs du Canada, le Mouvement canadien pour une fédération mondiale, la « National association of Japanese Canadians », le « Ukrainian Canadian Committee » et la « Vancouver Peoples' Law School Society ». Voir : Canada, *La Charte des droits et libertés : guide à l'intention des Canadiens*, Ottawa, Ministre des Approvisionnements et Services Canada, 1982 aux pp. 45-47.

26. *Renvoi : Résolution pour modifier la Constitution*, [1981] 1 R.C.S. 753.

27. Dans *La bataille de Londres : dessous, secrets et coulisses du rapatriement constitutionnel*, Montréal, Boréal, 2013, l'historien Frédéric Bastien a remis en cause la légitimité de l'avis consultatif de la Cour suprême du Canada en alléguant notamment que le juge en chef Bora Laskin aurait fait certaines « confidences » au sujet du processus décisionnel de la Cour à des représentants des gouvernements canadien et britannique, et ce, avant que l'avis ne soit rendu. Le juge en chef aurait, par exemple, révélé que la Cour était divisée sur la question et partagé de l'information sur le moment où l'avis de la Cour serait vraisemblablement rendu. Toutefois, selon le juriste Patrice Garant, même si elles s'avéraient fondées, les soi-disant « confidences » du juge en chef n'étaient pas de nature à soulever une crainte raisonnable

de partialité susceptible d'entacher la validité de l'avis de la Cour. Voir : Patrice Garant, *La justice invisible ou méconnue : Propos sur la justice et la justice administrative*, Montréal, Éditions Yvon Blais, 2014 aux pp. 507-523.

28. *Renvoi sur l'opposition du Québec à une résolution pour modifier la Constitution*, [1982] 2 R.C.S. 793. Le gouvernement du Québec a sans doute fait une erreur stratégique en demandant à la Cour suprême du Canada de se prononcer sur la constitutionnalité du rapatriement de la Constitution qui avait eu lieu sans son consentement. En effet, ce faisant, il a donné à la Cour l'occasion de confirmer que le consentement du Québec n'était pas requis, en vertu des conventions constitutionnelles, et de dissiper tout doute pouvant subsister sur la constitutionnalité du rapatriement. Ce constat a vraisemblablement eu pour effet d'affaiblir la position du Québec dans les négociations constitutionnelles subséquentes.

29. *Loi de 1982 sur le Canada* (R.-U.), 1982, c. 11.

30. Pour une copie de l'Accord du lac Meech, voir : Peter W. Hogg, *Accord constitutionnel du lac Meech : texte annoté*, Toronto, Carswell, 1988.

31. L'Assemblée législative du Manitoba n'a pas été en mesure de voter sur l'Accord du lac Meech en raison de l'opposition soutenue du député autochtone Elijah Harper, qui était contre l'Accord puisque les peuples autochtones n'avaient pas été impliqués dans sa négociation. Lorsqu'il est devenu clair que l'Assemblée législative du Manitoba ne ratifierait pas l'Accord avant l'échéance, le premier ministre terre-neuvien, Clyde Wells, a annulé le vote qui devait avoir lieu à l'Assemblée législative de Terre-Neuve.

32. Canada, *Rapport du consensus sur la Constitution, Charlottetown, le 28 août 1992, texte définitif*, Ottawa, Bureau du Conseil Privé, 1992. Voir également : Kenneth McRoberts et Patrick J. Monahan, dir., *The Charlottetown Accord, the Referendum, and the Future of Canada*, Toronto, University of Toronto Press, 1993.

33. Un référendum a eu lieu dans l'ensemble des provinces, à l'exception du Québec, en vertu de la *Loi référendaire*, L.C. 1992, c. 30. Pour sa part, le Québec a tenu son propre référendum conformément à la *Loi sur la consultation populaire*, L.R.Q., c. C-64.1.

34. *Renvoi relatif à la sécession du Québec*, [1998] 2 R.C.S. 217.

35. Pour de plus amples détails sur ces événements, voir : Peter H. Russell et Lorne Sossin, *Parliamentary Democracy in Crisis*, Toronto, University of Toronto Press, 2009.

36. *Renvoi relatif à la réforme du Sénat*, 2014 CSC 32, [2014] 1 R.C.S. 704.

37. *Proclamation royale de 1763*, L.R.C. 1985, ann. II, n° 1.

38. *Acte de Québec de 1774*, 14 Geo. III, c. 83 (R.-U.).

39. *Acte constitutionnel de 1791*, 31 Geo. III, c. 31 (R.-U.).

40. *Acte d'union de 1840*, 3 & 4 Vict., c. 35 (R.-U.).

41. *Loi sur la validité des lois coloniales de 1865*, 28 & 29 Vict., c. 63 (R.-U.).

42. *Acte de l'Amérique du Nord britannique, 1867*, 30 & 31 Vict., c. 3 (R.-U.).

43. *Edwards v. Attorney-General for Canada*, [1930] A.C. 124 (P.C.).

44. *Loi constitutionnelle de 1867* (R.-U.), 30 & 31 Vict., c. 3, reproduite dans L.R.C. 1985, ann. II, n° 5.

45. *Statut de Westminster de 1931*, 22 Geo. V, c. 4 (R.-U.).

46. *Loi sur la citoyenneté canadienne*, S.C. 1946, c. 15.

47. *Ponoka-Calmar Oils Ltd. v. Earl F. Wakefield Co.*, [1960] A.C. 18 (P.C.).

48. *Déclaration canadienne des droits*, S.C. 1960, c. 44.

49. *Renvoi : Résolution pour modifier la Constitution*, [1981] 1 R.C.S. 753.

50. *Loi de 1982 sur le Canada* (R.-U.), 1982, c. 11.

51. *Loi constitutionnelle de 1982*, constituant l'annexe B de la *Loi de 1982 sur le Canada* (R.-U.), 1982, c. 11.

52. *Charte canadienne des droits et libertés*, partie I de la *Loi constitutionnelle de 1982*, constituant l'annexe B de la *Loi de 1982 sur le Canada* (R.-U.), 1982, c. 11.

53. *Renvoi sur l'opposition du Québec à une résolution pour modifier la Constitution*, [1982] 2 R.C.S. 793.

54. Voir : *Charte canadienne des droits et libertés*, partie I de la *Loi constitutionnelle de 1982*, constituant l'annexe B de la *Loi de 1982 sur le Canada* (R.-U.), 1982, c. 11, art. 16.1; *Proclamation de 1993 modifiant la Constitution (Loi sur le Nouveau-Brunswick)*, TR/93-54, (1993) 127 Gaz. Can. II 1588 (7 avril 1993).

55. *Renvoi relatif à la sécession du Québec*, [1998] 2 R.C.S. 217.

56. *Renvoi relatif à la Loi sur la Cour suprême, art. 5 et 6*, 2014 CSC 21, [2014] 1 R.C.S. 433.

57. *Renvoi relatif à la réforme du Sénat*, 2014 CSC 32, [2014] 1 R.C.S. 704.

2 : LES LOIS CONSTITUTIONNELLES DE 1867 ET 1982

1. *Renvoi : Résolution pour modifier la Constitution*, [1981] 1 R.C.S. 753.

2. Par exemple, certaines dispositions constitutionnelles confèrent de vastes pouvoirs juridiques au gouverneur général du Canada; toutefois, en principe, le gouverneur général peut uniquement exercer les pouvoirs qui lui sont conférés conformément à l'avis du premier ministre ou du Cabinet (dont les rôles ne sont pas définis par les lois constitutionnelles).

3. Ministère de la Justice du Canada, site Web de la législation, *Loi constitutionnelles de 1967 à 1982*, en ligne : <http://laws-lois.justice.gc.ca/fra/Const/index.html>.

4. *Décret sur la reproduction de la législation fédérale et des décisions des tribunaux de constitution fédérale*, TR/97-5.

5. *Loi constitutionnelle de 1867* (R.-U.), 30 & 31 Vict., c. 3, reproduite dans L.R.C. 1985, ann. II, n° 5.

6. *Loi constitutionnelle de 1982*, constituant l'annexe B de la *Loi de 1982 sur le Canada* (R.-U.), 1982, c. 11.

7. Desmond Morton, *A Short History of Canada*, 7ᵉ éd., Toronto, McClelland & Stewart, 2017 aux pp. 88-98.

8. Suivant l'adoption de l'*Acte d'union de 1840*, 3 & 4 Vict., c. 35 (R.-U.), le « Canada », en tant qu'entité politique, était constitué du « Canada-Est » (qui deviendra la province de Québec) et du « Canada-Ouest » (qui deviendra la province de l'Ontario). Voir W.H. McConnell, *Commentary on the British North America Act*, Toronto, Macmillan of Canada, 1977 à la p. 2.

9. R. Douglas Francis, Richard Jones et Donald B. Smith, *Journeys: A History of Canada*, Toronto, Thomson Nelson, 2006 à la p. 247.

10. Pour un historique du développement du Parlement britannique et de la notion de « gouvernement responsable », voir W.H. McConnell, *Commentary on the British North America Act*, Toronto, Macmillan of Canada, 1977 aux pp. 1-14.

11. *Renvoi relatif à la rémunération des juges de la Cour provinciale (Î.-P.-É.)*, [1997] 3 R.C.S. 3 au para. 109.

12. *Acte de l'Amérique du Nord britannique, 1867*, 30 & 31 Vict., c. 3 (R.-U.).

13. *Loi de 1982 sur le Canada* (R.-U.), 1982, c. 11.

14. *Charte canadienne des droits et libertés*, partie I de la *Loi constitutionnelle de 1982*, constituant l'annexe B de la *Loi de 1982 sur le Canada* (R.-U.), 1982, c. 11.

15. Voir l'article 2 de la *Loi instituant des jours de fête légale*, L.R.C. 1985, c. H-5.

16. *Acte d'union de 1840*, 3 & 4 Vict., c. 35 (R.-U.).

17. Voir le paragraphe 19(1) de la *Loi sur la statistique*, L.R.C. 1985, c. S-19.

18. Depuis la conférence impériale de 1926, il existe, conceptuellement, une fonction de « Roi ou Reine du Canada » distincte de celle de « Roi ou Reine du Royaume-Uni », bien que ces fonctions soient exercées par la même personne, choisie en vertu des mêmes règles de succession. Voir : Henri Brun, Guy Tremblay et Eugénie Brouillet, *Droit constitutionnel*, 6ᵉ éd., Cowansville (Québec), Éditions Yvon Blais, 2014 à la p. 368.

19. La portée des privilèges et prérogatives de la Couronne est déterminée par les tribunaux. Les pouvoirs découlant des prérogatives comprennent celui de nommer le premier ministre et les ministres, de mener les affaires internationales et conclure des traités, de déclarer la guerre, d'émettre des passeports, de créer des réserves autochtones et de conférer des honneurs (par exemple, le titre de « conseiller de la Reine »). Les prérogatives peuvent également être limitées par des dispositions législatives. Voir : Peter W. Hogg, *Constitutional Law of Canada*, éd. étudiante, Toronto, Carswell, 2018, section 1.9.

20. *Lettres patentes constituant la charge de gouverneur général du Canada* (1947), reproduites dans L.R.C. 1985, ann. II, nº 31.

21. Voir : James R. Robertson, *Projet de loi S-34 : Loi sur la sanction royale*, Bibliothèque du Parlement, LS-414F, 1ᵉʳ novembre 2001, en ligne : <http://publications.gc.ca/Collection-R/LoPBdP/LS/371/s34-f.htm>.

22. W.H. McConnell, *Commentary on the British North America Act*, Toronto, Macmillan of Canada, 1977 à la p. 50.

23. Voir notamment : Michael Dewing et Corinne McDonald, « Déploiement à l'étranger des Forces canadiennes : rôle du Parlement », Bibliothèque du Parlement, PRB 00-06F, 18 mai 2006, en ligne : <http://www.res.parl.gc.ca/Content/LOP/ResearchPublications/prb0006-f.htm>.

24. Voir notamment : David B. Knight, *Choosing Canada's Capital: Conflict Resolution in a Parliamentary System*, Ottawa, Carleton University Press, 1991.

25. *Canada (Chambre des communes) c. Vaid*, 2005 CSC 30 au para. 21, [2005] 1 R.C.S. 667.

26. *Loi de 1875 sur le Parlement du Canada*, 38 & 39 Vict., c. 38 (R.-U.).

27. *Loi sur le Parlement du Canada*, L.R.C. 1985, c. P-1.

28. *Renvoi relatif à la réforme du Sénat*, 2014 CSC 32 au para. 15, [2014] 1 R.C.S. 704.

29. Canada, Statistique Canada, *Population par année, par province et territoire (Nombre)*, en ligne : <http://www.statcan.gc.ca/tables-tableaux/sum-som/l02/cst01/demo02a-fra.htm>.

30. Robert Bourbeau, Jacques Légaré et Valérie Émond, *New Birth Cohort Life Tables for Canada and Quebec, 1801-1991*, Ottawa, Statistiques Canada, 1997 à la p. 26.

31. Rob Cunningham et Deborah Wehrle, « À propos de l'âge moyen des sénateurs depuis le début de la Confédération », (1994) 17:4 Revue parlementaire canadienne 20 à la p. 21.

32. Rob Cunningham et Deborah Wehrle, « À propos de l'âge moyen des sénateurs depuis le début de la Confédération », (1994) 17:4 Revue parlementaire canadienne 20 à la p. 20.

33. *Loi sur la citoyenneté canadienne*, S.C. 1946, c. 15.

34. Janet Ajzenstant, « Le bicaméralisme et les architectes du Canada : les origines du Sénat canadien », dans Serge Joyal, dir., *Protéger la démocratie canadienne : le Sénat en vérité ...*, Montréal, McGill-Queen's University Press, 2003 aux pp. 10-13; David Smith, « L'adaptation possible du Sénat sans avoir à réformer la Constitution », dans Serge Joyal, dir., *Protéger la démocratie canadienne : le Sénat en vérité ...*, Montréal, McGill-Queen's University Press, 2003 aux pp. 278-279.

35. *Renvoi relatif à la réforme du Sénat*, 2014 CSC 32 aux paras. 91-94, [2014] 1 R.C.S. 704.

36. *Renvoi relatif à la réforme du Sénat*, 2014 CSC 32 aux paras. 87-90, [2014] 1 R.C.S. 704.

37. Voir, par exemple, la controverse relative à la résidence du sénateur Mike Duffy : *R. v. Duffy*, 2016 ONCJ 220 (CanLII).

38. *Renvoi relatif à la réforme du Sénat*, 2014 CSC 32 au para. 92, [2014] 1 R.C.S. 704; José Woehrling, « Le recours à la procédure de modification de l'article 43 de la *Loi constitutionnelle de 1982* pour satisfaire certaines revendications constitutionnelles du Québec », dans Pierre Thibault, Benoît Pelletier et Louis Perret, dir., *Les mélanges Gérald-A. Beaudoin : Les défis du constitutionnalisme*, Cowansville (Québec), Éditions Yvon Blais, 2002 aux pp. 489-490.

39. Décret en conseil, C.P. 3374 (25 octobre 1935).

40. Depuis le 19 janvier 2016, le « Comité consultatif indépendant sur les nominations au Sénat » présente au premier ministre des recommandations non contraignantes et fondées sur le mérite en ce qui concerne les nominations au Sénat.

41. *Edwards v. Attorney-General for Canada*, [1930] A.C. 124 (P.C.).

42. Peter W. Hogg, *Constitutional Law of Canada*, éd. étudiante, Toronto, Carswell, 2018, section 9.5(c), note 41.

43. *Loi constitutionnelle de 1965*, S.C. 1965, c. 4.

44. John George Bourinot, *Parliamentary Procedure and Practice in the Dominion of Canada*, 4ᵉ éd., Toronto, Canada Law Book, 1916 à la p. 111.

45. Canada, Sénat, *La procédure du Sénat en pratique*, juin 2015 à la p. 22, note 33. Voir également : Sénat, *Journaux du Sénat*, 12ᵉ parl., 5ᵉ sess., vol. 51 (13 avril 1915) aux pp. 224-225.

46. Il s'agit des sénateurs suivants : Salma Ataullahjan (Pakistan); Tony Dean (Royaume-Uni); Rosa Galvez (Pérou); et Mobina Jaffer (Royaume-Uni). Voir : Kathleen Harris, « As Australia ousts MPs with dual citizenship, Canada's Parliament embraces many in its ranks », *CBC News* (10 décembre 2017).

47. *Code criminel*, L.R.C. 1985, c. C-46.

48. Marc-André Roy, *Les parlementaires et les accusations au criminel*, Bibliothèque du Parlement, 2017-28-F, 15 novembre 2017, en ligne : <https://lop.parl.ca/Content/LOP/ResearchPublications/2017-28-f. html?cat=law>.

49. Canada, Sénat, *Règlement du Sénat*, section 15-4, en ligne : <https://sencanada.ca/fr/a-propos/references-procedures/reglement/15/#C15R41>.

50. *Alani c. Canada*, 2016 FC 1139.

51. *Renvoi relatif à la réforme du Sénat*, 2014 CSC 31 aux paras. 95-110, [2014] 1 R.C.S. 704.

52. Décret en conseil, C.P. 3374 (25 octobre 1935).

53. Canada, Sénat, *Règlement du Sénat*, section 3-7, en ligne : <https://sencanada.ca/fr/a-propos/references-procedures/reglement>.

54. *Loi sur la représentation* équitable, L.C. 2011, c. 26.

55. *Loi sur la révision des limites des circonscriptions électorales*, L.R.C. 1985, c. E-3.

56. *Loi électorale du Canada*, L.C. 2000, c. 9.

57. *Loi sur le Parlement du Canada*, L.R.C. 1985, c. P-1.

58. Plus précisément, les élections générales ont lieu le troisième lundi d'octobre la quatrième année suivant la dernière élection générale.

59. *Conacher c. Canada*, 2009 CF 920, confirmée par 2010 CFA 131.

60. *Loi constitutionnelle de 1915* (R.-U.), 5 & 6 Geo. V, c. 45.

61. Selon le professeur Hogg, le gouverneur général a utilisé le pouvoir de réserve à 21 reprises de 1867 à 1878. Six des projets de loi réservés pour le consentement de la Reine durant cette période n'ont finalement pas reçu la sanction royale. Voir : Peter W. Hogg, *Constitutional Law of Canada*, éd. étudiante, Toronto, Carswell, 2018, section 3.1, note 5.

62. Andrew Heard, *Canadian Constitutional Conventions: The Marriage of Law and Politics*, 2e éd., Toronto, Oxford University Press, 2014 aux pp. 71-73.

63. Gérald A. Beaudoin, *La Constitution du Canada : institutions, partage des pouvoirs, droits et libertés*, Montréal, Wilson & Lafleur, 1990 à la p. 64; Andrew Heard, *Canadian Constitutional Conventions: The Marriage of Law and Politics*, 2e éd., Toronto, Oxford University Press, 2014 à la p. 71.

64. J.R. Mallory, *The Structure of Canadian Government*, éd. révisée, Toronto, Gage Publishing Limited, 1984 à la p. 23.

65. Peter W. Hogg, *Constitutional Law of Canada*, éd. étudiante, Toronto, Carswell, 2018, section 5.3(e); Gérald A. Beaudoin, *La Constitution*

du Canada : institutions, partage des pouvoirs, droits et libertés, Montréal, Wilson & Lafleur, 1990 à la p. 64.

66. Andrew Heard, « Les conventions constitutionnelles et le Parlement » (2005) 28:2 Revue parlementaire canadienne 19 à la p. 19.

67. Décret en conseil, C.P. 3374 (25 octobre 1935).

68. Voir les articles 2 et 3 de la *Loi sur les traitements,* L.R.C. 1985, c. S-3.

69. Voir, en Ontario, les articles 1 et 2 de la *Loi sur le Conseil exécutif,* L.R.O. 1990, c. E.25, et, au Québec, les articles 3 et 4 de la *Loi sur l'exécutif,* L.R.Q., c. E-18.

70. Voir également : *Loi sur l'Assemblée législative,* L.R.O. 1990, c. L.10.

71. *Loi de 2015 sur la représentation électorale,* L.O. 2015, c. 31, ann. 1.

72. Voir les articles 1 et 2 de la *Loi concernant le Conseil législatif,* S.Q. 1968, c. 9.

73. Voir l'article 2 de la *Loi sur l'Assemblée nationale,* L.R.Q., c. A-23.1.

74. Voir les articles 14 à 33 de la *Loi électorale,* L.R.Q., c. E-3.1.

75. L'objet de l'article 83 est maintenant régi, en Ontario, par les articles 6 à 13 de la *Loi sur l'assemblée législative,* L.R.O. 1990, c. L.10, et, au Québec, par l'article 17 de la *Loi sur l'Assemblée nationale,* L.R.Q., c. A-23.1.

76. L'objet de l'article 84 est maintenant régi, en Ontario, par la *Loi électorale,* L.R.O. 1990, c. E.6 ainsi que par la *Loi sur l'Assemblée législative,* L.R.O. 1990, c. L.10 et, au Québec, par la *Loi électorale,* L.R.Q., c. E-3.3 ainsi que par la *Loi sur l'Assemblée nationale,* L.R.Q., c. A-23.1.

77. Voir aussi l'article 6 de la *Loi sur l'Assemblée nationale,* L.R.Q., c. A-23.1, qui porte à cinq ans la durée maximale de l'assemblée législative du Québec.

78. Voir, en Ontario, les articles 28 à 34 de la *Loi électorale,* L.R.O. 1990, c. E.6, et, au Québec, les articles 8 et 19 à 24 de la *Loi électorale,* L.R.Q., c. E-3.1.

79. Peter W. Hogg, *Constitutional Law of Canada,* éd. étudiante, Toronto, Carswell, 2018, section 5.3(e); Gérald A. Beaudoin, *La Constitution du Canada : institutions, partage des pouvoirs, droits et libertés,* Montréal, Wilson & Lafleur, 1990 à la p. 64.

80. Gérald A. Beaudoin, *La Constitution du Canada : institutions, partage des pouvoirs, droits et libertés,* Montréal, Wilson & Lafleur, 1990 à la p. 64.

81. *Reference re The Power of the Governor General in Council to Disallow Provincial Legislation and the Power of Reservation of a Lieutenant-Governor of a Province*, [1938] S.C.R. 71.

82. Andrew Heard, *Canadian Constitutional Conventions: The Marriage of Law and Politics*, 2ᵉ éd., Toronto, Oxford University Press, 2014 aux pp. 71-73.

83. Voir notamment : *Citizens' Insurance Company of Canada v. Parsons*, [1881] 7 A.C. 96 (P.C.).

84. Voir l'article 8 de l'*Acte de Québec de 1774*, 14 Geo. III, c. 83 (R.-U.).

85. Peter W. Hogg, *Constitutional Law of Canada*, éd. étudiante, Toronto, Carswell, 2018, section 21.1-21.3.

86. L'article 92A de la *Loi constitutionnelle de 1867* fut ajouté conformément à l'article 50 de la *Loi constitutionnelle* de 1982, constituant l'annexe B de la *Loi de 1982 sur le Canada* (R.-U.), 1982, c. 11.

87. *Loi de 1870 sur le Manitoba*, 33 Vict., c. 3, art. 22.

88. *Loi sur l'Alberta, 1905*, 4 & 5 Edw. VII, c. 3, art. 17.

89. *Loi sur la Saskatchewan, 1905*, 4 & 5 Edw. VII, c. 42, art. 17.

90. *Conditions de l'union de Terre-Neuve au Canada*, clause 17, ratifiées par la *Loi sur Terre-Neuve*, 12 & 13 Geo. VI, c. 22 (R.-U.).

91. Mark C. Power, « Les droits linguistiques en matière d'éducation », dans Michel Bastarache et Michel Doucet, dir., *Droits linguistiques au Canada*, 3ᵉ éd., Cowansville (Québec), Thomson Reuters, 2013 à la p. 662.

92. *Modification constitutionnelle de 1998 (Loi sur Terre-Neuve)*, TR/98-25; *Modification constitutionnelle de 2001 (Terre-Neuve-et-Labrador)*, TR/2001-117.

93. *Modification constitutionnelle de 1997 (Québec)*, TR/97-141.

94. *Loi constitutionnelle de 1964* (R.-U.), 12 & 13 Eliz. II, c. 73.

95. *Acte de l'Amérique du Nord britannique, 1951*, 14 & 15 Geo. VI, c. 32 (R.-U.).

96. *Loi sur le régime des rentes du Québec*, L.Q., c. R-9.

97. *Loi sur l'immigration et la protection des réfugiés*, L.C. 2001, c. 27.

98. Pour la loi actuelle, voir : *Loi sur l'immigration au Québec*, L.Q., c. I-0.2.1.

99. *Loi sur l'immigration en Ontario*, L.O. 2015, c. 8.

100. Voir notamment : *Crevier c. P.G. (Québec) et autres*, [1981] 2 R.C.S.

220 aux pp. 236-237; *MacMillan Bloedel Ltd. c. Simpson*, [1995] 4 R.C.S. 725 aux paras. 37-38; *Renvoi relatif à la rémunération des juges de la Cour provinciale (Î.-P.-É.)*, [1997] 3 R.C.S. 3 aux paras. 82-109.

101. *Renvoi relatif à la Loi de 1979 sur la location résidentielle*, [1981] 1 R.C.S. 714 à la p. 734.

102. *MacMillan Bloedel Ltd. c. Simpson*, [1995] 4 R.C.S. 725 au para. 38.

103. *Renvoi sur l'article 98 de la Loi constitutionnelle de 1867*, 2014 QCCA 2365 au para. 9.

104. *Valente c. la Reine*, [1985] 2 R.C.S. 673 au para. 26.

105. *Loi constitutionnelle de 1960* (R.-U.), 9 Eliz. II, c. 2.

106. *Loi sur les juges*, L.R.C. 1985, c. J-1, art. 58-72.

107. Voir les articles 12 à 21 de la *Loi sur les juges*, L.R.C. 1985, c. J-1.

108. *Loi sur la Cour suprême*, L.R.C. 1985, c. S-26.

109. *Loi sur les Cours fédérales*, L.R.C. 1985, c. F-7.

110. Voir l'article 234 de la *Loi sur la défense nationale*, L.R.C. 1985, c. N-5.

111. *Loi sur la Cour canadienne de l'impôt*, L.R.C. 1985, c. T-2.

112. Voir les articles 10 et 11 de la *Loi sur les juges*, L.R.C. 1985, c. J-1.

113. Voir l'article 9 de la *Loi sur les juges*, L.R.C. 1985, c. J-1.

114. *Renvoi relatif à la Loi sur la Cour suprême, art. 5 et 6*, 2014 CSC 21, [2014] 1 R.C.S. 433.

115. Voir les articles 4 et 4.1 de la *Loi sur le gouverneur général*, L.R.C. 1985, c. G-9.

116. W.H. McConnell, *Commentary on the British North America Act*, Toronto, Macmillan of Canada, 1977 à la p. 343.

117. *Loi constitutionnelle de 1930* (R.-U.), 20 & 21 Geo. V, c. 26.

118. W.H. McConnell, *Commentary on the British North America Act*, Toronto, Macmillan of Canada, 1977 à la p. 351.

119. La première sentence arbitrale date du 3 septembre 1870. D'autres sentences suivirent et les tribunaux furent saisis de certains litiges. Voir : *The Province of Ontario v. The Dominion of Canada and the Province of Quebec* (1895), 25 S.C.R. 434; *The Province of Ontario and the Province of Quebec v. The Dominion of Canada* (1898), 28 S.C.R. 609; *The Province Quebec v. The Province of Ontario and the Dominion of Canada* (1901), 31 S.C.R. 516; *The Attorney General for the Province of Ontario v. The Attorney General for the Province of Quebec (Canada)*, [1903] A.C. 39 (P.C.); *Province*

of Ontario v. Dominion of Canada, (1909) 42 S.C.R. 1; *Attorney-General of Ontario v. Attorney-General of Canada*, (1907) 39 S.C.R. 14; *The Attorney General for the Province of Quebec v. The Attorney General for the Province of Ontario (Canada)*, [1910] A.C. 627 (P.C.).

120. W.H. McConnell, *Commentary on the British North America Act*, Toronto, Macmillan of Canada, 1977 à la p. 351.

121. *Loi sur les subventions aux provinces*, L.R.C. 1985, c. P-26.

122. W.H. McConnell, *Commentary on the British North America Act*, Toronto, Macmillan of Canada, 1977 à la p. 351.

123. Voir : *Loi sur les subventions aux provinces*, L.R.C. 1985, c. P-26; *Loi sur les arrangements fiscaux entre le gouvernement fédéral et les provinces*, L.R.C. 1985, c. F-8.

124. Peter Oliver et Martín Martínez Navarro, « Free Movement of Goods », dans Catherine Barnard et Steve Peers, dir., *European Union Law*, 2ᵉ éd., Oxford, Oxford University Press, 2017.

125. *R. c. Comeau*, 2018 CSC 15.

126. Voir : *Loi sur les douanes*, L.R.C. 1985, c. 1 (2ᵉ suppl.); *Tarif des douanes*, L.C. 1997, c. 36; *Loi sur l'accise*, L.R.C. 1985, c. E-14; *Loi de 2001 sur l'accise*, L.C. 2002, c. 22; *Loi sur la taxe d'accise*, L.R.C. 1985, c. E-15.

127. Les dispositions législatives pertinentes furent abrogées en 1873 par le c. 16 de 36 Vict. (N.-B.). Voir également : *Acte concernant les droits d'exportation imposés sur les bois de construction par la Législature de la Province du Nouveau-Brunswick (Canada)*, 36 Vict., c. 41; *Loi sur les subventions aux provinces*, L.R.C. 1985, c. P-26, art. 2.

128. L'article 131 a permis au gouverneur général de nommer les membres du premier « gouvernement » canadien au moment de l'entrée en vigueur de la loi, le 1ᵉʳ juillet 1867. Voir : W.H. McConnell, *Commentary on the British North America Act*, Toronto, Macmillan of Canada, 1977 à la p. 373.

129. Voir notamment : *Loi sur l'emploi dans la fonction publique*, L.C. 2003, c. 22.

130. *Attorney-General for Canada v. Attorney-General for Ontario*, [1937] A.C. 326 (P.C.).

131. *P.G. du Québec c. Blaikie*, [1979] 2 R.C.S. 1016; *P.G. du Québec c. Blaikie*, [1981] 1 R.C.S. 312.

132. L'objet de l'article 134 est maintenant régi, en Ontario, par la *Loi sur le Conseil exécutif*, L.R.O. 1990, c. E.25 et, au Québec, par la *Loi sur l'exécutif*, L.R.Q., c. E-18.

133. Ministère de la Justice, *Loi constitutionnelle de 1867*, note 69, en ligne : <https://laws-lois.justice.gc.ca/fra/const/page-18.html#f69>.

134. Lieutenant-gouverneur de l'Ontario, *Protocoles et symboles*, en ligne <http://www.lgontario.ca/fr/protocole-symboles/>.

135. Auguste Vachon, « Les symboles monarchiques dans les emblèmes du Québec », (2011) 2-3 L'héraldique au Canada 31.

136. Ministère de la Justice, *Loi constitutionnelle de 1867*, note 69, en ligne : <https://laws-lois.justice.gc.ca/fra/const/page-18.html#f70>.

137. Ministère de la Justice, *Loi constitutionnelle de 1867*, note 69, en ligne : <https://laws-lois.justice.gc.ca/fra/const/page-18.html#f71>.

138. *Loi sur le système correctionnel et la mise en liberté sous condition*, L.C. 1992, c. 20.

139. Ministère de la Justice, *Loi constitutionnelle de 1867*, note 69, en ligne : <https://laws-lois.justice.gc.ca/fra/const/page-18.html#f74>.

140. *Loi constitutionnelle de 1915*, 5 & 6 Geo. V, c. 45 (R.-U.).

141. *Loi de 2015 sur la représentation électorale*, L.O. 2015, c. 31, ann. 1.

142. Voir les articles 14 à 33 de la *Loi électorale*, L.R.Q., c. E-3.1.

143. Voir : *The Province of Ontario v. The Dominion of Canada and the Province of Quebec* (1895), 25 S.C.R. 434; *The Province of Ontario and the Province of Quebec v. The Dominion of Canada* (1898), 28 S.C.R. 609; *The Province Quebec v. The Province of Ontario and the Dominion of Canada* (1901), 31 S.C.R. 516; *The Attorney General for the Province of Ontario v. The Attorney General for the Province of Quebec (Canada)*, [1903] A.C. 39 (P.C.); *Province of Ontario v. Dominion of Canada*, (1909) 42 S.C.R. 1; *Attorney-General of Ontario v. Attorney-General of Canada*, (1907) 39 S.C.R. 14; *The Attorney General for the Province of Quebec v. The Attorney General for the Province of Ontario (Canada)*, [1910] A.C. 627 (P.C.).

144. George Egerton, « Trudeau, God and the Canadian Constitution: Religion, Human Rights, and Government Authority in the Making of

the 1982 Constitution » dans David Lyon et Marguerite Van Die, dir., *Rethinking Church, State and Modernity: Canada between Europe and America*, Toronto, University of Toronto Press, 2000 aux pp. 102-107.

145. *Renvoi : Droits linguistiques au Manitoba*, [1985] 1 R.C.S. 721 à la p. 750; *Renvoi sur la Motor Vehicle Act (C.-B.)*, [1985] 2 R.C.S. 486 à la p. 503.

146. Lorne Sossin, « The 'Supremacy of God', Human Dignity and the *Charter of Rights and Freedoms* » (2003) 52 U.N.B.L.J. 227 à la p. 232.

147. *R. c. Oakes*, [1986] 1 R.C.S. 103.

148. *Déclaration canadienne des droits*, S.C. 1960, c. 44.

149. Adam Dodek, *The Charter Debates*, Toronto, University of Toronto Press, 2018 à la p. 111.

150. Peter W. Hogg, *Constitutional Law of Canada*, éd. étudiante, Toronto, Carswell, 2018, section 37.1(b).

151. *R. c. Big M Drug Mart Ltd.*, [1985] 1 R.C.S. 295 à la p. 336.

152. *Syndicat Northcreat c. Amselem*, 2004 CSC 47 aux paras. 56-59, [2004] 2 R.C.S. 551; *Multani c. Commission scolaire Marguerite Bourgeois*, 2006 CSC 6 au para. 34, [2006] 1 R.C.S. 256.

153. *Irwin Toy Ltd. c. Québec (Procureur général)*, [1989] 1 R.C.S. 927 aux pp. 968-969.

154. *R. c. Khawaja*, 2012 CSC 69 au para. 70, [2012] 3 R.C.S. 55.

155. *Montréal (Ville) c. 2952-1366 Québec Inc.*, 2005 CSC 62, [2005] 3 R.C.S. 141.

156. *Saskatchewan (Human Rights Commission) c. Whatcott*, 2013 CSC 11, [2013] 1 R.C.S. 467.

157. Canada, Ministère de la Justice, « Alinéa 2c) – Liberté de réunion pacifique », en ligne : <http://www.justice.gc.ca/fra/sjc-csj/dlc-rfc/cc-dl-ccrf/check/art2c.html>.

158. *Association de la police montée de l'Ontario c. Canada*, 2015 CSC 1 au para. 66, [2015] 1 R.C.S. 3.

159. *Health Services and Support – Facilities Subsector Bargaining Assn c. Colombie-Britannique*, 2007 CSC 27 aux paras. 19, 36, [2007] 2 R.C.S. 391.

160. *Lavigne c. Syndicat des employés de la fonction publique de l'Ontario*, [1991] 2 R.C.S. 211 à la p. 318.

161. *Opitz c. Wrzesnewskyj*, 2012 CSC 55 au para. 28, [2012] 3 R.C.S. 76.

162. *Renvoi : Circonscriptions électorales provinciales (Sask.)*, [1991] 2 R.C.S. 158 aux pp. 183-185; *Figueroa c. Canada (Procureur général)*, 2003 CSC 37 aux paras. 22-30, [2003] 1 R.C.S. 912.

163. *Haig c. Canada*, [1993] 2 R.C.S. 995 à la p. 998. Voir aussi : *Toronto (City) v. Ontario (Attorney General)*, 2018 ONCA 761 au para. 12.

164. *Muldoon c. Canada*, [1988] 3 C.F. 628 (1ʳᵉ inst.).

165. *Sauvé c. Canada (Procureur général)*, [1993] 2 R.C.S. 438; *Sauvé c. Canada (Directeur général des élections)*, [2002] 3 R.C.S. 519.

166. *Conseil canadien des droits des personnes handicapées c. Canada*, [1988] 3 C.F. 622 (1ʳᵉ inst.).

167. *Kamel c. Canada (Procureur général)*, 2009 CAF 21 aux paras. 15-18, [2009] 4 R.C.F. 449; *Abdelrazik c. Canada (Ministre des Affaires étrangères)*, 2009 CF 580 aux paras. 151-152, [2010] 1 R.C.F. 267.

168. *Canada (Ministre de l'Emploi et de l'Immigration) c. Chiarelli*, [1992] 1 R.C.S. 711 à la p. 736.

169. *Irwin Toy Ltd. c. Québec (Procureur général)*, [1989] 1 R.C.S. 927 aux pp. 1002-1003.

170. *Carter c. Canada (Procureur général)*, 2015 CSC 5 au para. 55, [2015] 1 R.C.S. 331.

171. *B. (R.) c. Children's Aid Society of Metropolitan Toronto*, [1995] 1 R.C.S. 315 au para. 19.

172. *Carter c. Canada (Procureur général)*, 2015 CSC 5 au para. 62, [2015] 1 R.C.S. 331.

173. *Renvoi sur la Motor Vehicle Act (C.-B.)*, [1985] 2 R.C.S. 486 à la p. 515.

174. *Godbout c. Longueuil (Ville)*, [1997] 3 R.C.S. 844 au para. 66.

175. *Carter c. Canada (Procureur général)*, 2015 CSC 5 au para. 64, [2015] 1 R.C.S. 331.

176. *Renvoi sur la Motor Vehicle Act (C.-B.)*, [1985] 2 R.C.S. 486 aux pp. 500-504, 511-513. Il faut souligner, toutefois, que les témoins gouvernementaux qui ont comparu devant le Comité mixte spécial du Sénat et de la Chambre des communes sur la Constitution du Canada, au moment de l'adoption de la *Charte*, ont laissé entendre que l'expression « principe de justice fondamentale » conférait seulement une protection « procédurale » (ou « de forme ») plutôt que « substantielle » (ou « de fond »). Voir : Adam Dodek, *The Charter Debates*, Toronto, University of Toronto Press, 2018, aux pp. 188, 193-200.

177. *Canada (Procureur général) c. Bedford*, 2013 CSC 72 aux paras. 93-123, [2013] 3 R.C.S. 1101.

178. *R. c. Malmo-Levine; R. c. Caine*, 2003 CSC 74 au para. 113, [2003] 3 R.C.S. 571.

179. *Hunter c. Southam Inc*, [1984] 2 R.C.S. 145 à la p. 159.

180. *R. c. Collins*, [1987] 1 R.C.S. 265 au para. 23.

181. *R. c. Fearon*, 2014 CSC 77 au para. 15, [2014] 3 R.C.S. 621.

182. *R. c. Grant*, 2009 CSC 32 au para. 44, [2009] 2 R.C.S. 353.

183. *R. c. Suberu*, 2009 CSC 33 aux paras. 18-35, [2009] 2 R.C.S. 460.

184. *R. c. Mann*, 2004 CSC 52 au para. 45, [2004] 3 R.C.S. 59.

185. *R. c. Storrey*, [1990] 1 R.C.S. 241 à la p. 250.

186. *R. c. Evans*, [1991] 2 R.C.S. 460 aux pp. 870-872.

187. *R. c. Matheson*, [1994] 3 R.C.S. 328.

188. *R. c. Bartle*, [1994] 3 R.C.S. 173 à la p. 192.

189. *R. c. Hufsky*, [1988] 1 R.C.S. 621.

190. *May c. Établissement Ferndale*, 2005 CSC 82, [2005] 3 R.C.S. 809; *Établissement de Mission c. Khela*, 2014 CSC 24, [2014] 1 R.C.S. 502.

191. *R. c. Jordan*, 2016 CSC 27 aux paras. 46-48, 49, 81, [2016] 1 R.C.S. 631.

192. *R. c. Noble*, [1997] 1 R.C.S. 874 au para. 84.

193. Voir le paragraphe 515(10) du *Code criminel*, L.R.C. 1985, c. C-46.

194. *R. c. Smith*, [1987] 1 R.C.S. 1045.

195. *Loi modifiant le droit pénal (n° 2)*, L.C. 1974-75-76, c. 105. Toutefois, jusqu'à son abolition complète en 1998, la peine de mort demeurait applicable pour les crimes d'espionnage et de mutinerie avec violence commis par des militaires ainsi que les crimes de guerre commis lors de la Seconde Guerre mondiale.

196. Amnistie internationale, « Peine de mort », en ligne : <https://www.amnesty.org/fr/what-we-do/death-penalty/>. Selon l'organisation, il est impossible d'obtenir des chiffres précis sur le nombre d'exécutions en Chine.

197. *R. c. Tran*, [1994] 2 R.C.S. 951 aux pp. 952, 978-980.

198. Canada, Ministère de la Justice, « Article 14 – Droit à un interprète », en ligne : <http://www.justice.gc.ca/fra/sjc-csj/dlc-rfc/ccdl-ccrf/check/art14.html>.

199. *Andrews c. Law Society of British Columbia*, [1989] 1 R.C.S. 143 à la p. 171.

200. Adam Dodek, *The Charter Debates*, Toronto, University of Toronto Press, 2018 aux pp. 237-238.

201. *Andrews c. Law Society of British Columbia*, [1989] 1 R.C.S. 143.

202. *Miron c. Trudel*, [1995] 2 R.C.S. 418.

203. *Vriend c. Alberta*, [1998] 1 R.C.S. 493.

204. *Corbière c. Canada (ministre des Affaires indiennes et du Nord canadien)*, [1999] 2 R.C.S. 203.

205. *R. c. Kapp*, 2008 CSC 41 au para. 16, [2008] 2 R.C.S. 483.

206. *Loi sur les langues officielles*, L.R.C. 1985, c. 31 (4ᵉ suppl.).

207. *Loi sur les langues officielles*, L.N.-B. 2002, c. O-0.5.

208. *Tailleur c. Canada*, 2015 CF 1230 au para. 38.

209. *Proclamation de 1993 modifiant la Constitution (Loi sur le Nouveau-Brunswick)*, TR/93-54, (1993) 127 Gaz. Can. II 1588 (7 avril 1993).

210. *MacDonald c. Ville de Montréal*, [1986] 1 R.C.S. 460 à la p. 486.

211. *Société des Acadiens c. Association of Parents*, [1986] 1 R.C.S. 549 à la p. 575.

212. *DesRochers c. Canada (Industrie)*, 2009 CSC 8 au para. 3, [2009] 1 R.C.S. 194.

213. *Mahé c. Alberta*, [1990] 1 R.C.S. 342 aux pp. 366-367.

214. *Doucet-Boudreau c. Nouvelle-Écosse (Ministre de l'Éducation)*, 2003 CSC 62, [2003] 3 R.C.S. 3.

215. *Schachter c. Canada*, [1992] 2 R.C.S. 679 aux pp. 719-720.

216. *Vancouver (Ville) c. Ward*, 2010 CSC 27, [2010] 2 R.C.S. 28.

217. *Canada (Premier ministre) c. Khadr*, 2010 CSC 3, [2010] 1 R.C.S. 44.

218. *Doucet-Boudreau c. Nouvelle-Écosse (Ministre de l'Éducation)*, 2003 CSC 62, [2003] 3 R.C.S. 3.

219. *Canada (Procureur général) c. PHS Community Services Society*, 2011 CSC 44, [2011] 3 R.C.S. 134.

220. *R. c. O'Connor*, [1995] 4 R.C.S. 411.

221. *R. c. Grant*, 2009 CSC 32 au para. 71, [2009] 2 R.C.S. 353.

222. *Proclamation royale de 1763*, L.R.C. 1985, ann. II, n° 1.

223. *R. c. Kapp*, 2008 CSC 41 aux paras. 62-65, [2008] 2 R.C.S. 483.

224. Adam Dodek, *The Charter Debates*, Toronto, University of Toronto Press, 2018 à la p. 366.

225. *Loi sur le multiculturalisme canadien*, L.R.C. 1985, c. 24 (4ᵉ suppl.).

226. Adam Dodek, *The Charter Debates*, Toronto, University of Toronto Press, 2018 aux pp. 372-373.

227. *Renvoi relatif au projet de loi 30, An Act to Amend the Education Act (Ont.)*, [1987] 1 R.C.S. 1148 aux pp. 1205-1209.

228. *P.E. v. The Director of Child and Family Services*, 2010 NUCJ 24.

229. *Loi sur le Nunavut*, L.C. 1993, c. 28.

230. *Eldridge c. Colombie-Britannique (Procureur général)*, [1997] 3 R.C.S. 624 au para. 44.

231. *SDGMR c. Dolphin Delivery Ltd.*, [1986] 2 R.C.S. 573 aux pp. 597-599.

232. Adam Dodek, *The Charter Debates*, Toronto, University of Toronto Press, 2018 à la p. 238.

233. Pour une discussion de la « clause dérogatoire », voir : Peter W. Hogg, *Constitutional Law of Canada*, éd. étudiante, Toronto, Carswell, 2018, section 39.

234. Il s'agit d'une « condition de forme » : une déclaration faite en vertu de l'article 33 est suffisamment « explicite » si elle mentionne le numéro de l'article de la *Charte* auquel on entend déroger. Voir : *Ford c. Québec (Procureur général)*, [1988] 2 R.C.S. 712 aux pp. 741-742.

235. *Ford c. Québec (Procureur général)*, [1988] 2 R.C.S. 712 aux pp. 744-745.

236. *Loi modifiant la Charte de la langue française*, L.Q. 1988, c. 54.

237. *Ford c. Québec (Procureur général)*, [1988] 2 R.C.S. 712. Cette déclaration n'a pas été renouvelée par la Législature du Québec à la suite de son expiration en 1993.

238. Henri Brun, Guy Tremblay et Eugénie Brouillet, *Droit constitutionnel*, 6ᵉ éd., Cowansville (Québec), Éditions Yvon Blais, 2014 aux pp. 970-971.

239. *Loi concernant la Loi constitutionnelle de 1982*, L.Q. 1982, c. 21. La Cour suprême du Canada a confirmé la validité de cette pratique dans *Ford c. Québec (Procureur général)*, [1988] 2 R.C.S. 712 aux pp. 742-745.

240. Peter W. Hogg, *Constitutional Law of Canada*, éd. étudiante, Toronto, Carswell, 2018, section 39.2.

241. La clause dérogatoire a été invoquée au Yukon en 1982, en Saskatchewan en 1985 et en Alberta en 2000. Pour plus de détails sur l'historique de l'utilisation de l'article 33, voir : Peter W. Hogg, *Constitutional Law of Canada*, éd. étudiante, Toronto, Carswell,

2018, section 39.2; Laurence Brosseau et Marc-André Roy, *La disposition de dérogation de la Charte*, Bibliothèque du Parlement, 2018-17-F, 7 mai 2018, en ligne : <https://lop.parl.ca/Content/LOP/ResearchPublications/2018-17-f.pdf>.

242. Adam Dodek, *The Charter Debates*, Toronto, University of Toronto Press, 2018 aux pp. 400-403, 426. Il faut souligner que, dans le cadre du « Constitution Express », plus de 1 000 militants autochtones de la Colombie-Britannique ont traversé le Canada en train pour faire pression sur le gouvernement fédéral. Voir : Arthur Manuel et Ronald M. Derrickson, *Unsettling Canada: A National Wake-Up Call*, Toronto, Between the Lines, 2015 aux pp. 65-76.

243. *R. c. Sparrow*, [1990] 1 R.C.S. 1075.

244. *Nation haïda c. Colombie-Britannique (Ministre des Forêts)*, 2004 CSC 73, [2004] 3 R.C.S. 511. Notez, cependant, que l'obligation de consulter s'applique uniquement aux mesures exécutives, par opposition aux mesures législatives. En effet, le Parlement fédéral et les législatures provinciales ne sont pas assujettis à une obligation de consulter dans le cadre du processus d'adoption des lois. Voir : *Mikisew Cree First Nation c. Canada (Gouverneur général en conseil)*, 2018 CSC 40.

245. *Nation Tsilhqot'in c. Colombie-Britannique*, 2014 CSC 44 aux paras. 77-88, [2014] 2 R.C.S. 256.

246. Benoît Pelletier, « La modification et la réforme de la Constitution canadienne » (2017) 47:2 R.G.D. 429 aux pp. 484-485.

247. Christa Scholtz, « Part II and Part V: Aboriginal Peoples and Constitutional Amendment » dans Emmett Macfarlane, dir., *Constitutional Amendment in Canada*, Toronto, University of Toronto Press, 2016.

248. La conférence a mené à l'adoption de *la Proclamation constitutionnelle de 1983*, TR/84-102, (1984) 118 Gaz. Can. II 2984 (11 juillet 1984), qui a, d'une part, modifié l'alinéa 25(b) et l'article 35 et, d'autre part, ajouté l'article 35.1 à la *Loi constitutionnelle de 1982*, constituant l'annexe B de la *Loi de 1982 sur le Canada* (R.-U.), 1982, c. 11.

249. *Renvoi relatif à la réforme du Sénat*, 2014 CSC 32 au para. 36, [2014] 1 R.C.S. 704.

250. Dennis Baker et Mark D. Jarvis, « The End of Informal Constitutional Change in Canada? » dans Emmett Macfarlane, dir., *Constitutional*

amendment in Canada, Toronto, University of Toronto Press, 2016 à la p. 187.

251. *Renvoi : Résolution pour modifier la Constitution,* [1981] 1 R.C.S. 753 à la p. 905.

252. *Loi concernant les modifications constitutionnelles,* L.C. 1996, c. 1. Cette loi a pour effet de conférer un « droit de veto » sur toute modification constitutionnelle sujette à la « procédure 7/50 » à chacune des grandes régions canadiennes.

253. Adam Dodek, « Uncovering the Wall Surrounding the Castle of the Constitution: Judicial Interpretation of Part V of the Constitution Act, 1982 » dans Emmett Macfarlane, dir., *Constitutional amendment in Canada,* Toronto, University of Toronto Press, 2016 à la p. 49. Suivant ce raisonnement, le Parlement pourrait unilatéralement modifier la manière dont la sanction royale est donnée aux projets de loi.

254. *Renvoi relatif à la Loi sur la Cour suprême, art. 5 et 6,* 2014 CSC 21, [2014] 1 R.C.S. 433.

255. *Renvoi relatif à la réforme du Sénat,* 2014 CSC 32 aux paras. 95-110, [2014] 1 R.C.S. 704.

256. *Renvoi relatif à la réforme du Sénat,* 2014 CSC 32 aux paras. 50-70, [2014] 1 R.C.S. 704. L'imposition d'un mandat à durée fixe pour les sénateurs serait également assujettie à la « procédure 7/50 » conformément à l'article 38. *Ibid.* aux paras. 71-83. Notez, cependant, que deux personnes furent nommées au Sénat par le gouverneur général à la suite d'élections non contraignantes tenues à l'initiative du gouvernement de l'Alberta : Stanley Waters en 1990 et Bert Brown en 2007.

257. *Renvoi relatif à la Loi sur la Cour suprême, art. 5 et 6,* 2014 CSC 21 au para. 94, [2014] 1 R.C.S. 433.

258. Dwight Newman, « Understanding the Section 43 Bilateral Amending Formula » dans Emmett Macfarlane, dir., *Constitutional amendment in Canada,* Toronto, University of Toronto Press, 2016 aux pp. 151-153; Benoît Pelletier, *La modification constitutionnelle au Canada,* Scarborough (Ontario), Carswell, 1996 à la p. 314.

259. Warren J. Newman, « Constitutional Amendment by Legislation » dans Emmett Macfarlane, dir., *Constitutional amendment in Canada,* Toronto, University of Toronto Press, 2016 aux pp. 109-110.

260. *Renvoi relatif à la réforme du Sénat*, 2014 CSC 32, [2014] 1 R.C.S. 704.

261. Sauf en ce qui concerne les qualifications en matière de propriété foncière pour les sénateurs du Québec. Dans ce cas, la « procédure multilatérale » de l'article 43 trouverait application.

262. *Constitution Act*, R.S.B.C. 1996, c. 66.

263. Voir l'alinéa 41a) de la *Loi constitutionnelle de 1982*, constituant l'annexe B de la *Loi de 1982 sur le Canada* (R.-U.), 1982, c. 11.

264. Voir l'alinéa 41c) de la *Loi constitutionnelle de 1982*, constituant l'annexe B de la *Loi de 1982 sur le Canada* (R.-U.), 1982, c. 11.

265. Benoît Pelletier, *La modification constitutionnelle au Canada*, Scarborough (Ontario), Carswell, 1996 aux pp. 128-133.

266. Par exemple, le Québec a aboli son conseil législatif en 1968.

267. Dans la mesure, bien sûr, où la modification au système électoral respecte les droits démocratiques garantis par la *Charte* ainsi que le système parlementaire canadien. Voir : Emmanuelle Richez, « The Possibilities and Limits of Provincial Constitution-Making Power: The Case of Quebec » dans Emmett Macfarlane, dir., *Constitutional amendment in Canada*, Toronto, University of Toronto Press, 2016 aux pp. 169-170, 176.

268. Adam Dodek, *The Charter Debates*, Toronto, University of Toronto Press, 2018 aux pp. 339-348.

269. *New Brunswick Broadcasting Co. c. Nouvelle-*Écosse *(Président de l'Assemblée législative)*, [1993] 1 R.C.S. 319 à la p. 378.

270. *Canada (Chambre des communes) c. Vaid*, 2005 CSC 30 aux paras. 30, 34, [2005] 1 R.C.S. 667.

271. *Renvoi relatif à la Loi sur la Cour suprême, art. 5 et 6*, 2014 CSC 21 aux paras. 72-95, [2014] 1 R.C.S. 433.

272. *Renvoi relatif à la sécession du Québec*, [1998] 2 R.C.S. 217 aux paras. 61-82; *Renvoi relatif à la rémunération des juges de la Cour provinciale (Î.-P.-É.)*, [1997] 3 R.C.S. 3 au para. 83.

273. Warren J. Newman, « L'obligation de rédiger et de déposer pour adoption la version française de certains textes constitutionnels : De l'affaire *Bertrand* à l'affaire *Langlois* » dans Linda Cardinal et François Larocque, dir., *La Constitution bilingue du Canada : Un projet inachevé*, Québec, Presses de l'Université Laval, 2017 aux pp. 180-181, 194.

274. Pour une liste des lois constitutionnelles, adoptées avant 1982, ayant une version française officielle, voir : Warren J. Newman, « L'obligation de rédiger et de déposer pour adoption la version française de certains textes constitutionnels : De l'affaire *Bertrand* à l'affaire *Langlois* » dans Linda Cardinal et François Larocque, dir., *La Constitution bilingue du Canada : Un projet inachevé*, Québec, Presses de l'Université Laval, 2017 à la p. 195.

275. Voir l'article 15 de la *Charte*, qui est entré en vigueur le 17 avril 1985, ainsi que l'alinéa 23(1)a) de la *Charte* qui n'est toujours pas en vigueur au Québec.

276. *Proclamation constitutionnelle de 1983*, TR/84-102, (1984) 118 Gaz. Can. II 2984 (11 juillet 1984).

3 : LA COUR SUPRÊME DU CANADA

1. *Loi constitutionnelle de 1867* (R.-U.), 30 & 31 Vict., c. 3, reproduite dans L.R.C. 1985, ann. II, n° 5.

2. *Loi sur la Cour suprême*, L.R.C. 1985, c. S-26.

3. James G. Snell et Frederick Vaughan, *The Supreme Court of Canada: History of an Institution*, Toronto, University of Toronto Press, 1985 à la p. 17.

4. James G. Snell et Frederick Vaughan, *The Supreme Court of Canada: History of an Institution*, Toronto, University of Toronto Press, 1985 aux pp. 17-27, 28-51.

5. Bora Laskin, « The Supreme Court of Canada: A Final Court of and for Canadians » (1951) 29 Can. Bar Rev. 1038 à la p. 1040.

6. Bora Laskin, « The Supreme Court of Canada: A Final Court of and for Canadians » (1951) 29 Can. Bar Rev. 1038 à la p. 1075. Voir également : Ian Bushnell, *The Captive Court: A Study of the Supreme Court of Canada*, Montréal et Kingston, McGill-Queen's University Press, 1992; Peter McCormick, *Supreme at Last: The Evolution of the Supreme Court of Canada*, Toronto, Lorimer Books, 2000.

7. Peter McCormick, *Supreme at Last: The Evolution of the Supreme Court of Canada*, Toronto, Lorimer Books, 2000.

8. *Charte canadienne des droits et libertés*, partie I de la *Loi constitutionnelle de 1982*, constituant l'annexe B de la *Loi de 1982 sur le Canada* (R.-U.), 1982, c. 11.

9. *Renvoi : Loi anti-inflation*, [1976] 2 R.C.S. 373.

10. *Renvoi : Résolution pour modifier la Constitution*, [1981] 1 R.C.S. 753.

11. *Renvoi sur l'opposition du Québec à une résolution pour modifier la Constitution*, [1982] 2 R.C.S. 793.

12. *Renvoi : Droits linguistiques au Manitoba*, [1985] 1 R.C.S. 721.

13. *Renvoi sur la Motor Vehicle Act (C.-B.)*, [1985] 2 R.C.S. 486.

14. *Renvoi relatif à la rémunération des juges de la Cour provinviale (Î.-P.-É.)*, [1997] 3 R.C.S. 3.

15. *Renvoi relatif à la sécession du Québec*, [1998] 2 R.C.S. 217.

16. *Renvoi relatif au mariage entre personnes du même sexe*, 2004 CSC 79, [2004] 3 R.C.S. 698.

17. *Renvoi relatif à la réforme du Sénat*, 2014 CSC 32, [2014] 1 R.C.S. 704.

18. *Renvoi relatif à la Loi sur la Cour suprême, art. 5 et 6*, 2014 CSC 21, [2014] 1 R.C.S. 433.

19. *Loi constitutionnelle de 1982*, constituant l'annexe B de la *Loi de 1982 sur le Canada* (R.-U.), 1982, c. 11.

20. Voir le paragraphe 4(1) de la *Loi sur la Cour suprême*, L.R.C. 1985, c. S-26. Au moment de sa création, en 1875, la Cour suprême comptait six juges, dont deux devaient provenir du Québec. Ce nombre a été augmenté à sept en 1927 puis à neuf en 1949 (le nombre de juges du Québec fut alors augmenté à trois).

21. Voir le paragraphe 4(2) de la *Loi sur la Cour suprême*, L.R.C. 1985, c. S-26.

22. Décret en conseil, C.P. 3374 (25 octobre 1935).

23. Voir les articles 97 et 98 de la *Loi constitutionnelle de 1867* (R.-U.), 30 & 31 Vict., c. 3, reproduite dans L.R.C. 1985, ann. II, n° 5. Voir également l'article 3 de la *Loi sur les juges*, L.R.C. 1985, c. J-1 et l'article 5 de la *Loi sur la Cour suprême*, L.R.C. 1985, c. S-26.

24. Voir l'article 6 de la *Loi sur la Cour suprême*, L.R.C. 1985, c. S-26. Voir également le *Renvoi relatif à la Loi sur la Cour suprême, art. 5 et 6*, 2014 CSC 21, [2014] 1 R.C.S. 433.

25. Peter W. Hogg, *Constitutional Law of Canada*, éd. étudiante, Toronto, Carswell, 2018, section 8.7.

26. En cas d'incapacité ou de mauvaise conduite, un juge peut néanmoins être révoqué par le gouverneur général du Canada, si le Sénat et la Chambre des communes votent en ce sens. Voir l'article 99 de

la *Loi constitutionnelle de 1867* (R.-U.), 30 & 31 Vict., c. 3, reproduite dans L.R.C. 1985, ann. II, n° 5.

27. Voir l'article VIII des *Lettres patentes constituant la charge de gouverneur général du Canada* (1947), reproduites dans L.R.C. 1985, ann. II, n° 31. Certains juges en chef ont exercé la fonction d'« administrateur » du Canada en cas de décès, d'incapacité, de renvoi ou d'absence du gouverneur général. Ce fut le cas notamment d'Henri-Elzéar Taschereau (1904), de Charles Fitzpatrick (1916), de Louis Henry Davies (1921), de Francis Alexander Anglin (1926), de Lyman Poore Duff (1935 et 1940), de Thibaudeau Rinfret (1952), de Robert Taschereau (1967) et de Beverley McLachlin (2005).

28. Bien que le quorum de la Cour suprême soit de cinq juges en vertu de l'article 25 de la *Loi sur la Cour suprême*, L.R.C. 1985, c. S-26, celui-ci peut être réduit à quatre juges dans certaines circonstances exceptionnelles : voir le paragraphe 28(2) et l'article 29 de la *Loi sur la Cour suprême*.

29. Les circonstances dans lesquelles la Cour suprême du Canada est tenue d'entendre un appel sont prévues aux articles 691 à 693 du *Code criminel*, L.R.C. 1985, c. C-46.

30. À propos du rôle des auxiliaires juridiques, voir notamment : Lorne Sossin, « The Sounds of Silence: Law Clerks, Policy Making and the Supreme Court of Canada » (1996) 30:2 U.B.C. L. Rev. 279; Julie Dagenais Blackburn, Mitchell McInnes, Janet Bolton et Natalie Derzko, « Le programme des clercs à la Cour suprême du Canada » (1995) 36:4 C. de D. 765.

31. Cour suprême du Canada, *Le juge en chef et ses prédécesseurs*, en ligne : <https://www.scc-csc.ca/judges-juges/cfcju-jucp-fra.aspx>. Les « dates d'entrée en fonction à titre de juge en chef » et les « dates de fin des fonctions à titre de juge en chef » sont tirées du tableau publié sur le site Web de la Cour suprême du Canada. Il faut souligner, toutefois, que ces dates ne concordent pas toujours exactement avec celles figurant dans les biographies des juges.

32. *Acte de l'Amérique du Nord britannique, 1867*, 30 & 31 Vict., c. 3 (R.-U.), dont le titre fut, par la suite, modifié à « *Loi constitutionnelle de 1867* »; *The Queen v. Chandler* (1867-1869), 12 N.B.R. 556.

33. Jamie Benidickson, « Sir Samuel Henry Strong », dans *Dictionnaire*

bibliographique du Canada, en ligne : < http://www.biographi.ca/en/bio/strong_samuel_henry_13E.html >.

34. *Reference as to the Legislative Competence of the Parliament of Canada to Enact Bill No. 9 of the Fourth Session, Eighteenth Parliament of Canada, Entitled « An Act to Amend the Supreme Court Act »*, [1940] S.C.R. 49, confirmé par [1947] A.C. 127 (P.C.) (connu sous le nom de « *Privy Council Appeals Reference* »).

35. *Roncarelli v. Duplessis*, [1959] S.C.R. 121.

36. *Renvoi : Résolution pour modifier la Constitution*, [1981] 1 R.C.S. 753.

37. *Charte canadienne des droits et libertés*, partie I de la *Loi constitutionnelle de 1982*, constituant l'annexe B de la *Loi de 1982 sur le Canada* (R.-U.), 1982, c. 11.

38. *R. c. Oakes*, [1986] 1 R.C.S. 103.

39. *Renvoi relatif à la sécession du Québec*, [1998] 2 R.C.S. 217.

40. Beverley McLachlin, *Full Disclosure: A Novel*, Toronto, Simon & Schuster, 2018.

41. Cour suprême du Canada, *Les juges et leurs prédécesseurs*, en ligne: <https://www.scc-csc.ca/judges-juges/cfpju-jupp-fra.aspx>. Les « dates d'entrée en fonction à titre de juge puîné » et les « dates de fin des fonctions à titre de juge puîné » sont tirées du tableau publié sur le site Web de la Cour suprême du Canada. Il faut souligner, toutefois, que ces dates ne concordent pas toujours exactement avec celles figurant dans les biographies des juges. Pour les juges puînés ayant été promus au rang de juges en chef, le symbole « * » désigne la date de la fin de leurs fonctions comme « juge puîné » et le début de leurs fonctions comme « juge en chef ».

42. *Code criminel, 1892*, S.C. 1892, c. 29.

43. Thomas William Acheson, « George Edwin King », dans *Dictionnaire bibliographique du Canada*, en ligne : <http://www.biographi.ca/en/bio/king_george_edwin_13E.html>.

44. Désiré Girouard, *Lake St. Louis, Old and New, Illustrated, and Cavelier de la Salle*, Montréal, Poirier & Bessette, 1893.

45. Pierre-Basile Mignault, *Droit civil canadien*, Montréal, Théoret, Wilson & Lafleur, 1895-1916.

46. Jean-Gabriel Castel, « Le juge Mignault défenseur de l'intégrité du droit civil québécois » (1975) 53 R. du B. can. 544.

47. Philip Girard, « Edmund Leslie Newcombe », dans *Dictionnaire bibliographique du Canada*, en ligne : <http://www.biographi.ca/fr/bio/newcombe_edmund_leslie_16E.html>.

48. Edmund Leslie Newcombe, *The British North America Acts as Interpreted by the Judicial Committee of the Privy Council, with Brief Explanatory or Critical Text: a Handbook*, Ottawa, Dawson, 1908.

49. *Roncarelli v. Duplessis*, [1959] S.C.R. 121.

50. Voir : William Kaplan, *Bad Judgment: The Case of Mr Justice Leo A. Landreville*, Toronto, University of Toronto Press, 1996.

51. Louis-Philippe Pigeon, *Rédaction et interprétation des lois*, Québec, Éditeur officiel, 1965.

52. Philip Fine, « Fearless lawyer stepped off the highest of benches », *Globe and Mail* (1er mars 2008).

53. *Law Society of Upper Canada c. Skapinker*, [1984] 1 R.C.S. 357.

54. John Sopinka, Sidney N. Lederman et Alan W. Bryant, *The Law of Evidence in Canada*, Toronto, Butterworths, 1992.

55. Gay Abbate, « Ex-Jurist Left a Complex Legacy », *Globe and Mail* (20 juillet 2009).

56. *Ponoka-Calmar Oils Ltd. v. Earl F. Wakefield Co.*, [1960] A.C. 18 (P.C.).

57. Robert Gagnon, Louis LeBel et Pierre Verge, *Le droit du travail en vigueur au Québec*, Québec, Presses de l'Université Laval, 1971.

58. Kate Allen, « Michael Moldaver's Climb to the Top Court Had Blue-Collar Beginnings », *Toronto Star* (14 novembre 2017).

4 : LES DÉCISIONS IMPORTANTES EN MATIÈRE CONSTITUTIONNELLE

1. *Loi constitutionnelle de 1867* (R.-U.), 30 & 31 Vict., c. 3, reproduite dans L.R.C. 1985, ann. II, n° 5.

2. *Edwards v. Attorney-General for Canada*, [1930] A.C. 124 à la p. 136 (P.C.).

3. *Charte canadienne des droits et libertés*, partie I de la *Loi constitutionnelle de 1982*, constituant l'annexe B de la *Loi de 1982 sur le Canada* (R.-U.), 1982, c. 11.

4. *Acte de l'Amérique du Nord britannique,1867*, 30 & 31 Vict., c.3 (R.-U.), dont le titre fut, par la suite, modifié pour celui de « *Loi constitutionnelle de 1867* ».

5. Voir notamment : Andrée Lajoie, « The Implied Bill of Rights, the Charter and the Role of the Judiciary » (1995) 44 U.N.B.L.J. 337.

6. *Déclaration canadienne des droits*, S.C. 1960, c. 44.

7. Voir l'alinéa 94(b) de la *Loi sur les Indiens*, S.R.C. 1952, c. 149.

8. Voir l'alinéa 12(1)(b) de la *Loi sur les Indiens*, S.R.C. 1970, c. I6.

9. Voir les articles 30 et 46 de la *Loi de 1971 sur l'assurance-chômage*, S.C. 1970-71-72, c. 48.

10. *Loi anti-inflation*, S.C. 1974-75-76, c. 75.

11. *Renvoi : Résolution pour modifier la Constitution*, [1981] 1 R.C.S. 753 à la p. 905.

12. *Loi constitutionnelle de 1982*, constituant l'annexe B de la *Loi de 1982 sur le Canada* (R.-U.), 1982, c. 11.

13. *Loi de 1870 sur le Manitoba*, 33 Vict., c. 3.

14. *Renvoi : Droits linguistiques au Manitoba*, [1985] 1 R.C.S. 721 à la p. 748.

15. *Renvoi : Droits linguistiques au Manitoba*, [1985] 1 R.C.S. 721 à la p. 749.

16. Voir l'article 94 de la *Motor Vehicle Act*, R.S.B.C. 1979, c. 288.

17. Voir l'article 287 du *Code criminel*, L.R.C. 1985, c. C-46.

18. En particulier, les articles 58 et 69 de la *Charte de la langue française*, L.R.Q., c. C11.

19. Henri Brun, Guy Tremblay et Eugénie Brouillet, *Droit constitutionnel*, 6ᵉ éd., Cowansville (Québec), Éditions Yvon Blais, 2014 aux pp. 970-971.

20. Beverley McLachlin, « Equality: The Most Difficult Right » (2011) 14:1 Sup. Ct. L. Rev. (2ᵉ) 17.

21. Kim Pemberton, « Ron Sparrow among dedicated B.C. trio to net prestigious National Aboriginal Achievement Awards », *Vancouver Sun* (15 février 2011).

22. *Egan c. Canada*, [1995] 2 R.C.S. 513 à la p. 528.

23. *Individual's Rights Protection Act*, R.S.A. 1980, c. I2.

24. Voir l'article 530 du *Code criminel*, L.R.C. 1985, c. C-46.

25. Voir notamment : *Société des Acadiens c. Association of Parents*, [1986] 1 R.C.S. 549.

26. *Halpern c. Canada (Procureur général)* (2003), 65 O.R. (3d) 201 aux paras. 108, 155 (C.A.).

27. *Halpern c. Canada (Procureur général)* (2003), 65 O.R. (3d) 201 aux paras. 148, 154-155 (C.A.).

28. Les décisions provinciales pertinentes sont citées dans le *Renvoi relatif au mariage entre personnes du même sexe*, 2004 CSC 79 au para. 66, [2004] 3 R.C.S. 698.

29. Voir l'article 210 ainsi que les alinéas 212(1)j) et 213(1)c) du *Code criminel*, L.R.C. 1985, c. C-46.

30. En réponse à la décision de la Cour suprême, le Parlement a adopté la *Loi sur la protection des collectivités et des personnes victimes d'exploitation*, L.C. 2014, c. 25 qui a notamment pour objet d'interdire l'achat de services sexuels et la communication à cette fin.

31. *Loi sur la Cour suprême*, L.R.C. 1985, c. S-26.

32. *Renvoi relatif à la Loi sur la Cour suprême, art. 5 et 6*, 2014 CSC 21 aux paras. 94-95, [2014] 1 R.C.S. 433.

33. Voir l'article 14 et l'alinéa 241b) du *Code criminel*, L.R.C. 1985, c. C-46.

34. *Loi modifiant le Code criminel et apportant des modifications connexes à d'autres lois (aide médicale à mourir)*, L.C. 2016, c. 3.

35. Voir notamment : La Presse canadienne, « Aide médicale à mourir : une juge autorise six intervenants et sept expertises », *Radio-Canada* (1er février 2018).

5 : QUELQUES ANECDOTES ET FAITS INTÉRESSANTS

1. *Acte de l'Amérique du Nord britannique, 1867*, 30 & 31 Vict., c. 3 (R.- U.).

2. Voir notamment : Randy Boswell, « When Canada Turns 150: Time to Get the BNA Act into Canadian Hands, Former Archivist Says », *Postmedia News* (30 décembre 2012).

3. *Loi de 1982 sur le Canada* (R.-U.), 1982, c. 11.

4. *Loi constitutionnelle de 1982*, constituant l'annexe B de la *Loi de 1982 sur le Canada* (R.-U.), 1982, c. 11.

5. *Loi constitutionnelle de 1867* (R.-U.), 30 & 31 Vict., c. 3, reproduite dans L.R.C. 1985, ann. II, n° 5.

6. « Missile Protester Defaces Constitution », *CBC News* (9 octobre 1984).

7. La date inscrite sur la pierre angulaire de l'édifice est toutefois le 19 mai 1939 puisque le roi George VI et la reine Elizabeth, qui l'ont inauguré, furent retardés lors de leur traversée en mer.

8. Cour suprême du Canada, en ligne : <https://www.scc-csc.ca/home-accueil/index-fra.aspx>.

9. Gloria Galloway et John Ibbitson, « Next Governor-General Unveiled », *Globe and Mail* (8 juillet 2010); « PM Taps University President and Mulroney Inquiry Adviser », *CBC News* (14 novembre 2007); David Akin, « David Johnston Canada's Next GG-Attended High School in the Sault », *Sault Star* (8 juillet 2010); Erich Segal, *Love Story*, New York, Harper & Row, 1970; Arthur Hiller, dir., *Love Story*, Paramount, 1970.

10. Philip Girard, *Bora Laskin: Bringing Law to Life*, Toronto, The Osgoode Society for Canadian Legal History, 2005; John Laskin, « Remarks to the Bora Laskin Society », Cour suprême du Canada, Ottawa, 11 novembre 2011.

11. Voir l'article 8 de la *Loi sur la Cour suprême*, L.R.C. 1985, c. S-26.

12. *Renvoi : Résolution pour modifier la Constitution*, [1981] 1 R.C.S. 753.

13. Peter H. Russell, « The *Patriation* and *Quebec Veto* References: The Supreme Court Wrestles with the Political Part of the Constitution » (2011) 54:1 Sup. Ct. L. Rev. (2ᵉ) 69 à la p. 70.

14. David Ricardo, *Just Lawyers: Seven Portraits*, Toronto, The Osgoode Society for Canadian Legal History, 1995 aux pp. 48-50.

15. *Conditions de l'adhésion de l'Île-du-Prince-Édouard* (R.-U.), 26 juin 1873, reproduites dans L.R.C. 1985, ann. II, nº 12.

16. *Île-du-Prince-Édouard c. Canada*, [1976] 2 C.F. 712 (C.F. 1ʳᵉ inst.), infirmée pour d'autres motifs par [1978] 1 C.F. 533 (C.A.F.).

17. *The Highway Traffic Act*, R.S.M. 1970, c. H60.

18. *Loi de 1870 sur le Manitoba*, 33 Vict., c. 3.

19. *Renvoi : Droits linguistiques au Manitoba*, [1985] 1 R.C.S. 721.

20. *Bilodeau c. P.G. (Man.)*, [1986] 1 R.C.S. 449.

21. *Charte canadienne des droits et libertés*, partie I de la *Loi constitutionnelle de 1982*, constituant l'annexe B de la *Loi de 1982 sur le Canada* (R.-U.), 1982, c. 11.

22. Postes Canada, « La Cour suprême du Canada », 10 avril 2000, en ligne : <www.canadapost.ca/web/fr/blogs/collecting/details.page?article=2000/04/10/the_supreme_court_of&cattype=collecting&cat=stamps>.

GLOSSAIRE DES TERMES IMPORTANTS

1. *Acte de l'Amérique du Nord britannique, 1867*, 30 & 31 Vict., c. 3 (R.-U.).

2. *Loi constitutionnelle de 1867* (R.-U.), 30 & 31 Vict., c. 3, reproduite dans L.R.C. 1985, ann. II, n° 5.

3. *Charte canadienne des droits et libertés*, partie I de la *Loi constitutionnelle de 1982*, constituant l'annexe B de la *Loi de 1982 sur le Canada* (R.-U.), 1982, c. 11.

4. *Loi constitutionnelle de 1982*, constituant l'annexe B de la *Loi de 1982 sur le Canada* (R.-U.), 1982, c. 11.

Bibliographie choisie

Ajzenstant, Janet. « Le bicaméralisme et les architectes du Canada : les origines du Sénat canadien », dans Serge Joyal, dir., *Protéger la démocratie canadienne : le Sénat en vérité …*, Montréal, McGill-Queen's University Press, 2003.

Baker, Dennis et Mark D. Jarvis. « The End of Informal Constitutional Change in Canada? » dans Emmett Macfarlane, dir., *Constitutional amendment in Canada*, Toronto, University of Toronto Press, 2016.

Bastien, Frédéric. *La bataille de Londres : dessous, secrets et coulisses du rapatriement constitutionnel*, Montréal, Boréal, 2013.

Beaudoin, Gérald A. *La Constitution du Canada : institutions, partage des pouvoirs, droits et libertés*, Montréal, Wilson & Lafleur, 1990.

Borrows, John. *Canada's Indigenous Constitution*, Toronto, University of Toronto Press, 2010.

———. « Indigenous Constitutionalism: Pre-existing Legal Genealogies in Canada », dans Peter C. Oliver, Patrick Macklem et Nathalie Des Rosiers, dir., *The Oxford Handbook of the Canadian Constitution*, New York, Oxford University Press, 2017.

Bourinot, John George. *Parliamentary Procedure and Practice in the Dominion of Canada*, 4ᵉ éd., Toronto, Canada Law Book, 1916.

Brun, Henri, Guy Tremblay et Eugénie Brouillet. *Droit constitutionnel*, 6ᵉ éd., Cowansville (Québec), Éditions Yvon Blais, 2014.

Cook, Tim. *Vimy: The Battle and the Legend*, Toronto, Allen Kane, 2017.

Cunningham, Rob et Deborah Wehrle. « À propos de l'âge moyen des sénateurs depuis le début de la Confédération », (1994) 17:4 Revue parlementaire canadienne 20.

Dagenais Blackburn, Julie, Mitchell McInnes, Janet Bolton et Natalie Derzko. « Le programme des clercs à la Cour suprême du Canada » (1995) 36:4 C. de D. 765.

Dawson, Robert MacGregor. dir., *Constitutional Issues in Canada 1900-1931*, Londres, Oxford University Press, 1933.

Dodek, Adam. *The Charter Debates*, Toronto, University of Toronto Press, 2018.

Egerton, George. « Trudeau, God and the Canadian Constitution: Religion, Human Rights, and Government Authority in the Making of the 1982 Constitution » dans David Lyon et Marguerite Van Die, dir., *Rethinking Church, State and Modernity: Canada between Europe and America*, Toronto, University of Toronto Press, 2000.

Forsey, Eugene A. *The Royal Power of Dissolution in the British Commonwealth*, Toronto, Oxford University Press, 1943.

Francis, R. Douglas, Richard Jones et Donald B. Smith. *Journeys: A History of Canada*, Toronto, Thomson Nelson, 2006.

Funston, Bernard W. et Eugene Meehan. *Canadian Constitutional Documents Consolidated*, 2ᵉ éd., Toronto, Carswell, 2007.

Garant, Patrice. *La justice invisible ou méconnue : Propos sur la justice et la justice administrative*, Montréal, Éditions Yvon Blais, 2014.

Girard, Philip. *Bora Laskin: Bringing Law to Life*, Toronto, The Osgoode Society for Canadian Legal History, 2005.

Heard, Andrew. *Canadian Constitutional Conventions: The Marriage of Law and Politics*, 2ᵉ éd., Toronto, Oxford University Press, 2014.

———. « Les conventions constitutionnelles et le Parlement » (2005) 28:2 Revue Parlementaire Canadienne 19.

Hogg, Peter W. *Accord constitutionnel du lac Meech : texte annoté*, Toronto, Carswell, 1988.

————. *Constitutional Law of Canada*, éd. étudiante, Toronto, Carswell, 2018.

Kaplan, William. *Bad Judgment: The Case of Mr Justice Leo A. Landreville*, Toronto, University of Toronto Press, 1996.

Knight, David B. *Choosing Canada's Capital: Conflict Resolution in a Parliamentary System*, Ottawa, Carleton University Press, 1991.

Lajoie, Andrée. « The Implied Bill of Rights, the Charter and the Role of the Judiciary » (1995) 44 U.N.B.L.J. 337.

Laskin, Bora. « The Supreme Court of Canada: A Final Court of and for Canadians » (1951) 29 Can. Bar Rev. 1038.

Mallory, J.R. *The Structure of Canadian Government*, éd. révisée, Toronto, Gage Publishing Limited, 1984.

Manuel, Arthur et Ronald M. Derrickson, *Unsettling Canada: A National Wake-Up Call*, Toronto, Between the Lines, 2015.

McConnell, W.H. *Commentary on the British North America Act*, Toronto, Macmillan of Canada, 1977.

McCormick, Peter. *Supreme at Last: The Evolution of the Supreme Court of Canada*, Toronto, Lorimer Books, 2000.

McLachlin, Beverley. « Equality: The Most Difficult Right » (2011) 14:1 Sup. Ct. L. Rev. (2ᵉ) 17.

McRoberts, Kenneth et Patrick J. Monahan. dir., *The Charlottetown Accord, the Referendum, and the Future of Canada*, Toronto, University of Toronto Press, 1993.

Morton, Desmond. *A Short History of Canada*, 7ᵉ éd., Toronto, McClelland & Stewart, 2017.

Nakache, Delphine et Yves Le Bouthillier, *Droit de la citoyenneté au Canada*, Montréal, Éditions Yvon Blais, 2016.

Newman, Dwight. « Understanding the Section 43 Bilateral Amending Formula » dans Emmett Macfarlane, dir., *Constitutional amendment in Canada*, Toronto, University of Toronto Press, 2016.

Newman, Warren J. « Constitutional Amendment by Legislation » dans Emmett Macfarlane, dir., *Constitutional amendment in Canada*, Toronto, University of Toronto Press, 2016.

————. « L'obligation de rédiger et de déposer pour adoption la version française de certains textes constitutionnels : De l'affaire *Bertrand* à l'affaire *Langlois* » dans Linda Cardinal et François Larocque, dir., *La*

Constitution bilingue du Canada : Un projet inachevé, Québec, Presses de l'Université Laval, 2017.

Oliver, Peter C. *The Constitution of Independence: The Development of Constitutional Theory in Australia, Canada, and New Zealand*, Oxford, Oxford University Press, 2005.

Oliver, Peter et Martín Martínez Navarro. « Free Movement of Goods », dans Catherine Barnard et Steve Peers, dir., *European Union Law*, 2ᵉ éd., Oxford, Oxford University Press, 2017.

Oliver, Peter C., Patrick Macklem et Nathalie Des Rosiers, dir., *The Oxford Handbook of the Canadian Constitution*, New York, Oxford University Press, 2017.

Pelletier, Benoît. *La modification constitutionnelle au Canada*, Scarborough (Ontario), Carswell, 1996.

———. « La modification et la réforme de la Constitution canadienne » (2017) 47:2 R.G.D. 429.

Power, Mark C. « Les droits linguistiques en matière d'éducation », dans Michel Bastarache et Michel Doucet, dir., *Droits linguistiques au Canada*, 3ᵉ éd., Cowansville (Québec), Thomson Reuters, 2013.

Ricardo, David. *Just Lawyers: Seven Portraits*, Toronto, The Osgoode Society for Canadian Legal History, 1995.

Richez, Emmanuelle. « The Possibilities and Limits of Provincial Constitution-Making Power: The Case of Quebec » dans Emmett Macfarlane, dir., *Constitutional amendment in Canada*, Toronto, University of Toronto Press, 2016.

Russell, Peter H. « The *Patriation* and *Quebec Veto* References: The Supreme Court Wrestles with the Political Part of the Constitution » (2011) 54:1 Sup. Ct. L. Rev. (2ᵉ) 69.

Russell, Peter H. et Lorne Sossin. *Parliamentary Democracy in Crisis*, Toronto, University of Toronto Press, 2009.

Scholtz, Christa. « Part II and Part V: Aboriginal Peoples and Constitutional Amendment » dans Emmett Macfarlane, dir., *Constitutional Amendment in Canada*, Toronto, University of Toronto Press, 2016.

Smith, David. « L'adaptation possible du Sénat sans avoir à réformer la Constitution », dans Serge Joyal, dir., *Protéger la démocratie canadienne : le Sénat en vérité...*, Montréal, McGill-Queen's University Press, 2003.

Snell, James G. et Frederick Vaughan. *The Supreme Court of Canada: History of an Institution*, Toronto, University of Toronto Press, 1985.

Sossin, Lorne. « The Sounds of Silence: Law Clerks, Policy Making and the Supreme Court of Canada » (1996) 30:2 U.B.C. L. Rev. 279.

———. « The 'Supremacy of God', Human Dignity and the *Charter of Rights and Freedoms* » (2003) 52 U.N.B.L.J. 227.

Vachon, Auguste. « Les symboles monarchiques dans les emblèmes du Québec », (2011) 2-3 L'héraldique au Canada 31.

Woehrling, José. « Le recours à la procédure de modification de l'article 43 de la *Loi constitutionnelle de 1982* pour satisfaire certaines revendications constitutionnelles du Québec », dans Pierre Thibault, Benoît Pelletier et Louis Perret, dir., *Les mélanges Gérald-A. Beaudoin : Les défis du constitutionnalisme*, Cowansville (Québec), Éditions Yvon Blais, 2002.

Index des lois constitutionnelles de 1867 et 1982

Photographies

23 (bas) : Bibliothèque et Archives Canada, 3008125379. Droit d'auteur : gouvernement du Canada. Reproduit avec permission.

28 : Torstar Syndication Services. Reproduit avec permission.

182 : Photographe : Philippe Landreville. Droit d'auteur : Cour suprême du Canada. Reproduit avec permission.

183 : Gaertner/GetStock.com.

185 : Photographe : Philippe Landreville. Droit d'auteur : Cour suprême du Canada. Reproduit avec permission.

187 (haut) : Droit d'auteur : Cour suprême du Canada. Reproduit avec permission.

187 (bas) : Photographe : Philippe Landreville. Droit d'auteur : Cour suprême du Canada. Reproduit avec permission.

232 : Bibliothèque et Archives Canada : e008125377. Droit d'auteur : gouvernement du Canada. Reproduit avec permission.

234 : Photographe : Andrew Balfour. Droit d'auteur : Cour suprême du Canada. Reproduit avec permission.

236 : Photographe : Al Gilbert. Droit d'auteur : Cour suprême du Canada. Reproduit avec permission.

237 : Droit d'auteur : Postes Canada. Reproduit avec permission.

238 : Photographe : Philippe Landreville. Droit d'auteur : Cour suprême du Canada. Reproduit avec permission.

240 : Droit d'auteur : Postes Canada. Reproduit avec permission.